新 Hanyu Shuiping Kaoshi

HSK

백발백중

실전모의고사

독학용

于鹏·焦毓梅 공저
유임하 해설

3급

新HSK 백발백중 실전모의고사 독학용 3급

초판발행 2010년 5월 10일
1판12쇄 2024년 6월 1일

저자 于鹏, 焦毓梅
해설 유임하
책임 편집 최미진, 연윤영, 高霞, 엄수연
펴낸이 엄태상
디자인 진지화
조판 이서영
콘텐츠 제작 김선웅, 장형진
마케팅본부 이승욱, 왕성석, 노원준, 조성민, 이선민
경영기획 조성근, 최성훈, 김다미, 최수진, 오희연
물류 정종진, 윤덕현, 신승진, 구윤주

펴낸곳 시사중국어사(시사북스)
주소 서울시 종로구 자하문로 300 시사빌딩
주문 및 문의 1588-1582
팩스 0502-989-9592
홈페이지 http://www.sisabooks.com
이메일 book_chinese@sisadream.com
등록일자 1988년 2월 12일
등록번호 제300 - 2014 - 89호

ISBN 978-89-7364-602-9 18720
978-89-7364-603-6(set)

머리말

한어수평고시(약칭 HSK)는 현재 국제적으로 중국어를 모국어로 하지 않는 학습자에게 가장 권위 있는 시험으로 표준화, 규범화, 과학화의 특징을 갖추고 있습니다. 1990년부터 정식으로 중국 내에서 실시했으며, 1991년 해외로 진출하여 지금까지 20년이란 세월이 흘렀습니다. HSK는 중국어 학습자에게 더 나은 서비스를 제공하기 위해서 중국 국가 한반(중국어 대외 학습 관련 국가조직)은 대외중국어 교학, 언어학, 심리학과 교육측량학 등 각 영역의 전문가를 조직하여 충분한 조사와 해외의 실질적인 중국어 교학 상황의 기초 위에서 기존HSK의 장점을 취하고, 최근 국제 언어 테스트의 최신 연구 성과를 참고하고 〈국제 언어 능력 표준〉을 근거로 하여 2010년 3월부터 새로운 국제 중국어 능력 표준화 시험 〈약칭 新HSK〉을 선보이게 되었습니다.

新HSK는 기존HSK의 〈기초〉·〈초중등〉·〈고등〉의 3개 영역 11등급을 6개 등급으로 조정하였습니다. 시험은 필기와 구술 시험 두 영역으로 나누어 실시하며, 두 영역은 서로 독립적이어서 필기 시험은 HSK(1급), HSK(2급), HSK(3급), HSK(4급), HSK(5급), HSK(6급)으로 나누어 실시하고, 구술시험은 초급, 중급, 고급으로 나누어 실시합니다. 新HSK는 기존HSK의 효용성을 유지하여 성적 또한 여전히 유학생의 분반이나 입학, 졸업 및 기업에서 인원 채용의 중요한 근거로 삼고 있습니다.

新HSK는 국제 중국어 능력 표준화 시험으로서 중국어를 모국어로 하지 않는 수험생의 생활과 학습 및 업무 과정에서 중국어로 교제를 진행하는 능력을 중점적으로 검증하며, 기존HSK와는 달리 新HSK의 시험 설계는 현재 국제 중국어 교학 현황 및 사용 교재와 긴밀히 결합함으로서 문제유형이나 시험 중점 등의 방면에서 기존HSK와는 비교적 큰 차이점이 있습니다. 현재 수험생이 보편적으로 가장 필요하다고 느끼는 교재는 기존의 유형과 다른 복습용 지도서로, 시험의 난점이나 중점을 소개하고 또한 실전 연습을 할 수 있으면서도 고효율적으로 새로운 HSK를 대비할 수 있는 수험서입니다. 본 교재는 바로 이런 상황에 대비하기 위해서 만들어졌습니다.

본 교재의 특징은 다음과 같습니다.

1. 실전HSK에 가장 가깝다.

본 교재는 실제 新HSK 3급의 어휘와 어법 요강을 철저히 분석해서 만들어졌습니다. 본 교재의 편저자는 대외한어교학 최고의 지위를 보유한 교수로서 10여 년간 대외한어교학 업무에 종사해왔고, 북경대학출판사 등에서 HSK 관련서 등을 이미 10여 권이나 출판했으며 풍부한 이론 및 실전 경험을 갖추고 있습니다. 본 교재의 듣기부분 내용은 HSK(고등) 듣기 녹음의 전문 성우가 녹음에 참여하였으며, 실제 시험에 가깝도록 구성하였습니다.

2. 내용이 독창적이다.

본 교재는 과학적이며 정확하고 내용이 다양하나, 불필요한 내용을 중복하지 않았으며, 수험생과 강사의 요구에 부합하는 원칙에 의거하여 수험생이 실제 시험에 대응할 수 있게 구성함으로써 중국어 실력을 높이도록 했습니다.

그래서 본 교재는 新HSK의 수험 지침서가 될 뿐만 아니라 각 부분의 내용은 독립적이기도 하고 서로 관련되어 있기도 하여 전체적으로 유기적인 관계에 있습니다. 따라서 수험생은 본 교재의 모의고사를 풀어보거나 복습할 필요가 있습니다.

언어는 배워서 익히는 것이 아니라 훈련을 통해서 익히는 것입니다. 본 교재가 수험생이 실제 시험에 대비하면서 해결하기 힘든 문제에 도움이 되기를 바라며, 新HSK 3급 시험에 순조롭게 통과하시기 바랍니다.

편저자

2010년 4월

Contents 차례

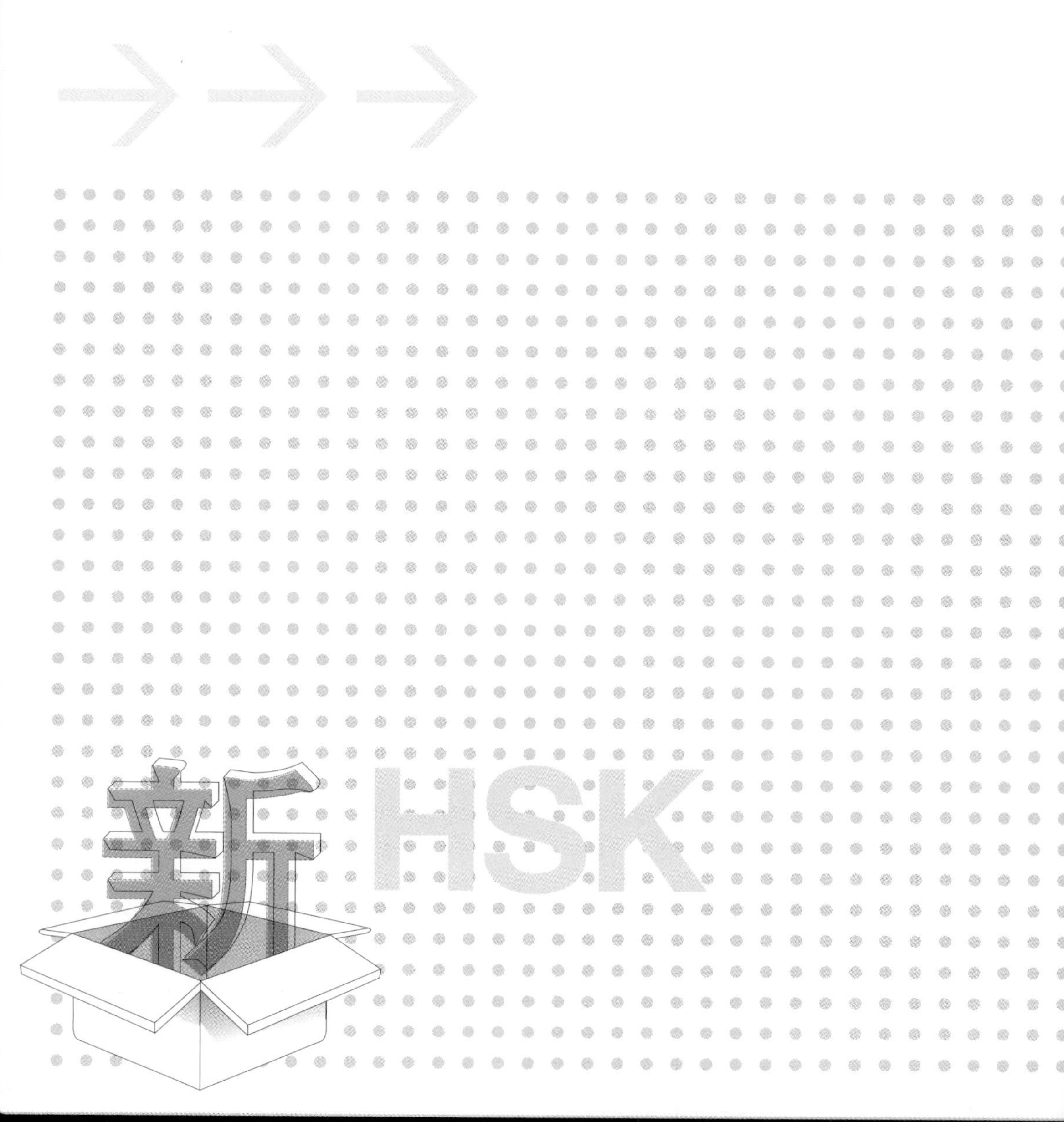

新HSK 소개

한어수평고시 (HSK)가 해외에서 부단하게 증가하는 중국어 학습자의 중국어 시험에 대한 새로운 요구를 더욱 잘 만족시키기 위해 중국 국가한반은 대외 중국어 교육, 언어학, 심리학과 교육 측정학 등 영역의 전문가를 조직하여 해외의 실제 중국어 교육 상황을 충분하게 조사하고 이해한 기초를 바탕으로 최근 국제 언어 테스트 연구의 최신 성과를 참고하여 새롭게 연구 개발하였으며 2009년 11월부터 新한어수평고시(HSK)를 실시하게 되었다.

❶ 시험 구성

新HSK는 국제 중국어 능력 표준화 수준 시험으로 중국어를 모국어로 하지 않는 수험생의 생활, 학습, 업무 중에 중국어를 이용하여 교제를 진행하는 능력을 중점 측정한다. 新HSK는 필기시험과 구술시험으로 나누어지며, 필기시험과 구술시험은 서로 독립되어 있다. 필기시험은 HSK(1급), HSK(2급), HSK(3급), HSK(4급), HSK(5급), HSK(6급)이 포함되며, 구술시험은 HSK(초급), HSK(중급), HSK(고급)이 포함되고 녹음 형식으로 진행된다.

필기시험	구술시험
HSK(6급)	HSK(고급)
HSK(5급)	
HSK(4급)	HSK(중급)
HSK(3급)	
HSK(2급)	HSK(초급)
HSK(1급)	

❷ 시험 등급

新HSK의 각 등급이 〈국제 중국어 능력 표준〉과 〈유럽언어 공동참고 프레임 (CEF)〉의 대응관계는 아래의 표와 같다.

新HSK	어휘량	국제 중국어 능력 표준	유럽언어 공동참고 프레임(CEF)
HSK(6급)	5,000이상	5급	C2
HSK(5급)	2,500		C1
HSK(4급)	1,200	4급	B2
HSK(3급)	600	3급	B1
HSK(2급)	300	2급	A2
HSK(1급)	150	1급	A1

HSK(1급)을 통과한 수험생은 매우 간단한 중국어 단어와 문장을 이해하고 사용할 수 있으며 구체적인 교제 수요를 만족시키고 향상된 중국어 학습 능력을 갖출 수 있다.

HSK(2급)을 통과한 수험생은 익숙한 일상 화제에 대해 중국어로 간단하고 직접적으로 교류할 수 있으며 초급 중국어 우수 수준에 도달했다고 할 수 있다.

HSK(3급)을 통과한 수험생은 생활, 학습, 업무 등에서 중국어로 기본적인 교제를 할 수 있으며 중국 여행 시 대부분의 의사소통에 대처할 수 있다.

HSK(4급)을 통과한 수험생은 비교적 광범위한 영역의 화제에 대해 중국어로 토론을 진행할 수 있으며 중국어를 모국어로 하는 사람과 비교적 유창하게 교류할 수 있다.

HSK(5급)을 통과한 수험생은 중국어 정기 간행물과 잡지를 읽을 수 있고 중국 영화와 TV 프로그램을 감상할 수 있으며 중국어로 비교적 완전한 연설을 할 수 있다.

HSK(6급)을 통과한 수험생은 중국어 정보를 수월하게 알아듣거나 읽을 수 있으며, 구두 또는 서면 형식으로 유창한 중국어를 이용하여 자신의 견해를 표현할 수 있다.

❸ 시험 원칙

新HSK는 "시험과 교육의 결합"의 원칙을 따르고 시험 구성은 현재 국제 중국어 교육 현황, 교재 사용과 긴밀하게 결합하며, 시험의 목적은 "시험으로 교육과 학습을 촉진한다"이다.

新HSK는 평가의 객관성, 정확성을 중시하며 수험생의 중국어 응용 능력의 발전을 더욱 중시한다.

新HSK는 명확한 시험 목표를 제정하여 수험생이 계획적이고 효과적으로 중국어 응용 능력을 향상시킬 수 있도록 한다.

❹ 시험 용도

新HSK는 구HSK 중국어 능력 시험의 객관적인 평가의 연속으로 성인 중국어 학습자를 대상으로 한다. 新HSK의 성적은 다음의 다양한 수요를 만족시킬 수 있다.

❶ 대학의 학생모집, 분반수업, 과정면제, 학점수여 등을 위해 참고 근거를 제공한다.
❷ 인재모집 기관의 채용, 양성, 업무인원의 진급 등에 참고 근거를 제공한다.
❸ 중국어 학습자가 자신의 중국어 응용 능력을 이해하고 향상시키는데 참고 근거를 제공한다.
❹ 관련 중국어 교육 부서, 양성 기관의 교육 평가 또는 양성 효과 등에 참고 근거를 제공한다.

❺ 성적 발표

시험 종료 후 3주 내에 수험생은 인터넷을 통해 본인의 중국어 시험 성적과 '국가 한반'이 수여한 新HSK 성적표를 조회할 수 있다.

新HSK 3급 소개

新HSK 3급은 수험생의 중국어 응용능력을 평가하고, 이것은 국제 중국어 능력 표준 3급, CEF B1급에 해당한다. 新HSK 3급을 통과한 수험생은 중국어를 이용해서 생활, 학습, 업무 등 기초적인 의사소통을 진행할 수 있고, 중국 여행 시 이루어지는 대부분의 의사소통이 가능하다.

[시험 대상]

新HSK 3급 시험은 매주 2~3의 수업시간의 진도로 3학기(1년 반)에 해당되는 기간을 학습한 자, 600개 사용단어와 관련 어법지식을 습득한 자를 주 시험대상으로 한다.

[시험내용]

新HSK 3급은 총 80문항이며 듣기, 독해, 쓰기의 3부분으로 나뉜다.

시험내용		문항 수		시험시간(분)
1. 듣기	제1부분	10	40	약35
	제2부분	10		
	제3부분	10		
	제4부분	10		
2. 독해	제1부분	10	30	25
	제2부분	10		
	제3부분	10		
3. 쓰기	제1부분	5	10	15
	제2부분	5		
정답 체크시간				10
합계	/	80		약85

총 시험시간 약 90분(수험생 개인정보 기입시간 5분 포함)

1. 듣기

제1부분 총10문항, 문제당 2회씩 들려준다. 문제는 모두 대화형태로, 시험지 상의 그림을 보고 녹음 내용에 근거하여 해당되는 그림을 선택한다.

제2부분 총10문항, 문제당 2회씩 들려준다. 한 사람이 한 단락의 내용을 말하면 또 다른 사람이 이 단락의 내용에 근거한 한 문장을 말한다.

시험지 상에도 이 문장을 제시해주며, 수험생은 이에 대하여 맞다/틀리다를 판단한다.

제3부분 총10문항, 문제당 2회씩 들려준다. 두 사람이 두 문장씩 대화를 나누고 수험생은 대화 내용에 근거하여 답안을 고른다

제4부분 총10문항, 문제당 2회씩 들려준다. 두 사람이 4~5문장씩 대화를 나누고 제 3자가 대화에 근거하여 질문을 한다. 시험지에는 3개의 보기가 주어지고 수험생은 대화 내용에 근거하여 답안을 고른다.

2. 독해

제1부분 총 10문항, 20개의 문장이 주어지며, 수험생은 서로 알맞은 관계를 찾아낸다.

제2부분 총 10문항, 문제당 1~2개의 문장이 주어지며 보기에서 문장 속의 빈칸에 알맞은 답을 고른다.

제3부분 총 10문항, 10개의 짧은 단락이 주어지며 단락마다 문제가 하나씩 출제된다. 3개의 보기 중 알맞은 답을 고른다.

3. 쓰기

제1부분 총 5문항, 문제당 몇 개의 단어가 주어지고 수험생은 주어진 단어를 사용하여 한 문장을 만든다.

제2부분 총 5문항, 문항마다 빈칸이 있는 문장이 주어지고 수험생은 빈칸에 알맞은 정확한 한자를 기입한다.

4. 성적

新HSK 3급 성적표는 듣기, 독해, 쓰기 그리고 총점의 4개 점수로 구성된다. 총 180점 이상이 되어야 합격점이다.

	만 점	수험생 점수
듣기	100	
독해	100	
쓰기	100	
총점	300	

新HSK 성적은 외국인유학생이 중국대학에서 중국어 능력에 대한 증명으로 쓸 수 있으며 유효기간은 시험 당일로부터 2년이다.

国家汉办/孔子学院总部
Hanban/Confucius Institute Headquarters

新汉语水平考试
HSK（三级）
模拟试题（一）

注　意

一、　HSK（三级）分三部分：

1. 听力（40题，约35分钟）
2. 阅读（30题，25分钟）
3. 书写（10题，15分钟）

二、　答案先写在试卷上，最后10分钟再写在答题卡上。

三、　全部考试约90分钟（含考生填写个人信息时间5分钟）。

韩国 时事中国语社

于鹏/焦毓梅 编著

一、听力

第一部分

第 1-5 题

A

B

C

D

E

F

例如： 男：喂，请问张经理在吗？

女：他在开会，您半个小时以后再打，好吗？ C

1.

2.

3.

4.

5.

第 6-10 题

A

B

C

D

E

6.

7.

8.

9.

10.

第二部分

第 11－20 题

例如：　为了让自己更健康，他每天都花一个小时去锻炼身体。

★ 他希望自己很健康。　（ √ ）

今天我想早点儿回家。看了看手表，才5点。过了一会儿再看表，还是5点，我这才发现我的手表不走了。

★ 那块儿手表不是他的。　（ × ）

11. ★ 报纸上常用的汉字只有五千个。　（　）

12. ★ 现在已经8：50了。　（　）

13. ★ 宾馆在银行的前边。　（　）

14. ★ 他晚饭后没去看电影。　（　）

15. ★ 他不想吃早饭。　（　）

16. ★ 他们去了火车站。　（　）

17. ★ 他要去中国北方旅行。　（　）

18. ★ 他今天晚上去看朋友。　（　）

19. ★ 他以前去过一次北京。　（　）

20. ★ 香蕉比苹果便宜。　（　）

第三部分

第 21–30 题

例如： 男：小王，帮我开一下门，好吗？谢谢！
女：没问题。您去超市了？买了这么多东西。
问：男的想让小王做什么？

A 开门 ✓　　B 拿东西　　C 去超市买东西

	A	B	C
21.	A 教室	B 运动场	C 图书馆
22.	A 老师	B 医生	C 数学家
23.	A 看比赛	B 看电影	C 买东西
24.	A 7:50	B 8:05	C 8:15
25.	A 去公园	B 去医院	C 去旅行
26.	A 饭馆	B 商店	C 银行
27.	A 喝茶	B 喝咖啡	C 都不喝
28.	A 买书	B 学汉语	C 看朋友
29.	A 星期一	B 星期二	C 星期三
30.	A 跑步	B 打球	C 爬山

第四部分

第 31–40 题

例如： 女：晚饭做好了，准备吃饭了。
男：等一会儿，比赛还有三分钟就结束了。
女：快点儿吧，一起吃，菜冷了就不好吃了。
男：你先吃，我马上就看完了。
问：男的在做什么？

A 洗澡　　B 吃饭　　C 看电视 ✓

31. A 10元　　B 15元　　C 20元

32. A 29岁　　B 30岁　　C 31岁

33. A 星期五　　B 星期六　　C 星期天

34. A 机场　　B 饭店　　C 公司

35. A 3点20分　　B 3点40分　　C 3点50分

36. A 买房子　　B 卖房子　　C 租房子

37. A 最有名的学校　　B 离家近的学校　　C 孩子喜欢的学校

38. A 觉得钱不多　　B 认为工作累　　C 公司不太有名

39. A 找工作　　B 去旅游　　C 学汉语

40. A 丈夫和妻子　　B 男女朋友　　C 哥哥和妹妹

二、阅 读

第一部分

第 41–45 题

A　你怎么来了？不是说不来了吗？

B　那当然好，但是这么多工作谁来干？

C　你不知道，这是最新的，除了打电话，还可以照相、上网看新闻、写电子邮件呢。

D　小王，听说你马上要结婚了。

E　当然。我们先坐公共汽车，然后换地铁。

F　说出来你可能不相信，我现在生活上最大的问题就是吃饭。

例如：　你知道怎么去那儿吗？　（ E ）

41. 你又换手机了，那个才用了不到两个月，是不是钱太多了没地方花？　（　　）

42. 来到中国已经半年多了，你在这儿还有没有不习惯的地方？　（　　）

43. 我想了想还是来吧，看看你在忙什么。　（　　）

44. 休息一会儿，我们一起去喝杯茶、看场电影吧。　（　　）

45. 谁说的？我的孩子已经上小学一年级了。　（　　）

第 46－50 题

A　小王，听说这次考试特别难，你的成绩怎么样？

B　我累极了，我想先洗个澡。

C　对不起，我是第一次来北京，你问问别人吧。

D　最近这几天我每天都是晚上10点以后才从公司回家。

E　是吗？那快准备晚饭吧，你去看看冰箱里有什么。

46. 请问，808路汽车到火车站吗？　（　）

47. 怎么，不相信我的水平？你不知道我每次不是第一名就是第二名。　（　）

48. 刚才是我妈打来的电话，她说一会儿要来看看明明。　（　）

49. 旅行回来了？还没吃晚饭吧？走，我们吃晚饭去吧。　（　）

50. 我说昨天晚上给你家打电话怎么一直没有人接。　（　）

第二部分

第 51－55 题

A 已经　　B 为　　C 在　　D 其实　　E 声音　　F 从

例如： 她说话的（ E ）多好听啊！

51. 一位七十多岁的老大爷正坐（　　）门外认真地看报。

52. 听到有人上楼，他马上（　　）床上跳下来，跑去开门。

53. 这个问题看起来很简单，（　　）并不简单。

54. 北京我（　　）去过两次，这次是第三次了。

55. 大家别（　　）我担心，这点儿病没关系，很快就会好的。

第 56–60 题

A 舒服　　B 怕　　C 爱好　　D 觉得　　E 一定　　F 还是

例如：A：你有什么（ C ）？
　　　B：我喜欢体育。

56. A：我想练习口语，每星期两次，每次一个小时。
　　B：没问题，我（　　）帮助你。

57. A：小张，上个月我跟丈夫到北京去旅游了。
　　B：是吗？去了哪些地方？（　　）北京怎么样？

58. A：今天下班是我去接你，（　　）你来找我？
　　B：都可以，你说呢？

59. A：这是我结婚的酒，您就喝一杯吧。
　　B：你知道我是不喝酒的，喝了以后身体会不（　　）。

60. A：你怎么现在才来，我等你半天了。
　　B：打不到出租车，（　　）你着急，我是跑着来的。

第三部分

第 61－70 题

例如： 您是来参加今天会议的吗？您来早了一点儿，现在才八点半。您先进来坐吧。

★ 会议最可能几点开始？

A 8点　　　　B 8点半　　　　C 9点 ✓

61. 这次考试不太难，很多题都是以前见过的，就是题太多了。90分钟的考试，要完成100个句子，我觉得太多了，最后只写完了不到70个。

★ 这次考试：

A 题太难　　　　B 时间太长　　　　C 题太多

62. 经理，这不是我的包，我的包里只有一些衣服和几本书，这个包虽然和我的包一样，可是里边有电脑，还有这么多钱。我想，一定是下车的时候拿错了，还是先放在您这儿吧。

★ 根据这段话，可以知道她：

A 拿错了东西　　　　B 找不到钱和包　　　　C 要送给经理礼物

63. 我想买一些关于中国文化的书，可是我的汉语水平不太好，所以我想要照片多一点儿，汉字少一点儿的书，还有就是别太贵。

★ 他为什么要买书？

A 学习写汉字　　　　B 提高照相水平　　　　C 了解中国文化

64. 很多人喜欢吃糖，又害怕吃糖。喜欢吃糖是因为糖很甜，很好吃；怕吃糖是因为太多的糖会使人变胖，还会使人生病。所以，医生说糖可以吃，但是不要吃得太多。

★为什么很多人怕吃糖？

A 担心变胖　　　　B 不喜欢甜　　　　C 害怕医生

65. 今天晚上我想去参加一个晚会。我可以穿你那件白裙子吗？就是你上个星期新买的那条，你最喜欢的那条。借给我，好吗？我只穿一个晚上，明天早上就送回来。

★ 她打算什么时候还衣服？

A 今天晚上　　B 明天早上　　C 上个星期

66. 今天是星期天，打算好好休息休息，但是公司来电话，要我去机场接一个重要的客人。我只好去了。接了客人，又把他送到饭店，就到中午了。没办法，星期天也没能休息。

★ 他想怎么过星期天？

A 休息休息　　B 去机场接人　　C 去公司工作

67. 夏天在有空调的房间里工作，是一件舒服的事。可是，外边太热，房间里太冷，一冷一热，如果不注意就很容易生病。我的同事小王就得了"空调病"，头疼、发烧，病了一个多星期才好。

★ 他认为空调有什么坏处？

A 让人觉得不舒服　　B 容易让人生病　　C 让房间里太冷

68. 今天在路上遇到了一个朋友，我们十年没见了，现在他是一家公司的经理了。他和过去一样，胖胖的、不爱说话、很喜欢笑，就是老了一点儿。当然，我也老了不少。

★ 他的朋友过去怎么样？

A 很胖　　B 很老　　C 喜欢说话

69. 我们办公室新来了一个女孩子，又聪明又可爱，我很想让她做我的女朋友，可是大家都说在办公室找女朋友不太好，而且我也不知道她是不是真的喜欢我。

★ 他为什么想找那个女孩子做女朋友？

A 他们在一个办公室　　B 她很喜欢他　　C 她又聪明又可爱

70. 结婚以后，我就很少去看电影了。昨天朋友送我两张电影票，是最新的电影。今天我和丈夫一起去看了，电影很好看，可是我一点儿也不高兴，因为在看电影的时候，丈夫一直在睡觉。

★ 她为什么不高兴?

A 电影不好　　　　B 不喜欢看电影　　　　C 对丈夫不满意

三、书写

第一部分

第 71–75 题

例如： 小船　上　一　河　条　有

河上有一条小船。

71. 车　了　司机　开　走　把

72. 上网　正在　房间　他们　呢　里

73. 要　注意　一定　你　身体

74. 他　很　说　得　汉语　好

75. 喜欢　一直　爬山　吗　她　一个人

第二部分

第 76－80 题

guān

例如： 没（ 关 ）系，别难过，高兴点儿。

bĕn

76. 星期天，我在书店买了两（　　）书，特别好看。

xìng

77. 听说你要来我家，全家都很高（　　）。

yì

78. 我觉得写汉字比较容（　　），听和说太难了。

chū

79. 别着急，我穿好衣服，就（　　）门。

huài

80. 这里的空调（　　）了，您搬到旁边的房间吧。

HSK三级模拟试题（一）听力材料

（音乐，30秒，渐弱）
大家好！欢迎参加 HSK（三级）考试。
大家好！欢迎参加 HSK（三级）考试。
大家好！欢迎参加 HSK（三级）考试。

HSK（三级）听力考试分四部分，共40题。
请大家注意，听力考试现在开始。

第一部分

一共10个题，每题听两次。
例如：男：喂，请问张经理在吗？
　　　女：他在开会，您半个小时以后再打，好吗？

现在开始第1到5题：

1. 男：照片上的这个人是谁？
   女：是我爷爷，这是他年轻时的照片，那时候我爷爷还不到20岁呢。

2. 女：啊，他的房间这么多书呀？
   男：是呀，房间里除了床、桌子和椅子以外都是书。

3. 男：出了什么事？你快说话呀，别总是哭啊！
   女：我的钱包不见了。

4. 女：你今天能来，我真是太高兴了！
   男：今天是你的生日，我当然要送个蛋糕呀。

5. 男：小王，现在有时间吗？一起去喝杯咖啡吧。
   女：好啊，我知道这附近有个咖啡馆环境很好。

现在开始第6到10题：

6. 男：你怎么了？身体不舒服吗？要不要去医院？
   女：没关系，今天工作太多，明天再说吧。

7. 女：你什么时候换了手机？真漂亮！
   男：星期四下午和朋友一起去买的。

8. 男：你找什么？是不是找这个杯子？
   女：是啊，你怎么知道的，谢谢你。

9. 女：先生，您穿这件衣服真好看，我给您包起来吧？
   男：等一下，等我女朋友看了，再决定吧。

10. 男：你身体不好，怎么能去爬山呢？
    女：谁说要去爬山了？我就是想出去走走，到附近的公园看看花儿。

第二部分

一共10个题，每题听两次。

例如：为了让自己更健康，他每天都花一个小时去锻炼身体。

★他希望自己很健康。 （ √ ）

今天我想早点儿回家。看了看手表，才5点。过了一会儿再看表，还是5点，我这才发现我的手表不走了。

★那块儿手表不是他的。 （ × ）

现在开始第11题：

11. 报纸上的常用汉字只有一千五百个。

12. 不是八点半出发吗？现在已经过了20分钟了，司机怎么还没来？

13. 你看到前边那个商场了吗？从那儿往左拐，走200米就能看到一家银行，在银行的后面就是你要找的宾馆。

14. 吃完晚饭后，他们都看电影去了，我很累，就睡了。

15. 今天起床晚了，现在没时间吃早饭了，中午再吃吧。

16. 等我们到火车站的时候，火车已经开走20分钟了。

17. 下星期我去中国南方旅行，我打算先到上海看看，然后去南京玩儿玩儿。

18. 今天是星期天，我上午去商店，下午去看朋友，晚上哪儿也不去，在家看电视。

19. 他星期一坐飞机去北京了，今天早上才回来。这是他第二次去北京了。

20. 商店里有很多水果，我买了葡萄、苹果和香蕉，都不贵。葡萄最便宜，2块钱1公斤，苹果4块钱1公斤，香蕉3块钱1公斤。

第三部分

一共10个题，每题听两次。

例如：男：小王，帮我开一下门，好吗？谢谢！

女：没问题。您去超市了？买了这么多东西。

问：男的想让小王做什么？

现在开始第21题：

21. 女：小明，你去哪儿了？我找了你半天，教室、宿舍、图书馆都没有你。

男：我刚才一直在运动场踢球。

问：男的刚才在什么地方？

22. 男：以后你打算做什么工作？

女：学了这么长时间数学，我希望以后能在中学教课。

问：女的最想做什么工作？

23. 女：下午我想和你先去看电影，然后去商店买衣服。

男：真对不起，午饭后我要和小王一起去看球赛，没有时间。

问：男的下午要做什么？

24. 男：8点上课，现在都过一刻钟了，小王怎么还没来？

女：他每天都来得很早，没迟到过。

问：现在可能是几点？

25. 女：老王，好久没见面，你是不是又去旅行了？

男：没有，哪儿也没去，最近身体不好，住了一个多月医院。

问：男的最近去哪儿了？

26. 男：今天就在这儿吃吧，这家做得最好吃。

女：好，就听你的，你来点菜吧。

问：他们在什么地方？

27. 女：请坐，你喝点儿什么？茶、果汁还是咖啡？
男：谢谢，不用了。
问：男的是什么意思？

28. 男：我要买学汉语的书，你知道哪儿有卖的吗？
女：学校旁边的书店就有，那儿的汉语书很多，我们一起去看看。
问：他们要去做什么？

29. 女：历史考试是4月3号，那天是星期一，对吧？
男：错了，数学考试是星期一，历史考试是星期二。
问：星期几考历史？

30. 男：小王，你喜欢打球吗？我们一起打球吧。
女：我不喜欢打球，足球、篮球都不喜欢，我也不喜欢跑步。我们还是去爬山吧，我最喜欢爬山。
问：女的最喜欢什么运动？

第四部分

一共10个题，每题听两次。

例如：女：晚饭做好了，准备吃饭了。
男：等一会儿，比赛还有三分钟就结束了。
女：快点儿吧，一起吃，菜冷了就不好吃了。
男：你先吃，我马上就看完了。
问：男的在做什么？

现在开始第31题：

31. 男：电影票多少钱一张？
女：大人票一张10块，儿童票一张5块。
男：买一张大人票和一张儿童票。
女：一共两张，这是20，找您5块，请拿好。
问：男的买票一共花了多少钱？

32. 女：小张，你今年多大了？
男：再过1年我就30岁了。
女：啊，你快30了？
男：是啊，时间过得多快啊！
问：男的今年多大了？

33. 男：天冷了，我想买衣服，你能帮我看看吗？
女：好啊，我也正好想买毛衣，我们什么时候去？
男：星期天怎么样？
女：星期天人太多，我们星期五下午去吧。
问：女的想什么时候去买衣服？

34. 女：小王怎么还没来？
男：别着急，离说好的时间还差5分钟呢。
女：他第一次来北京，能找到这家饭店吗？
男：别担心，这个饭店很有名，他一定能找到。
问：他们可能在什么地方？

35. 男：小姐，已经3点20分了，从北京来的飞机到了吗？
女：还没到，您别着急，请再等一会儿。
男：请问什么时候能到呢？
女：还要20分钟吧。
问：飞机可能什么时候到？

36. 女：先生，请帮我在这附近找个房子。
男：您想要什么样的房子？说说您的要求。
女：没有特别的要求，我一个人住，有水、有电，一个房间就可以。我打算租1年。
男：这儿有两个房子都很好，我带您去看看吧。
问：女的要做什么？

37. 男：你说让儿子上哪个学校好呢？
女：我觉得楼下的这个就很好，离家近，去学校方便。
男：这个不好，我觉得应该去北京最有名的，虽然有点儿远，但老师水平高。
女：什么"有点儿远"？坐车最少要一个小时，孩子太累了。
问：男的觉得什么学校最好？

38. 女：听说你换工作了，是吗？
男：是呀，我现在在一家小公司工作。
女：你以前工作的公司不是很有名吗？为什么要换呢？
男：是很有名，而且钱也不少，但是工作很累，每天总是要到晚上10点以后才能回家，我没有时间做自己喜欢的事情。
问：男的为什么换工作？

39. 男：我想去中国学汉语，你觉得哪个城市最好？
女：我也不知道，听说现在去北京和上海的外国人最多。
男：我不想去外国人多的地方，我要和中国人做朋友，每天和中国人一起学习、一起玩儿。
女：那你最好选择去中国的中、小城市。
问：男的想去中国做什么？

40. 女：这个周末是妈妈的生日，我们买什么礼物好呢？
男：是我妈妈，还不是你妈妈呢！
女：很快就是了，对不对？我看，就买个蛋糕吧，买个大的。
男：妈妈不喜欢吃甜的，天冷了，还是买件毛衣吧。
问：他们是什么关系？

听力考试现在结束。

国家汉办/孔子学院总部
Hanban/Confucius Institute Headquarters

新汉语水平考试
HSK（三级）
模拟试题（一）

해설 및 정답

듣기

제1부분

1-5

A 

B 

C 

D 

E 

F 

예시

녹음

男: 喂，请问张经理在吗?

女: 他在开会，您半个小时以后再打，好吗?

남 : 여보세요, 장 사장님 계신가요?

여 : 지금 회의 중이신데 30분 후에 다시 전화 주시겠어요?

C

Point 문장 중에 '喂'와 '半个小时以后再打'라는 말을 듣고 남자와 여자가 통화중임을 알 수 있다. 이 문장에서 핵심단어는 '喂'와 '打'이다.

단어
喂 wéi 여보세요(전화 통화상)
请问 qǐngwèn 말씀 좀 여쭙겠습니다
经理 jīnglǐ 사장님
开会 kāihuì 회의하다

1.

녹음

男: 照片上的这个人是谁?

女: 是我爷爷，这是他年轻时的照片，那时候我爷爷还不到20岁呢。

남: 사진 속의 이 사람은 누구예요?

여: 제 할아버지 젊으셨을 때 사진인데요, 그때는 할아버지가 20살도 안 되셨을 때예요.

F

Point 핵심단어는 '照片'이다. '年轻……, ……不到20岁'라는 말에서 젊은 남자를 가리킨다는 것을 알 수 있다.

단어
照片 zhàopiàn 사진
年轻 niánqīng 젊다
还 hái 아직

2. 녹음

女：啊，他的房间这么多书呀？

男：是呀，房间里除了床、桌子和椅子以外都是书。

여: 와, 그의 방에 이렇게 책이 많아요?

남: 네. 방에는 침대, 책상, 의자 외에 모두 책이에요.

D

Point 핵심단어는 '房间'과 '书'이다.

단어 **房间** fángjiān 방
这么 zhème 이렇게(정도)
除了……以外 chúle…yǐwài ~를 제외하고

3. 녹음

男：出了什么事？你快说话呀，别总是哭啊！

女：我的钱包不见了。

남: 무슨 일이에요? 울지만 말고 빨리 말해봐요.

여: 지갑을 잃어버렸어요.

B

Point 핵심단어는 '哭'이다.

단어 **出事** chūshì 사고가 나다
别……了 bié…le ~하지 마라
总是 zǒngshì 늘
哭 kū 울다
钱包 qiánbāo 지갑
不见了 bú jiàn le 사라지다

4. 녹음

女：你今天能来，我真是太高兴了！

男：今天是你的生日，我当然要送个蛋糕呀。

여: 오늘 참석해줘서 너무 기뻐요!

남: 오늘은 당신의 생일이니, 당연히 케이크를 선물해야지요.

A

Point 핵심단어는 '生日'와 '蛋糕'이다.

단어 **参加** cānjiā 참가하다
当然 dāngrán 당연히
送 sòng 선물하다
蛋糕 dàngāo 케이크

5. 녹음

男：小王，现在有时间吗？一起去喝杯咖啡吧。

女：好啊，我知道这附近有个咖啡馆环境很好。

남: 샤오왕, 지금 시간 있어요? 같이 커피 마시러 가요.

여: 좋아요, 근처에 분위기가 괜찮은 커피숍을 알아요.

E

Point 핵심표현은 '喝杯咖啡'이다.

단어 **一起** yìqǐ 함께
附近 fùjìn 근처
环境 huánjìng 환경

6-10

A 

B 

C 

D 

E 

6. 녹음

男: 你怎么了? 身体不舒服吗? 要不要去医院?
女: 没关系, 今天工作太多, 明天再说吧。

남: 왜 그래요? 어디 아파요? 병원 가볼래요?
여: 괜찮아요, 오늘 할 일이 많아요, 내일 다시 이야기해요.

D

Point 핵심표현은 '不舒服'와 '去医院'이다. D의 배에 손을 얹고 있는 여자의 모습과 연관시킬 수 있다. 참고로 '배를 잡고 있다'는 '捂着肚子'로 표현한다.

단어 **怎么了** zěnme le 무슨 일이야
身体 shēntǐ 몸
舒服 shūfu 편안하다
再 zài 다시

7. 녹음

女: 你什么时候换了手机? 真漂亮!
男: 星期四下午和朋友一起去买的。

여: 언제 휴대전화 바꿨어요? 너무 예뻐요!
남: 목요일 오후에 친구랑 같이 가서 샀어요.

A

Point 핵심단어는 '手机'이다.

단어 **换** huàn 바꾸다
一起 yìqǐ 함께

8. 녹음

男: 你找什么? 是不是找这个杯子?
女: 是啊, 你怎么知道的, 谢谢你。

남: 뭐 찾아요? 이 컵 찾는 거 아니에요?
여: 맞아요. 어떻게 알았어요, 고마워요.

E

Point 핵심단어는 '杯子'이다

단어 **是不是** shì bu shì ~입니까? (사실확인)
是 shì 그래
杯子 bēizi 컵
怎么 zěnme 어떻게(방식)

9. 녹음

女：先生，您穿这件衣服真好看，我给您包起来吧？
男：等一下，等我女朋友看了，再决定吧。

여: 선생님, 이 옷 너무 잘 어울리세요, 포장해 드릴까요?
남: 잠시만요, 여자친구에게 보여주고 다시 결정할게요.

C

Point 핵심단어는 '衣服'이다.

단어 **穿** chuān 입다
件 jiàn 벌(옷, 서류, 일 등을 세는 양사)
衣服 yīfu 옷
给 gěi ~에게
包 bāo 포장하다
起来 qǐlai 방향보어로 물건을 모으고 수습할 때 사용
等A, 再B děng A, zài B A하고 나서, 그리고 B하다
决定 juédìng 결정하다

10. 녹음

男：你身体不好，怎么能去爬山呢？
女：谁说要去爬山了？我就是想出去走走，到附近的公园看看花儿。

남: 건강도 안 좋은데, 어떻게 등산을 하려고요?
여: 누가 등산 한대요? 그저 좀 걸으려는 거예요. 근처 공원에 꽃구경 가려고요.

B

Point 핵심단어는 '公园'과 '花'이다.

단어 **身体** shēntǐ 몸, 신체
怎么 zěnme 어떻게
爬山 páshān 등산하다
谁说 shéi shuō 누가 그런 소리를 했니(사실이 아님을 나타냄)
就是 jiùshì 그저(서술어 앞에서 단호한 입장이나, 고집을 나타냄)
走 zǒu 걷다
公园 gōngyuán 공원

제2부분

11-20

예시

为了让自己更健康，他每天都花一个小时去锻炼身体。

★ 他希望自己很健康。

스스로 더 건강해지기 위해서 그는 매일 한 시간을 몸을 단련하는 데 쓴다.

★ 그는 자신이 매우 건강해지길 바란다.

Point 문장 중에 '为了让自己更健康'을 보고 그가 자신이 건강해지길 바라고 있음을 알 수 있다.

단어
为了 wèile ~를 위하여
让 ràng (~로 하여금) ~하게 하다
健康 jiànkāng 건강
每天 měitiān 매일
花 huā (시간을) 소비하다
锻炼 duànliàn (몸을) 단련하다
身体 shēntǐ 신체, 몸
希望 xīwàng 바라다

今天我想早点儿回家。看了看手表，才5点。过了一会儿再看表，还是5点，我这才发现我的手表不走了。

★ 那块儿手表不是他的。

오늘 나는 일찌감치 집에 돌아가고 싶었다. 시계를 보니 겨우 5시였다. 좀 지나서 다시 시계를 보니 여전히 5시였고, 나는 내 시계가 고장이 났다는 것을 발견했다.

★ 그 시계는 그의 것이 아니다.

Point 문장 중에 핵심 단어는 '手表不走了'이다. '走'는 '가다'라는 의미 외에도 '물건이나 물체가 움직이지 않다'라는 의미도 지니고 있으므로 여기에서 '시계가 움직이지 않다'는 시계가 고장 났다는 의미로 예측할 수 있다.

단어
回家 huíjiā 집에 돌아가다
手表 shǒubiǎo 손목시계
过 guò 지나다(시간이 지남)
一会儿 yíhuìr 잠시 동안, 잠깐 사이
还是 háishi 여전히
发现 fāxiàn 발견하다

11.

문제

报纸上的常用汉字只有五千个。

신문에 있는 상용한자는 5,000개뿐이다.

녹음

报纸上的常用汉字只有一千五百个。

신문에 있는 상용한자는 1,500개뿐이다.

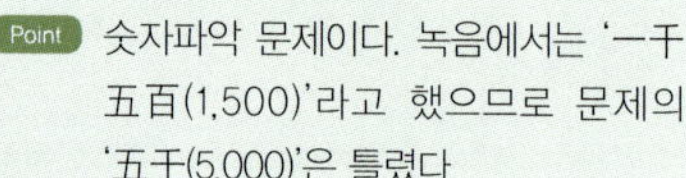

Point 숫자파악 문제이다. 녹음에서는 '一千五百(1,500)'라고 했으므로 문제의 '五千(5,000)'은 틀렸다.

단어
报纸 bàozhǐ 신문
常用 cháng yòng 자주 쓰다
只 zhǐ 겨우, 단지

12. 문제

现在已经8：50了。

지금은 벌써 8시 50분이다.

녹음

不是八点半出发吗？现在已经过了20分钟了，司机怎么还没来？

8시 30분에 출발하는 거 아니었어요? 벌써 20분이 지났는데, 운전사는 왜 아직 안 와요?

√

Point 시간계산 문제이다. 출발시간은 8시 30분인데 '已经过了20分钟了'이므로 지금시간을 계산할 수 있다.

단어 **不是……吗?** búshì···ma? (반어문으로 쓰여) ~인거 아니야?
已经 yǐjing 이미
过 guò 지나다(시간이 지남)
分钟 fēnzhōng 분(시간의 양)
司机 sījī 운전사
怎么 zěnme 어째서(원인)
还 hái 아직

13. 문제

宾馆在银行的前边。

호텔은 은행 앞쪽에 있다.

녹음

你看到前边那个商场了吗？从那儿往左拐，走200米就能看到一家银行，在银行的后面就是你要找的宾馆。

앞에 상가 보여요? 저기서 왼쪽으로 돌아 200m 가면 은행이 보일 거예요. 은행 뒤쪽에 바로 당신이 찾는 호텔이 있어요.

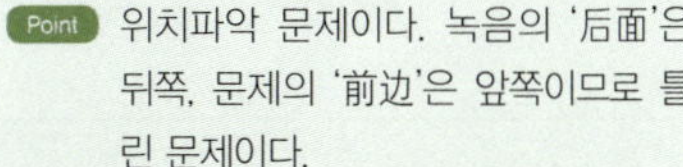

Point 위치파악 문제이다. 녹음의 '后面'은 뒤쪽, 문제의 '前边'은 앞쪽이므로 틀린 문제이다.

단어 **前边** qiánbiān 앞쪽
商场 shāngchǎng 쇼핑센터, 상가
从 cóng ~로부터
往 wǎng ~로(이동이나 전환의 방향을 나타냄)
左 zuǒ 왼쪽
拐 guǎi (방향을) 틀다, 바꾸다
走 zǒu 걷다
米 mǐ 미터
就 jiù 바로(앞의 조건이면 뒤의 결과가 나옴을 표시)
家 jiā 곳(영업을 하는 곳을 세는 양사)
银行 yínháng 은행
后面 hòumian 뒤쪽
就 jiù 바로
找 zhǎo 찾다
宾馆 bīnguǎn 호텔

14. 문제

他晚饭后没去看电影。

그는 저녁식사 후 영화를 보러 가지 않았다.

녹음

吃完晚饭后，他们都看电影去了，我很累，就睡了。

저녁식사 후 그들은 영화를 보러 갔고, 난 힘들어서 잤어요.

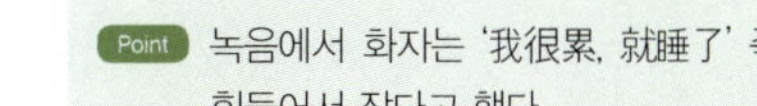

Point 녹음에서 화자는 '我很累，就睡了' 즉 힘들어서 잤다고 했다.

단어 **完** wán 마치다(동사 뒤 결과보어로 쓰임)
后 hòu 뒤
就 jiù 앞의 이유로 인하여 자연히 뒤의 동작이 이어졌다는 것을 나타냄
睡 shuì 자다

15.

문제

他不想吃早饭。

그는 아침식사를 먹고 싶어하지 않았다.

녹음

今天起床晚了，现在没时间吃早饭了，中午再吃吧。

오늘 늦게 일어나서 아침 먹을 시간이 없어요, 점심에 먹을게요.

Point 의미파악 문제이다. '没时间'은 객관적 이유이고, '不想吃'는 주관적 생각이므로 아침을 먹지 않은 이유와 다르다.

단어 **起床** qǐchuáng 일어나다
晚 wǎn 늦다
没时间 méi shíjiān 시간이 없다
早饭 zǎofàn 아침밥
中午 zhōngwǔ 점심, 정오
再 zài 어떤 시간이 되어서 비로소 ~을 하게 됨을 나타냄
吧 ba 제안이나 권유를 나타냄

16.

문제

他们去了火车站。

그들은 기차역에 갔다.

녹음

等我们到火车站的时候，火车已经开走20分钟了。

우리가 기차역에 도착했을 때, 기차는 이미 출발한 지 20분이나 지났다.

Point '等……的时候'는 '~했을 때'라는 뜻으로, '기차역에 도착했을 때'라는 의미를 지녀, 기차역에 도착했다는 것을 짐작할 수 있다.

단어 **等……的时候** děng…de shíhou ~할 때가 되어서
火车站 huǒchēzhàn 기차역
已经 yǐjing 이미
开走 kāizǒu (차 등이) 출발해서 가버리다
分钟 fēnzhōng 분(시간의 양)

17.

문제

他要去中国北方旅行。

그는 중국 북방으로 여행을 가려 한다.

녹음

下星期我去中国南方旅行，我打算先到上海看看，然后去南京玩儿玩儿。

다음 주에 중국 남방으로 여행을 갈 거예요. 우선 상하이에 가고, 그 다음에 난징에 갈 계획이에요.

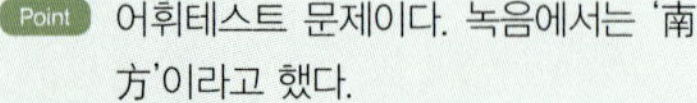

Point 어휘테스트 문제이다. 녹음에서는 '南方'이라고 했다.

단어 **下星期** xiàxīngqī 다음주
南方 nánfāng 남쪽지역
旅行 lǚxíng 여행가다
打算 dǎsuan ~할 작정이다
先A然后B xiān A ránhòu B A를 하고 나서 B를 하다(순서)

18. 문제

他今天晚上去看朋友。

그는 오늘 저녁에 친구를 만나러 간다.

녹음

今天是星期天，我上午去商店，下午去看朋友，晚上哪儿也不去，在家看电视。

오늘은 일요일이다. 나는 오전에 마트에 갔고, 오후에는 친구를 만났고, 저녁에는 아무 데도 안 가고 집에서 텔레비전을 봤다.

Point 어휘테스트 문제이며, '下午'와 '晚上'을 구별해야 한다.

단어
上午 shàngwǔ 오전
下午 xiàwǔ 오후
晚上 wǎnshang 저녁
哪儿 nǎr 어디

19. 문제

他以前去过一次北京。

그는 예전에 베이징에 한 번 가봤다.

녹음

他星期一坐飞机去北京了，今天早上才回来。这是他第二次去北京了。

그는 월요일에 비행기를 타고 베이징에 갔다가 오늘 아침에서야 돌아왔다. 이번은 그가 두 번째로 베이징에 간 것이다.

Point 여기서 '过'는 동태조사로 쓰여, 동사 뒤에 사용되어 '~한 적이 있다'의 의미를 지닌다. 녹음에서 이번이 '第二次'라고 했으므로 맞는 답이다.

단어
坐 zuò (교통수단을) 타다
才 cái 비로소
回来 huílai 돌아오다
第二次 dì èr cì 두 번째

20. 문제

香蕉比苹果便宜。

바나나는 사과보다 싸다.

녹음

商店里有很多水果，我买了葡萄、苹果和香蕉，都不贵。葡萄最便宜，2块钱1公斤，苹果4块钱1公斤，香蕉3块钱1公斤。

마트에는 많은 과일이 있다. 나는 포도, 사과, 바나나를 샀는데 모두 가격이 저렴했다. 포도는 킬로그램(kg) 당 2위안으로 가장 쌌고, 사과는 킬로그램(kg) 당 4위안, 바나나는 킬로그램(kg) 당 3위안이었다.

Point 의미파악 문제이다. 문제에서의 'A比B……'는 'A는 B보다 ~하다'는 비교문 구조이다. 녹음에서 킬로그램(kg) 당 가격을 차례로 알려주었는데 사과가 바나나보다 비쌌다.

단어
商店 shāngdiàn 마트, 상점
水果 shuǐguǒ 과일
葡萄 pútao 포도
苹果 píngguǒ 사과
香蕉 xiāngjiāo 바나나
贵 guì 비싸다
最 zuì 가장
便宜 piányi 싸다
块 kuài 위안(중국화폐단위)
公斤 gōngjīn 킬로그램(kg)
元 yuán 위안(중국화폐단위, 서면어)

제3부분

21-30

예시

A 开门　B 拿东西　C 去超市买东西
문 열기　물건 받기　시장에 가서 물건 사오기

녹음

男：小王，帮我开一下门，好吗？谢谢！
女：没问题。您去超市了？买了这么多东西。
问：男的想让小王做什么？

남：샤오왕, 나 좀 도와 문 좀 열어줄 수 있어요? 고마워요!
여：그래요. 마트에 갔었나요? 물건을 많이 샀네요.
질문：남자는 샤오왕이 무엇을 하길 바라나요?

A

Point 문장 속에서 남자가 샤오왕에게 '帮我开一下门'이라고 말하는 것을 들었다면 풀 수 있는 문제이다.

단어
帮 bāng 돕다
开门 kāimén 문을 열다
一下 yíxià 좀 ~하다(동사 뒤에 쓰임)
超市 chāoshì 마트, 슈퍼마켓
买 mǎi 사다
这么 zhème 이렇게
东西 dōngxi 물건
拿 ná (물건을) 받다, 잡다

---

21. A 教室　B 运动场　C 图书馆
교실　운동장　도서관

녹음

女：小明，你去哪儿了？我找了你半天，教室、宿舍、图书馆都没有你。
男：我刚才一直在运动场踢球。
问：男的刚才在什么地方？

여: 샤오밍, 어디 갔었어? 한참을 찾아 다녔는데 교실, 기숙사, 도서관 어디에도 없더라.
남: 계속 운동장에서 축구하고 있었어.
질문: 남자는 방금 어디에 있었나요?

B

Point 선택항에서 장소파악 문제임을 알 수 있으므로 대화에서 나오는 장소단어에 주의해 들어야 한다. '我刚才一直在运动场踢球'에서 답을 알 수 있다.

단어
半天 bàntiān 반나절, 한참
教室 jiàoshì 교실
宿舍 sùshè 기숙사
图书馆 túshūguǎn 도서관
刚才 gāngcái 방금 전
一直 yìzhí 줄곧
运动场 yùndòngchǎng 운동장
踢球 tī qiú 축구를 하다
什么地方 shénme dìfang 어디에

22. A 老师 B 医生 C 数学家
선생님 의사 수학자

녹음

男：以后你打算做什么工作？
女：学了这么长时间数学，我希望以后能在中学教课。
问：女的最想做什么工作？

남: 나중에 어떤 일을 할 계획입니까?
여: 오랫동안 수학공부를 했으니, 중학교에서 수학을 가르치고 싶어요.
질문: 여자는 어떤 일을 가장 하고 싶어 하나요?

A

Point 선택항을 통해 직업관련 문제임을 우선 파악해야 한다. 여자가 중학교에서 가르치고 싶다고 했으므로 그녀가 원하는 직업은 선생님이다.

단어
以后 yǐhòu 이후에, 나중에
打算 dǎsuan ~할 작정이다
工作 gōngzuò 일하다
这么 zhème 이렇게
长 cháng 길다
时间 shíjiān 시간
数学 shùxué 수학
希望 xīwàng 희망하다
中学 zhōngxué 중고등학교
教课 jiāokè 수업하다
最 zuì 가장
医生 yīshēng 의사
数学家 shùxuéjiā 수학자

23. A 看比赛 B 看电影 C 买东西
경기를 보다 영화를 보다 물건을 사다

녹음

女：下午我想和你先去看电影，然后去商店买衣服。
男：真对不起，午饭后我要和小王一起去看球赛，没有时间。
问：男的下午要做什么？

여: 오후에 너랑 먼저 영화부터 보고, 그 다음 옷을 사러 갈까 해.
남: 정말 미안해. 점심 먹고 샤오왕이랑 같이 축구경기 보러 가야 해서 시간이 없어.
질문: 남자는 오후에 무엇을 하려고 하나요?

A

Point 행동파악 문제이다. '看电影', '买衣服'에 헷갈리지 말아야 한다.

단어
下午 xiàwǔ 오후
和 hé ~와
先A然后B xiān A ránhòu B A를 하고 나서 B를 한다(순서)
商店 shāngdiàn 상점
衣服 yīfu 옷
午饭 wǔfàn 점심식사
后 hòu 뒤
一起 yìqǐ 함께
球赛 qiúsài 구기 종목 시합
有时间 yǒu shíjiān 시간이 있다

24. A 7：50 B 8：05 C 8：15

녹음

男：8点上课，现在都过一刻钟了，小王怎么还没来？
女：他每天都来得很早，没迟到过。
问：现在可能是几点？

남: 8시에 수업 시작인데, 벌써 15분이 지났어. 샤오왕은 왜 아직도 안 오는 거야?
여: 샤오왕은 지각한 적 없이 매일 일찍 왔었어.
질문: 지금은 몇 시인가요?

C

Point 시간계산 문제이다. '刻'는 양사일 때 '15분'을 뜻한다. '一刻'는 15분이므로 지금 시간은 8시 15분임을 알 수 있다.

단어
过 guò 지나다(시간이 지남) 혹은 ~한 적이 있다(동사 뒤에서 경험태를 만드는 동태조사로 쓰임)
刻钟 kèzhōng 15분
怎么 zěnme 왜
还 hái 아직
每天 měitiān 매일
得 de 구조조사(정도보어를 수반)
早 zǎo 이르다
迟到 chídào 지각하다
可能 kěnéng 아마

25. A 去公园 공원에 가다　B 去医院 병원에 가다　C 去旅行 여행을 가다

녹음

女: 老王, 好久没见面, 你是不是又去旅行了?

男: 没有, 哪儿也没去, 最近身体不好, 住了一个多月医院。

问: 男的最近去哪儿了?

여: 라오왕, 오랜만이에요. 또 여행 갔었나요?

남: 아니요, 몸이 안 좋아서 아무 데도 안 가고 한달 동안 병원에 입원했었어요.

질문: 남자는 최근에 어디에 갔었나요?

B

Point 행동파악 문제이다. '旅行'과 헷갈리면 안 된다.

단어
好久 hǎojiǔ 오랫동안
见面 jiànmiàn 만나다
是不是 shì bu shì ~입니까?(서술어 앞에서 확인을 나타냄)
又 yòu 또(이미 발생함 혹은 주기적으로 반복함을 나타냄)
旅行 lǚxíng 여행가다
没有 méiyǒu 아니다(발생을 부정함)
哪儿 nǎr 어디
最近 zuìjìn 최근
身体 shēntǐ 몸
住医院 zhù yīyuàn 입원하다
多 duō ~여(양사 앞, 뒤에서 대략적인 수를 나타냄)

26. A 饭馆 식당　B 商店 가게　C 银行 은행

녹음

男: 今天就在这儿吃吧, 这家做得最好吃。

女: 好, 就听你的, 你来点菜吧。

问: 他们在什么地方?

여: 오늘은 여기서 식사하죠, 이 집이 제일 맛있어요.

남: 네, 그렇게 해요. 당신이 주문해요.

질문: 그들은 어디에 있나요?

A

Point 장소 문제이다. '吃', '好吃', '点菜' 등의 단어들이 모두 식당과 관련된다.

단어
就 jiù 앞의 전제에 대해 의견을 제시하거나 행위의 적극성을 나타낼 때 쓰임
家 jiā 집(영업하는 곳을 세는 양사)
最 zuì 가장
好吃 hǎochī 맛있다
听你的 tīng nǐ de 네 말대로 하지
来 lái 앞에 오는 주체를 강조
点菜 diǎncài 음식을 주문하다
吧 ba 제안을 나타냄
饭馆 fànguǎn 음식점
商店 shāngdiàn 상점
银行 yínháng 은행

27. A **喝茶** 차를 마시다
B **喝咖啡** 커피를 마시다
C **都不喝** 아무것도 마시지 않는다

녹음

女: 请坐, 你喝点儿什么? 茶、果汁还是咖啡?

男: 谢谢, 不用了。

问: 男的是什么意思?

여: 앉으세요, 뭐 마실래요? 차, 주스 아니면 커피로 드릴까요?

남: 감사합니다, 괜찮습니다.

질문: 남자의 의미는 무엇인가요?

C

Point 남자가 '不用了'라며 사양했다. 여자가 말한 음료수와 헷갈리면 안 된다.

단어
请 qǐng 부탁이나 요청할 때 쓰임
点儿 diǎnr 조금(요청할 때)
茶 chá 차
果汁 guǒzhī 주스
还是 háishi 아니면(선택의문문)
不用 búyòng ~할 필요가 없다
意思 yìsi 뜻

28. A 买书 책을 사다
B 学汉语 중국어를 공부하다
C 看朋友 친구를 만나다

녹음

男：我要买学汉语的书，你知道哪儿有卖的吗？
女：学校旁边的书店就有，那儿的汉语书很多，我们一起去看看。
问：他们要去做什么？

남: 중국어 책을 사려고 하는데 어디서 살 수 있을까요?
여: 학교 옆 서점에 중국어 책이 많아요. 같이 가봐요.
질문: 그들은 무엇을 하러 가나요?

A

Point 행동파악 문제이다. '我要买……书', '一起去看看'에서 답을 짐작할 수 있다.

단어 **卖** mài 팔다
旁边 pángbiān 옆
书店 shūdiàn 서점
就 jiù 바로(사실임을 강조)
一起 yìqǐ 함께

29. A 星期一 월요일 B 星期二 화요일 C 星期三 수요일

녹음

女：历史考试是4月3号，那天是星期一，对吧？
男：错了，数学考试是星期一，历史考试是星期二。
问：星期几考历史？

여: 역사시험이 4월 3일이니까 월요일 맞죠?
남: 아니에요. 수학시험이 월요일이고 역사시험은 화요일이에요.
질문: 무슨 요일에 역사시험을 보나요?

B

Point 선택항에서 요일을 물어보는 문제임을 파악할 수 있다. '历史考试是星期二'을 듣고 역사시험이 화요일에 있음을 알 수 있다.

단어 **历史** lìshǐ 역사
考试 kǎoshì 시험
月 yuè 월
号 hào 일
错 cuò 틀리다
数学 shùxué 수학
考 kǎo 시험을 보다

30. A 跑步 달리기 B 打球 구기종목 C 爬山 등산

녹음

男：小王，你喜欢打球吗？我们一起打球吧。
女：我不喜欢打球，足球，篮球都不喜欢，我也不喜欢跑步。我们还是去爬山吧，我最喜欢爬山。
问：女的最喜欢什么运动？

남: 샤오왕, 구기종목 좋아해요? 같이 공치러 가요.
여: 구기종목은 안 좋아해요. 축구, 농구 다 싫어하고, 달리기도 싫어해요. 우리 등산이나 가요, 저는 등산을 제일 좋아하거든요.
질문: 여자는 무슨 운동을 제일 좋아하나요?

C

Point '我最喜欢爬山'은 여자가 제일 좋아하는 운동이 등산임을 알려준다.

단어 **打球** dǎ qiú 공놀이를 하다
一起 yìqǐ 함께
足球 zúqiú 축구
篮球 lánqiú 농구
跑步 pǎobù 뛰기(조깅)
还是……吧 háishi…ba (선택상황에서) ~하는 편이 낫다
爬山 páshān 등산하다
最 zuì 가장
运动 yùndòng 운동(하다)

제4부분

31-40

예시

A 洗澡　　B 吃饭　　C 看电视
　샤워를 한다　　밥을 먹는다　　텔레비전을 본다

녹음

女: 晚饭做好了，准备吃饭了。
男: 等一会儿，比赛还有三分钟就结束了。
女: 快点儿吧，一起吃，菜冷了就不好吃了。
男: 你先吃，我马上就看完了。
问: 男的在做什么?

여 : 저녁식사가 다 됐어요. 식사하세요.
남 : 잠깐만요, 시합 시간이 아직 30분이나 남았어요.
여 : 빨리 와서 같이 먹어요. 음식이 식으면 맛이 없잖아요.
남 : 먼저 먹어요. 시합은 곧 끝나요.
질문 : 남자는 무엇을 하고 있나요 ?

C

Point 남자의 대화 중에서 '比赛', '你先吃', '我马上就看完了'라는 말을 듣고 남자가 무언가 보고 있음을 예측할 수 있다.

단어
晚饭 wǎnfàn 저녁식사
做 zuò (음식을) 하다
准备 zhǔnbèi 준비하다
等 děng 기다리다
比赛 bǐsài 시합, 경기
还有 háiyǒu 아직도
结束 jiéshù 마치다, 끝나다
菜 cài 요리
冷 lěng 식다
好吃 hǎochī 맛있다
先 xiān 먼저
马上 mǎshang 곧
洗澡 xǐzǎo 샤워하다, 목욕하다
电视 diànshì 텔레비전

---

31. A 10元　　B 15元　　C 20元
　10위안　　15위안　　20위안

녹음

男: 电影票多少钱一张?
女: 大人票一张10块，儿童票一张5块。
男: 买一张大人票和一张儿童票。
女: 一共两张，这是20，找您5块，请拿好。
问: 男的买票一共花了多少钱?

남: 영화표 한 장에 얼마예요?
여: 성인표는 10위안, 청소년표는 5위안입니다.
남: 성인표 한 장, 청소년표 한 장 주세요.
여: 모두 20위안 받았습니다. 여기 5위안입니다.
질문: 남자는 모두 몇 위안을 썼나요?

B

Point 선택에 돈이 나와있으므로 가격에 주의해 들어야 한다. '一张大人票', '一张儿童票'라고 했으므로 성인표 한 장과 청소년표 한 장 가격을 더하면 15위안이 나온다.

단어
电影票 diànyǐngpiào 영화표
多少钱 duōshaoqián 얼마예요
张 zhāng 장(넓고 평평한 것, 종이를 세는 단위)
大人 dàrén 성인
块 kuài 위안(중국 화폐 단위)
儿童 értóng 아동
和 hé ~와
一共 yígòng 모두, 합쳐서
找 zhǎo 거슬러 주다
拿好 ná hǎo 잘 받다
花 huā 쓰다, 소비하다

32. A 29岁　　B 30岁　　C 31岁
29세　　30세　　31세

녹음

女：小张，你今年多大了？
男：再过1年我就30岁了。
女：啊，你快30了？
男：是啊，时间过得多快啊！
问：男的今年多大了？

여: 샤오장, 올해 몇 살이에요?
남: 1년 후면 서른입니다.
여: 벌써 서른이 다 됐나요?
남: 그러게요, 시간이 정말 빨리 가네요!
질문: 남자는 올해 몇 살인가요?

Point '过'는 '(시점을) 지나다, 경과하다'의 뜻으로, '再过一年我就30岁了'는 '1년이 지나면 서른이 된다'는 의미이므로 올해 나이는 29살임을 알 수 있다.

단어
今年 jīnnián 올해
多大 duō dà (나이가) 몇 이신가요
再 zài 더
过 guò 지나다
就 jiù ~하면(앞의 전제에 대한 결과나 판단)
岁 suì 살(세)
快……了 kuài…le 곧 ~가 되다
时间 shíjiān 시간
得 de 구조조사(정도보어를 수반)
多……啊 duō…a 얼마나 ~한가(감탄문)
快 kuài 빠르다

A

33. A 星期五　　B 星期六　　C 星期天
금요일　　토요일　　일요일

녹음

男：天冷了，我想买衣服，你能帮我看看吗？
女：好啊，我也正好想买毛衣，我们什么时候去？
男：星期天怎么样？
女：星期天人太多，我们星期五下午去吧。
问：女的想什么时候去买衣服？

남: 날이 추워져서 옷을 사고 싶은데 봐 줄 수 있나요?
여: 좋아요. 저도 마침 스웨터 사려고 했는데 언제 갈까요?
남: 일요일이 어때요?
여: 일요일에는 사람이 많으니까 금요일 오후에 가요.
질문: 여자는 언제 옷을 사러 가려고 하나요?

Point 여자는 '星期五下午去吧'라고 했다.

단어
天 tiān 날, 날씨
冷 lěng 춥다
了 le 변화를 나타냄
衣服 yīfu 옷
帮 bāng 돕다
正好 zhènghǎo 마침
毛衣 máoyī 스웨터
什么时候 shénme shíhou 언제
怎么样 zěnmeyàng 어떠니
下午 xiàwǔ 오후

34. A 机场 공항　B 饭店 식당　C 公司 회사

녹음

女: 小王怎么还没来?
男: 别着急, 离说好的时间还差5分钟呢。
女: 他第一次来北京, 能找到这家饭店吗?
男: 别担心, 这个饭店很有名, 他一定能找到。
问: 他们可能在什么地方?

여: 샤오왕은 왜 아직도 안 오나요?
남: 서두르지 마세요. 약속시간까지는 아직 5분이 남았어요.
여: 처음 베이징에 온 건데 이 식당을 찾을 수 있을까요?
남: 걱정 마세요. 이 식당은 유명하니까 찾을 수 있을 거예요
질문: 두 사람은 어디에 있나요?

B

Point 선택항을 보면 장소선택 문제임을 알 수 있다. 대화에서 두 사람 모두 '饭店'을 언급했다.

단어
怎么 zěnme 왜
还 hái 아직
别 bié ~하지 마라
着急 zháojí 조급해하다
离 lí ~로부터(시간이나 공간적 거리)
说好 shuō hǎo 이야기를 끝내다, 말을 매듭짓다
差 chà 차이가 나다
分钟 fēnzhōng 분(시간의 양)
第一次 dì yī cì 처음으로
找 zhǎo 찾다
家 jiā 집(영업하는 곳을 세는 단위)
饭店 fàndiàn 음식점, 호텔
担心 dānxīn 걱정하다
有名 yǒumíng 유명하다
一定 yídìng 틀림없이
到 dào 동사 뒤에서 성공을 나타냄
可能 kěnéng 아마도
什么地方 shénme dìfang 어디
机场 jīchǎng 공항
公司 gōngsī 회사

35. A 3点20分 3시 20분　B 3点40分 3시 40분　C 3点50分 3시 50분

녹음

男: 小姐, 已经3点20分了, 从北京来的飞机到了吗?
女: 还没到, 您别着急, 请再等一会儿。
男: 请问什么时候能到呢?
女: 还要20分钟吧。
问: 飞机可能什么时候到?

남: 아가씨, 벌써 3시20분이에요. 베이징에서 출발한 비행기 도착했나요?
여: 아직이요. 초조해하지 마시고 잠시 기다리세요.
남: 언제 도착할까요?
여: 20분 더 걸립니다.
질문: 비행기는 언제 도착하나요?

B

Point 남자가 '已经3点20分了'라며 현재 시간이 3시 20분임을 말했고, 여자가 '还要20分钟'이라고 말하며 20분 더 걸린다고 했으므로 비행기 도착시간은 3시 40분임을 계산할 수 있다.

단어
已经 yǐjing 이미
从 cóng ~로부터(출발점)
到 dào 도착하다
还 hái 아직
别 bié ~하지 마라
着急 zháojí 조급해하다
一会儿 yíhuìr 잠시 동안
请问 qǐngwèn 말씀 좀 묻겠습니다
要 yào (시간이) 걸리다, 필요하다
分钟 fēnzhōng 분(시간의 양)
吧 ba 추측을 나타냄
可能 kěnéng 아마도

36. A 买房子 B 卖房子 C 租房子
집을 사다 / 집을 팔다 / 집을 임대하다

녹음

女: 先生，请帮我在这附近找个房子。
男: 您想要什么样的房子? 说说您的要求。
女: 没有特别的要求，我一个人住，有水、有电，一个房间就可以。我打算租1年。
男: 这儿有两个房子都很好，我带您去看看吧。
问: 女的要做什么?

여: 아저씨, 이 근처에서 집을 알아보려고 하는데요.
남: 어떤 집을 원하나요? 요구 사항을 말씀해 보세요.
여: 특별한 요구는 없어요. 혼자 살 거니까 수도, 전기가 있는 원룸이면 되요. 1년 임대할 생각이고요.
남: 두 곳이 있는데 다 괜찮아요, 같이 가보죠.
질문: 여자는 무엇을 하려고 하나요?

C

Point '找个房子', '打算租一年'에서 여자가 집을 임대하려는 것임을 알 수 있다.

단어 **先生** xiānsheng 선생님(일반 남자를 존칭하여 부르는 호칭)
帮 bāng 돕다
附近 fùjìn 부근
房子 fángzi 집
要 yào 요구하다
什么样 shénmeyàng 어떤
要求 yāoqiú 요구
特别 tèbié 특별하다, 특히
房间 fángjiān 방
可以 kěyǐ ~해도 된다(좋다)
打算 dǎsuan ~할 작정이다
租 zū 세를 놓다 혹은 세를 얻다
带 dài 데리고 가다
买 mǎi 사다
卖 mài 팔다

37. A **最有名的学校** 가장 유명한 학교
B **离家近的学校** 집에서 가까운 학교
C **孩子喜欢的学校** 아이가 좋아하는 학교

녹음

男: 你说让儿子上哪个学校好呢?
女: 我觉得楼下的这个就很好，离家近，去学校方便。
男: 这个不好，我觉得应该去北京最有名的，虽然有点儿远，但老师水平高。
女: 什么"有点儿远"? 坐车最少要一个小时，孩子太累了。
问: 男的觉得什么学校最好?

남: 아들을 어느 학교에 보내는 것이 좋을까요?
여: 아래층에 있는 학교가 괜찮아 보여요. 집에서 가깝고 등교도 편해요.
남: 여기는 별로예요. 베이징에서 제일 유명한 곳으로 보낼 생각이에요. 비록 좀 멀긴 하지만 교사 수준이 높잖아요.
여: 차로 최소 한 시간을 가야 하는데 '조금 멀다'고요? 애가 너무 힘들 거예요.
질문: 남자는 어느 학교가 가장 좋다고 생각하나요?

A

Point 남자가 학교는 '北京最有名的'로 가야 한다고 했다.

단어 **让** ràng (~로 하여금) ~하게 하다
儿子 érzi 아들
上学校 shàng xuéxiào 학교에 다니다
呢 ne 의문을 나타냄
觉得 juéde ~라고 생각하다
楼下 lóuxià 아래 층
离 lí ~로부터(시간이나 공간적 거리)
近 jìn 가깝다
方便 fāngbiàn 편리하다
应该 yīnggāi 마땅히 ~해야 한다
最 zuì 가장
有名 yǒumíng 유명하다
虽然 suīrán 비록 ~이지만(기정 사실)
有点儿 yǒudiǎnr 조금(불만스러움)
远 yuǎn 멀다
但 dàn 하지만
水平 shuǐpíng 수준
高 gāo 높다
什么 shénme 뭐, 무슨(상대의 말에 대한 반박)
最少 zuì shǎo 적어도
要 yào 걸리다, 필요하다
小时 xiǎoshí 시간(시간의 양)

38. A **觉得钱不多** 돈이 많지 않다고 느끼다

B **认为工作累** 일이 힘들다고 생각하다

C **公司不太有名** 회사가 별로 유명하지 않다

녹음

女：听说你换工作了，是吗？

男：是呀，我现在在一家小公司工作。

女：你以前工作的公司不是很有名吗？为什么要换呢？

男：是很有名，而且钱也不少，但是工作很累，每天总是要到晚上10点以后才能回家，我没有时间做自己喜欢的事情。

问：男的为什么换工作？

여: 직장 옮겼다면서요? 정말이에요?

남: 네, 지금은 작은 회사에서 일하고 있어요.

여: 예전에 일하던 회사는 유명했잖아요. 왜 옮겼어요?

남: 유명하고 연봉도 많았지만 너무 힘들었어요. 매일 저녁 10시나 되어서야 퇴근하니까 제가 하고 싶은 일을 할 시간이 없었어요.

질문: 남자는 왜 직업을 바꾸었나요?

B

Point '뿐만 아니라'라는 의미의 접속사 '而且'가 '有名'과 '钱也不少'를 연결시켜 주었으므로 A와 C는 제외시킨다. '工作很累'라고 했으므로 답은 B이다.

단어 **听说** tīngshuō 듣자 하니
换 huàn 바꾸다
工作 gōngzuò 일, 직업
家 jiā 집(영업하는 곳을 세는 단위)
公司 gōngsī 회사
以前 yǐqián (이)전에
为什么 wèishénme 왜
A是A, 但是 A shì A, dànshì A이긴 하지만 그러나
钱 qián 돈
每天 měitiān 매일
总是 zǒngshì 늘, 항상
到 dào ~에 이르다
才 cái 비로소, 겨우
事情 shìqing 일
认为 rènwéi ~라고 여기다
有名 yǒumíng 유명하다

39. A **找工作** 일자리를 구하다　B **去旅游** 여행을 가다　C **学汉语** 중국어를 공부하다

녹음

男：我想去中国学汉语，你觉得哪个城市最好？

女：我也不知道，听说现在去北京和上海的外国人最多。

男：我不想去外国人多的地方，我要和中国人做朋友，每天和中国人一起学习、一起玩儿。

女：那你最好选择去中国的中、小城市。

问：男的想去中国做什么？

남: 중국어 공부하러 중국에 가려고 하는데 어느 도시가 괜찮을까요?

여: 저도 잘 몰라요. 듣기로는 베이징과 상하이로 가는 외국인들이 가장 많데요.

남: 외국인이 많은 도시는 가고 싶지 않아요. 중국인 친구를 사귀고 매일 같이 공부하고 놀 거예요.

여: 그렇다면 중, 소도시를 선택하는 게 좋겠네요.

질문: 남자는 중국에 무엇을 하러 가나요?

C

Point '我想去中国学汉语'라는 남자의 말에서 중국어 공부를 하러 중국에 가려는 것임을 알 수 있다.

단어 **觉得** juéde ~라고 생각하다
城市 chéngshì 도시
最 zuì 가장
听说 tīngshuō 듣자 하니
每天 měitiān 매일
和 hé ~와
一起 yìqǐ 함께
学习 xuéxí 학습하다
玩 wán 놀다
选择 xuǎnzé 선택하다

40. A **丈夫和妻子** 남편과 아내
B **男女朋友** 애인 사이
C **哥哥和妹妹** 오빠와 동생

녹음

女: 这个周末是妈妈的生日，我们买什么礼物好呢?
男: 是我妈妈，还不是你妈妈呢!
女: 很快就是了，对不对? 我看，就买个蛋糕吧，买个大的。
男: 妈妈不喜欢吃甜的，天冷了，还是买件毛衣吧。
问: 他们是什么关系?

여: 이번 주말이 어머니 생신인데 어떤 선물을 사 드리는 게 좋을까요?
남: 우리 엄마지, 아직 당신 엄마는 아니잖아요.
여: 며칠 안 남은 거 맞죠? 큰 케이크로 사요.
남: 엄마는 단 거 안 좋아하세요. 날이 추워졌으니까 스웨터로 한 벌 사드려요.
질문: 그들은 무슨 관계인가요?

B

Point 중국가정에서는 장모님과 시어머니를 호칭할 때 모두 친근하게 '妈妈'라 부른다. 대화에서 두 사람은 모두 '妈妈'를 호칭하지만, 남자가 여자에게 '还不是你妈妈呢'라고 했으므로 두 사람이 아직 결혼한 사이가 아님을 알 수 있다.

단어
周末 zhōumò 주말
生日 shēngrì 생일
礼物 lǐwù 선물
好呢 hǎo ne 좋을까(상대방의 의견을 물어 볼 때)
还 hái 또(앞의 말에 대한 보충)
很快就 hěn kuài jiù 곧
是了 shì le (언급한 시점이) 되다
蛋糕 dàngāo 케이크
吧 ba ~하자(제안)
甜 tián 달다
天 tiān 날, 날씨
冷 lěng 춥다
还是……吧 háishi…ba (선택상황에서) 그래도 ~하자
关系 guānxi 관계
丈夫 zhàngfu 남편
妻子 qīzi 부인

독해

제1부분

41-45

A 你怎么来了？不是说不来了吗？ 어떻게 오셨어요? 안 오신다면서요?

단어 怎么 zěnme 어째서, 왜

B 那当然好，但是这么多工作谁来干？
그러면 당연히 좋겠지만, 이렇게 많은 일은 누가 해요?

단어 当然 dāngrán 당연히 | 但是 dànshì 그러나 | 来 lái 바로 앞의 주체를 강조 | 干 gàn ~하다

C 你不知道，这是最新的，除了打电话，还可以照相、上网看新闻、写电子邮件呢。
모르시나본데, 이건 최신형이라고요. 통화기능 외에도 촬영도 가능하고 인터넷으로 뉴스도 볼 수 있고, 이메일도 보낼 수 있어요.

단어 最 zuì 가장 | 新 xīn 새롭다 | 除了A还B chúle A hái B A말고 또 B도 | 可以 kěyǐ ~할 수 있다 | 照相 zhàoxiàng 사진을 찍다 | 上网 shàng wǎng 인터넷을 하다 | 新闻 xīnwén 뉴스 | 电子邮件 diànzǐ yóujiàn 이메일

D 小王，听说你马上要结婚了。 샤오왕, 듣자 하니 곧 결혼한다면서요.

단어 听说 tīngshuō 듣자 하니 | 马上……了 mǎshang…le 곧 ~하려 하다(임박) | 结婚 jiéhūn 결혼하다

E 当然。我们先坐公共汽车，然后换地铁。
그럼요. 우선 버스를 타고 그 다음에 지하철로 갈아 타요.

단어 当然 dāngrán 당연하다 | 先A然后B xiān A ránhòu B A를 하고난 후 B를 하다(순서) | 换 huàn 갈아타다

F 说出来你可能不相信，我现在生活上最大的问题就是吃饭。
말해도 못 믿을 거예요. 지금 제 생활의 가장 큰 문제는 먹는 문제이에요.

단어 出来 chūlai 방향보어(없던 것 또는 속에 있는 것을 만들어내다, 꺼내다) | 可能 kěnéng 아마 | 相信 xiāngxìn 믿다 生活 shēnghuó 생활 | 上 shàng ~에서(범위를 한정) | 问题 wèntí 문제 | 就 jiù 바로(다른 것이 아니라)

예시

你知道怎么去那儿吗？

너는 거기에 어떻게 가는지 아니?

E

Point 문장 속의 '怎么去'를 듣고 목적지에 가는 수단이나 방법에 대해 묻고 있음을 알 수 있다.

단어 知道 zhīdao 알다
怎么 zěnme 어떻게
去 qù 가다
那儿 nàr 거기(에)

41. 你又换手机了，那个才用了不到两个月，是不是钱太多了没地方花？

또 휴대전화 바꿨어요? 예전 것 사용한 지 겨우 두 달도 채 안됐잖아요. 돈이 너무 많아서 쓸 데가 없어요?

C

Point 관련단어는 '手机'와 '打电话'이다.

단어 **又** yòu 또
换 huàn 바꾸다
才 cái 겨우
不到 bú dào ~가 되지 않다
是不是 shì bu shì ~입니까(확인하는 물음에 사용)
花 huā 쓰다, 소비하다

42. 来到中国已经半年多了，你在这儿还有没有不习惯的地方？

중국에 온 지 이미 반년이 되었는데, 아직 적응이 안 되는 점이 있나요?

F

Point 문제에서의 '不习惯的地方'은 '적응되지 않는 점'을 가리키고, F에서 '问题'를 언급하며 생활에서의 가장 큰 문제점이 무엇인지 말했다.

단어 **已经** yǐjing 이미
多 duō ~여(양사 앞, 뒤에서 대략적인 수를 나타냄)
习惯 xíguàn 익숙하다

43. 我想了想还是来吧，看看你在忙什么。

생각해보니 오는 게 나은 거 같았어요. 당신이 뭐 하는지 보려고요.

A

Point 핵심단어는 '来'이다. A에서 안 온다고 하지 않았냐고 질문했고 문제는 이 질문에 대한 대답이다.

단어 **还是……吧** háishi…ba (선택상황에서) 그래도 ~하자
在 zài ~하고 있다(동사 앞에 쓰여 진행을 표시)
忙 máng 바쁘다

44. 休息一会儿，我们一起去喝杯茶、看场电影吧。

좀 쉬었다가 차 한잔 마시고 영화 보러 가요.

B

Point 핵심단어는 '休息'와 '工作'이다. '休息一会儿'이라며 잠시 쉬자는 말에, B에서는 접속사 '但是'가 '这么多工作'를 연결하여 일이 많아서 갈 수 없음을 표현하고 있다.

단어 **休息** xiūxi 쉬다
一会儿 yíhuìr 잠시 동안
一起 yìqǐ 함께
杯 bēi 잔(음료를 세는 단위)
场 chǎng 회(상연이나 공연물을 세는 단위)

45. 谁说的？我的孩子已经上小学一年级了。

누가 그래요? 애가 벌써 초등학교 1학년이에요.

D

Point '谁说的'는 반어문의 형식으로 사실과 다름을 뜻한다. 아이가 초등학교 1학년이라는 것과 곧 결혼한다는 두 표현은 상반된 사실로 반어문에 대한 답이 된다.

단어 **谁说的** shéi shuō de 누가 그래(그런 일이 없음을 나타냄)
已经 yǐjing 이미
上小学 shàng xiǎoxué 초등학교에 다니다
年纪 niánjì 나이

46-50

A 小王，听说这次考试特别难，你的成绩怎么样?
샤오왕, 듣자 하니 이번 시험이 굉장히 어려웠다던데 성적은 어때요?

단어 听说 tīngshuō 듣자 하니 | 次 cì 회 | 考试 kǎoshì 시험 | 特别 tèbié 특히 | 成绩 chéngjì 성적 | 怎么样 zěnmeyàng 어떠니

B 我累极了，我想先洗个澡。 너무 힘들어서 샤워부터 하고 싶어요.

단어 极了 jíle 매우(형용사, 심리동사 뒤에서 보어로 쓰임) | 洗澡 xǐzǎo 목욕하다, 샤워하다

C 对不起，我是第一次来北京，你问问别人吧。죄송합니다. 베이징이 처음이라서요. 다른 사람에게 물어보세요.

단어 第一次 dì yī cì 처음으로 | 别人 biérén 다른 사람

D 最近这几天我每天都是晚上10点以后才从公司回家。 요 며칠 내내 밤 10시가 넘어서야 퇴근했어요.

단어 最近 zuìjìn 최근 | 这几天 zhè jǐ tiān 요사이 | 每天 měitiān 매일 | 以后 yǐhòu 이후에 | 才 cái 비로소, 겨우 | 从 cóng ~로부터(출발점)

E 是吗? 那快准备晚饭吧，你去看看冰箱里有什么。
그래요? 그럼 어서 저녁 준비해야죠. 냉장고에 뭐가 있는지 확인해 보세요.

단어 准备 zhǔnbèi 준비하다 | 冰箱 bīngxiāng 냉장고

46. 请问，808路汽车到火车站吗?

실례합니다. 808번 버스가 기차역에 가나요?

C

Point 문제에서는 버스노선을 물어봤고, C에서 모르겠다고 답했다.

단어 路 lù 노선, 번(버스 번호를 세는 단위)
到 dào 도착하다
火车站 huǒchēzhàn 기차역

47. 怎么，不相信我的水平? 你不知道我每次不是第一名就是第二名。

뭐라고요, 제 실력을 못 믿는 건가요? 제가 매번 1등 아니면 2등이라는 것을 모르는군요.

A

Point '不是A 就是B'는 'A가 아니면 B이다'의 선택관계를 나타내는 접속사구조이다. '1등 아니면 2등이다'라는 문장과 어울리는 단어는 '考试', '成绩'이다.

단어 怎么 zěnme 왜
相信 xiāngxìn 믿다
水平 shuǐpíng 수준
每次 měicì 매번
不是A就是B búshì A jiùshì B A아니면 B이다
第一名 dì yī míng 1등
第二名 dì èr míng 2등

48. 刚才是我妈打来的电话，她说一会儿要来看看明明。

방금 어머니 전화였는데, 조금 이따가 밍밍이를 보러 오신대요.

E

Point 문제에서의 어머니가 오신다는 문장과 E에서의 식사준비를 하자는 문장이 의미상 맞는다.

단어 **刚才** gāngcái 방금 전
是……的 shì…de 일어난 사실의 주체, 시간, 장소, 방식을 말하고 대답할 때 반드시 사용하는 문형
一会儿 yíhuìr 잠시 후에

49. 旅行回来了？还没吃晚饭吧？走，我们吃晚饭去吧。

여행에서 돌아왔어요? 아직 저녁 안 먹었죠? 저녁 먹으러 가요.

B

Point '旅行回来'와 '累极了'가 서로 호응되고, '吃晚饭'과 '先洗澡'가 서로 호응된다.

단어 **旅行** lǚxíng 여행가다

50. 我说昨天晚上给你家打电话怎么一直没有人接。

어제 밤에 집으로 전화했었는데 왜 받는 사람이 없었나요.

D

Point 핵심단어는 '晚上'이다. 어젯밤에 전화를 받지 않았던 이유는 밤 10시 이후에 집에 돌아왔기 때문이다.

단어 **给……打电话** gěi…dǎ diànhuà ~에게 전화를 걸다
一直 yìzhí 줄곧
接 jiē (전화를) 받다

제2부분

51-55

A 已经 yǐjing 이미　　C 在 zài ~에서　　E 声音 shēngyīn 소리
B 为 wèi ~를 위해서　　D 其实 qíshí 사실은　　F 从 cóng ~로부터(출발점)

예시 她说话的（ E ）多好听啊！

그녀가 말하는 소리는 정말 듣기 좋구나!

E

Point 문장 속의 '说话'와 '好听'을 통해 정답이 말하기, 듣기와 관련이 있음을 알 수 있고 '好听'이 '듣기 좋다'라는 의미를 지니므로 '소리'가 정답임을 알 수 있다.

단어 **说话** shuōhuà 말하다, 이야기하다
多……啊! duō…a! 얼마나 ~한가!(감탄)
好听 hǎotīng 듣기 좋다

---

51. 一位七十多岁的老大爷正坐（ 在 ）门外认真地看报。

한 70여 세 되어 보이는 할아버지께서 문밖에 앉아 열심히 신문을 보고 계신다.

C

Point '在'는 서술어 뒤에서 전치사구보어의 역할을 한다. 문제에서 주어는 '老大爷'이고, 서술어는 '坐'이다.

단어 **位** wèi 분
多 duō ~여(양사 앞, 뒤에서 대략적인 수를 나타냄)
岁 suì 살
老大爷 lǎodàyé 어르신, 할아버지
正 zhèng 마침
门外 mén wài 문 밖
认真 rènzhēn 진지하다, 성실하다
地 de 부사어를 만들어주는 구조조사
报 bào 신문

---

52. 听到有人上楼，他马上（ 从 ）床上跳下来，跑去开门。

누군가가 계단을 올라오는 소리가 들리자 그는 곧 침대에서 뛰어 내려와 달려가서 문을 열었다.

F

Point '从'은 전치사로 '~로 부터'의 의미이다. 전치사는 항상 '전치사+명사'의 구조로 사용되며 서술어 앞에 놓인다.

단어 **上楼** shàng lóu 위층으로 올라가다
马上 mǎshang 곧
跳 tiào 뛰다
下来 xiàlai 내려오다(보어로 쓰여 위에서 아래로 내려오는 방향을 나타냄)

53. 这个问题看起来很简单，(其实) 并不简单。

이 문제는 보기에는 간단하지만 사실은 결코 간단하지 않다.

D

Point '简单'과 '不简单'이 한 문장 안에 있으므로 전환관계의 단어로 연결시켜 주어야 한다.

단어 **问题** wèntí 문제
起来 qǐlai ~하기에(시도)
简单 jiǎndān 간단하다, 단순하다
并 bìng 결코(부정을 강조)

54. 北京我 (已经) 去过两次，这次是第三次了。

나는 이미 베이징에 두 번 갔었고 이번이 세 번째이다.

A

Point 시간부사 '已经'의 위치는 동사 앞이고, '已经'과 '过' 모두 과거를 표현하는 단어이므로 시간과 호응한다.

단어 **过** guò ~한 적이 있다(동사 뒤에서 경험을 나타내는 동태조사)
第三次 dì sān cì 세 번째

55. 大家别 (为) 我担心，这点儿病没关系，很快就会好的。

저 때문에 걱정하지 마세요. 심각한 병은 아니니 금방 나을 거예요.

B

Point 전치사 '为'는 명사 앞에서 사용되어 '~를 위해서, ~때문에'라는 의미를 지닌다.

단어 **别** bié ~하지 마라
担心 dānxīn 걱정하다
病 bìng 병, 병이나다
会……的 huì…de ~일 거다(추측)

56-60

A 舒服 shūfu 편안하다
B 怕 pà ~할까 봐 (걱정하다)
C 爱好 àihào 취미
D 觉得 juéde ~라고 여기다
E 一定 yídìng 틀림없이, 반드시
F 还是 háishi 또는(선택의문문을 만듬)

예시

A: 你有什么（ 爱好 ）?
B: 我喜欢体育。

A : 너는 어떤 (취미)를 가지고 있니?
B : 나는 체육을 좋아해.

C

Point '什么'가 의문대사로 쓰이는 경우가 아닌, 명사 앞에서 '무슨'이라는 의미를 지닌 대사로 쓰인 경우이다. 그러므로 정답 중에 명사를 고르면 된다. 또한 대답에 '체육을 좋아한다'는 답이 나온 것으로 보아 무엇을 좋아하는지 물어봤음을 예측할 수 있어 정답은 취미라는 의미의 '爱好'이다.

단어 喜欢 xǐhuan ~를 좋아하다
体育 tǐyù 체육

---

56. A: 我想练习口语，每星期两次，每次一个小时。
B: 没问题，我（ 一定 ）帮助你。

A: 회화연습을 할 생각인데, 매주 1시간씩 두 번 하고 싶어요.
B: 문제없어요. 제가 꼭 도와드릴게요.

E

Point '주어(我)+부사(一定)+서술어(帮助)+목적어(你)'구조이다.

단어 练习 liànxí 연습(하다)
口语 kǒuyǔ 회화
没问题 méi wèntí 문제 없다
帮助 bāngzhù 돕다

---

57. A: 小张，上个月我跟丈夫到北京去旅游了。
B: 是吗? 去了哪些地方?（ 觉得 ）北京怎么样?

A: 샤오장, 저희 부부는 지난 달에 베이징에 여행 다녀왔어요.
B: 그래요? 어디 갔었어요? 베이징은 어때요?

D

Point '觉得……怎么样?'은 '(보기에 또는 듣기에) 어떠했는가'라는 의미이다.

단어 上个月 shàng ge yuè 지난 달
丈夫 zhàngfu 남편
旅游 lǚyóu 여행가다
哪些 nǎ xiē 어떤 (것)들
怎么样 zěnmeyàng 어떠니

---

58. A: 今天下班是我去接你，（ 还是 ）你来找我?
B: 都可以，你说呢?

A: 오늘 퇴근하고 제가 마중 갈까요, 아니면 당신이 올래요?
B: 다 괜찮아요, 당신 생각은요?

F

Point '是A 还是B'는 선택구조로 'A인가 아니면 B인가'라는 의미이다.

단어 下班 xiàbān 퇴근하다
接 jiē 마중나가다
找 zhǎo 찾다
可以 kěyǐ ~해도 된다(좋다)

59. A: 这是我结婚的酒，您就喝一杯吧。

B: 你知道我是不喝酒的，喝了以后身体会不（ 舒服 ）。

A: 제 결혼주인데 한잔 받으세요.

B: 저 술 안 마시는 거 알잖아요. 술 마시고 나면 몸이 안 좋아요.

A

Point 형용사 '不舒服'는 '(몸이) 불편하다'는 의미이다.

단어 **结婚** jiéhūn 결혼하다

酒 jiǔ 술

杯 bēi 잔

以后 yǐhòu ~한 이후에

会 huì ~할 것이다(추측)

60. A: 你怎么现在才来，我等你半天了。

B: 打不到出租车，（ 怕 ）你着急，我是跑着来的。

A: 왜 이제야 와요. 한참 기다렸어요.

B: 택시가 안 잡혀서요. 당신이 기다릴까 봐 뛰어 왔어요.

B

Point 동사 '怕'는 '무서워하다'는 의미 외에, '걱정하다'라는 의미도 있다.

단어 **怎么** zěnme 왜

才 cái 비로소

等 děng 기다리다

半天 bàntiān 반나절, 한참

打出租车 dǎ chūzūchē 택시를 타다

着急 zháojí 조급해하다

是……的 shì…de 이미 발생한 일의 주체, 시간, 장소, 방식을 묻고 대답할 때 반드시 쓰는 문형

着 zhe 앞에 오는 동사가 뒤의 동사의 방식임을 나타냄

제3부분

61-70

예시

您是来参加今天会议的吗？您来早了一点儿，现在才八点半。您先进来坐吧。

★ 会议最可能几点开始？

A 8点

B 8点半

C 9点

당신은 오늘 회의에 참석하러 왔지요? 조금 빨리 오셨네요. 이제 8시 30분입니다. 우선 앉아서 기다리고 계세요.

★ 회의는 몇 시에 열리나요?

A 8시

B 8시 30분

C 9시

C

Point 문장 중에서 회의에 참석하러 온 사람이 조금 빨리 도착했음을 알 수 있고 지금 시간이 8시 30분이며 앉아서 더 기다리라는 말로 보아 9시에 회의가 시작함을 예측할 수 있다.

단어 **参加** cānjiā 참석하다
会议 huìyì 회의
才 cái 겨우
先 xiān 우선
坐 zuò 앉다

---

61. 这次考试不太难，很多题都是以前见过的，就是题太多了。90分钟的考试，要完成100个句子，我觉得太多了，最后只写完了不到70个。

★ 这次考试：

A 题太难

B 时间太长

C 题太多

이번 시험은 별로 어렵지 않았고, 많은 문제들이 예전에 풀어 봤었던 문제들이었다. 단지 문제가 조금 많았다. 90분의 시험시간에 100개 문장을 완성해야 했고 너무 많게 느껴져 결국 70개도 채 못 적었다.

★ 이번 시험은?

A 문제가 너무 어렵다

B 시간이 너무 길다

C 문제가 너무 많다

C

Point '题太多了'에서 이번 시험은 문제가 많았음을 알 수 있다. 그리고 '不太难'에서 A는 답이 아님을 알 수 있다.

단어 **考试** kǎoshì 시험
题 tí 문제
以前 yǐqián 이전에
过 guò 동사 뒤에 붙여 ~한 적이 있음을 나타냄(경험)
就是 jiùshì 다만, 단지
分钟 fēnzhōng 분(시간의 양)
完成 wánchéng 완성하다
觉得 juéde ~라고 여기다
最后 zuìhòu 나중에, 결국에
只 zhǐ 단지
时间 shíjiān 시간

62. **经理，这不是我的包，我的包里只有一些衣服和几本书，这个包虽然和我的包一样，可是里边有电脑，还有这么多钱。我想，一定是下车的时候拿错了，还是先放在您这儿吧。**

★ 根据这段话，可以知道她：

A 拿错了东西

B 找不到钱和包

C 要送给经理礼物

사장님, 이건 제 가방이 아니에요. 제 가방에는 약간의 옷과 책 몇 권 밖에 없어요. 이 가방은 제 가방과 똑같긴 하지만 안에 컴퓨터도 있고 돈도 이렇게 많이 들어있어요. 제가 보기엔 차에서 내릴 때 잘못 가져온 거 같아요. 여기에 먼저 맡겨둘게요.

★ 내용에 근거하여 그녀에 대해 알 수 있는 것은?

A 물건을 잘못 가져왔다

B 돈과 가방을 찾을 수 없다

C 사장님에게 선물을 하려고 한다

A

Point '下车的时候拿错了'에서 답이 A임을 알 수 있다. '……有这么多钱'과 '先放在您这儿吧'에서 기타 답들을 제외시킨다.

단어
经理 jīnglǐ 책임자급, 사장님
只 zhǐ 단지
几 jǐ 몇
虽然 suīrán 비록
和……一样 hé…yíyàng ~와 같다
可是 kěshì 그러나
还 hái 또(첨가)
这么 zhème 이렇게
一定 yídìng 틀림없이, 반드시
拿 ná 가져가다
错 cuò 틀리다
放 fàng 두다
钱 qián 돈
和 hé ~와
把 bǎ 을(대상을 가져옴)
送给 sòng gěi ~에게 선물하다

63. **我想买一些关于中国文化的书，可是我的汉语水平不太好，所以我想要照片多一点儿，汉字少一点儿的书，还有就是别太贵。**

★ 他为什么要买书?

A 学习写汉字

B 提高照相水平

C 了解中国文化

나는 중국문화에 관한 책들을 사고 싶다. 그러나 중국어 실력이 좋지 않으므로 사진이 많고, 한자가 적으며, 또한 너무 비싸지 않은 책을 사고 싶다.

★ 그는 왜 책을 사려고 하나요?

A 한자를 공부하기 위해서

B 사진실력을 높이기 위해서

C 중국문화를 이해하기 위해서

C

Point 전치사 '关于'는 '~에 관하여'라는 의미로, 중국문화에 관련된 책을 사겠다고 했고 이것이 책을 사는 이유가 된다.

단어
一些 yìxiē 약간의
关于 guānyú ~에 관한(관하여)
文化 wénhuà 문화
可是 kěshì 그러나
水平 shuǐpíng 수준
所以 suǒyǐ 그러므로
照片 zhàopiàn 사진
一点儿 yìdiǎnr 조금
汉字 hànzì 한자
还有 háiyǒu 그리고, 또(첨가)
就是 jiùshì 확실히(단호한 입장)
别 bié ~하지 마라
贵 guì 비싸다
提高 tígāo 향상시키다
照相 zhàoxiàng 사진을 찍다
了解 liǎojiě 알다, 이해하다

64. 很多人喜欢吃糖，又害怕吃糖。喜欢吃糖是因为糖很甜，很好吃；怕吃糖是因为太多的糖会使人变胖，还会使人生病。所以，医生说糖可以吃，但是不要吃得太多。

★为什么很多人怕吃糖？

A 担心变胖

B 不喜欢甜

C 害怕医生

많은 사람들이 사탕을 좋아하면서도 사탕을 두려워한다. 사탕을 좋아하는 것은 사탕이 달고 맛있기 때문이고, 사탕을 두려워하는 것은 너무 많이 사탕을 먹으면 뚱뚱해질 수 있고 병이 생길 수 있기 때문이다. 그래서 의사는 사탕을 먹을 수는 있지만 너무 많이 먹지 말라고 권한다.

★ 왜 많은 사람들이 사탕을 두려워하나요?

A 뚱뚱해지는 것을 걱정하기 때문에

B 단 것을 싫어하기 때문에

C 의사가 무서워서

A

Point '怕吃糖是因为……会使人变胖'에서 사탕을 먹기 두려워하는 이유를 알 수 있다.

단어
糖 táng 설탕
害怕 hàipà 두려워하다
因为 yīnwèi 왜냐하면
甜 tián 달다
怕 pà ~할까봐 (걱정하다)
会 huì ~하게 되다(추측)
使 shǐ ~로 하여금(사역)
变 biàn 변하다
生病 shēngbìng 병이 나다
所以 suǒyǐ 그래서
医生 yīshēng 의사
可以 kěyǐ ~할 수 있다
但是 dànshì 그러나
不要 búyào ~하지 마라
得 de 뒤에 정도보어를 수반하는 구조조사
为什么 wèishénme 왜

65. 今天晚上我想去参加一个晚会。我可以穿你那件白裙子吗？就是你上个星期新买的那条，你最喜欢的那条。借给我，好吗？我只穿一个晚上，明天早上就送回来。

★ 她打算什么时候还衣服？

A 今天晚上

B 明天早上

C 上个星期

오늘 저녁에 파티에 참석하려고 하는데 네 흰 치마를 입어도 될까? 바로 네가 지난 주에 새로 산 가장 아끼는 그 옷 말이야. 빌려줄 수 있어? 하루 저녁만 입고 내일 아침에 돌려줄게.

★ 그녀는 언제 옷을 돌려주려 하나요?

A 오늘 저녁

B 내일 아침

C 지난 주

B

Point '送回来'는 '还'과 같은 의미로 '돌려주다'는 뜻이다.

단어
参加 cānjiā 참가하다
晚会 wǎnhuì 저녁모임, 파티
可以 kěyǐ ~해도 된다(허가)
条 tiáo 벌(옷 특히 하의(下依)를 세는 양사)
裙子 qúnzi 치마
借给 jiè gěi ~에게 빌려주다
只 zhǐ 다만
送 sòng 보내다
回来 huílai 되돌아오다(방향보어)

66. 今天是星期天，打算好好休息休息，但是公司来电话，要我去机场接一个重要的客人。我只好去了。接了客人，又把他送到饭店，就到中午了。没办法，星期天也没能休息。

★ 他想怎么过星期天？

A 休息休息

B 去机场接人

C 去公司工作

오늘은 일요일이라 푹 쉴 계획이었지만 회사에서 전화가 왔다. 공항에 중요한 손님을 마중가라는 전화였다. 나는 어쩔 수 없이 손님을 맞고 호텔까지 모셔다 드렸다. 그러고 나니 점심이 되었다. 하는 수 없이 일요일도 쉴 수 없었다.

★ 그는 일요일을 어떻게 보내려 했나요?

A 쉬려고 했다

B 공항에 마중 나가려 했다

C 회사에 일하러 가려 했다

A

Point 동사 '打算'은 '계획하다'는 의미로, 일요일 계획은 '好好休息休息'라고 했다.

단어 打算 dǎsuan ~할 작정이다

休息 xiūxi 휴식하다

但是 dànshì 그러나

来电话 lái diànhuà 전화가 오다

要 yào ~하라고 시키다

机场 jīchǎng 비행장

接 jiē 마중나가다

重要 zhòngyào 중요하다

只好 zhǐhǎo 하는 수 없이

把 bǎ ~을(대상을 수반)

送 sòng 데려다 주다

办法 bànfǎ (처리) 방법

67. 夏天在有空调的房间里工作，是一件舒服的事。可是，外边太热，房间里太冷，一冷一热，如果不注意就很容易生病。我的同事小王就得了"空调病"，头疼、发烧，病了一个多星期才好。

★ 他认为空调有什么坏处？

A 让人觉得不舒服

B 容易让人生病

C 让房间里太冷

여름에 에어컨이 설치된 사무실에서 일하는 것은 편안한 일이다. 그러나 밖은 너무 덥고 사무실은 너무 추워, 덥다가 춥다가 하므로 주의하지 않으면 쉽게 병이 날 수 있다. 나의 동료인 샤오왕은 '냉방병'에 걸려서 두통, 발열증세를 보이다가 일주일이 지나서야 나았다.

★ 그는 에어컨이 어떤 단점이 있다고 생각하나요?

A 불편하게 한다

B 쉽게 병에 걸리게 한다

C 방을 너무 덥게 만든다

B

Point '如果不注意就很容易生病'에서 답을 알 수 있다.

단어 夏天 xiàtiān 여름

空调 kōngtiáo 에어컨

房间 fángjiān 방

舒服 shūfu 편안하다

一A一B yī A yī B A하다가 B하다가(A와 B는 서로 반대되는 상황을 나타냄)

如果 rúguǒ 만약

注意 zhùyì 주의하다

就 jiù 앞에는 전제나 가정, 뒤에는 결과나 판단이 옴

容易 róngyì ~하기 쉽다

生病 shēngbìng 병에 걸리다

得病 débìng 병에 걸리다

头疼 tóuténg 머리가 아프다

发烧 fāshāo 열이 나다

多 duō ~여(양사 앞, 뒤에서 대략적인 수를 나타냄)

坏处 huàichù 단점

觉得 juéde ~라고 여기다

68. **今天在路上遇到了一个朋友，我们十年没见了，现在他是一家公司的经理了。他和过去一样，胖胖的、不爱说话、很喜欢笑，就是老了一点儿。当然，我也老了不少。**

★ 他的朋友过去怎么样？

A 很胖

B 很老

C 喜欢说话

오늘 길을 가다가 십 년 동안 못 만났던 친구를 만났다. 그는 지금 한 회사의 사장이 되었다. 예전처럼 뚱뚱하고, 말수가 적고, 잘 웃는 건 여전했지만 다만 조금 늙었다. 물론 나도 많이 늙었다.

★ 그의 친구는 과거에 어땠나요?

A 뚱뚱했다

B 늙었다

C 말하기를 좋아했다

A

Point '和/跟……一样'은 '~와 같다'는 의미이다. 그는 예전처럼 '胖胖的'하다고 했다.

단어
路上 lùshang 길에서, 도중에
遇到 yùdào 우연히 만나다
家 jiā 집(영업하는 곳을 세는 양사)
和……一样 hé…yíyàng ~와 마찬가지로
过去 guòqù 과거
就是 jiùshì 다만
一点儿 yìdiǎnr 조금
当然 dāngrán 당연히

69. **我们办公室新来了一个女孩子，又聪明又可爱，我很想让她做我的女朋友，可是大家都说在办公室找女朋友不太好，而且我也不知道她是不是真的喜欢我。**

★ 他为什么想找那个女孩子做女朋友？

A 我们在一个办公室

B 她很喜欢我

C 她又聪明又可爱

우리 사무실에 여직원이 한 명 새로 들어왔는데 똑똑하고 귀엽다. 나는 그녀를 내 여자친구로 만들고 싶지만 주위사람들은 사내커플은 안 좋다고 말렸다. 게다가 그녀가 나를 좋아하는지도 잘 모르겠다.

★ 그는 왜 그녀를 여자친구로 삼고 싶어하나요?

A 같은 사무실에 있기 때문이다

B 그녀가 나를 좋아하기 때문이다

C 그녀가 똑똑하고 귀엽기 때문이다

C

Point '又聪明又可爱'하기 때문에 그녀를 여자친구로 사귀고 싶다고 했다.

단어
可爱 kě'ài 귀엽다
让 ràng (~로 하여금) ~하게 하다
可是 kěshì 그러나
办公室 bàngōngshì 사무실
而且 érqiě 게다가

70. 结婚以后，我就很少去看电影了。昨天朋友送我两张电影票，是最新的电影。今天我和丈夫一起去看了，电影很好看，可是我一点儿也不高兴，因为在看电影的时候，丈夫一直在睡觉。

★ 她为什么不高兴？

A 电影不好

B 不喜欢看电影

C 对丈夫不满意

결혼 후에는 영화 보러 간 적이 별로 없다. 어제 친구가 두 장의 영화티켓을 선물해 주었는데 최신 개봉작이다. 오늘 나는 남편과 같이 영화를 보러 갔다. 영화는 재미있었지만 나는 전혀 기쁘지 않았다. 왜냐하면 영화를 보는 내내 남편은 잠만 잤기 때문이다.

★ 그녀는 왜 기분이 좋지 않았나요?

A 영화가 별로였기 때문이다.

B 영화보는 것을 싫어하기 때문이다

C 남편에게 불만이 있기 때문이다.

C

Point 접속사 '因为'는 '왜냐하면'의 의미로 문장에서 그녀가 화가 난 이유는 '因为在看定影的时候，丈夫一直在睡觉' 라고 했다. 즉, 남편이 자는 모습이 마음에 들지 않았음을 알 수 있다.

단어
结婚 jiéhūn 결혼하다
以后 yǐhòu 이후에
就……了 jiù…le 곧 ~가 되다
送 sòng 선물하다
电影票 diànyǐngpiào 영화표
最新 zuìxīn 최신
丈夫 zhàngfu 남편
一起 yìqǐ 함께
可是 kěshì 그러나
一点儿也 yìdiǎnr yě 조금도
因为 yīnwèi 왜냐하면
一直 yìzhí 내내
在 zài ~하고 있다(진행)
睡觉 shuìjiào 잠을 자다
对……满意 duì…mǎnyì ~에 대해 만족하다

쓰기

제1부분

71-75

예시 小船　上　一　河　条　有

河上有一条小船。

배　위에　하나　강　개(양사)　있다

강 위에 배 하나가 떠있다.

Point '장소명사(河上)+존재의 서술어(有)+명사'의 구조이다.

단어 **船** chuán 배
河 hé 강, 하천
条 tiáo 개(가늘고 긴 물건을 세는 양사)

---

71. 车　了　司机　开　走　把

司机把车开走了。

운전사는 차를 몰고 갔다.

Point '주어(司机)+把+대상(车)+서술어(开)+기타성분(走了)'의 구조이다.

단어 **司机** sījī 기사
开 kāi 운전하다
走 zǒu 가버리다
把 bǎ ~을(대상을 수반)

---

72. 上网　正在　房间　他们　呢　里

他们正在房间里上网呢。

그들은 방에서 인터넷을 하고 있다.

Point '주어(他们)+부사어(正在, 房间, 里)+서술어(上网)+어기조사(呢)'의 구조이다. '正在……呢'는 '지금 ~하고 있다'라는 진행형의 구조이다.

단어 **上网** shàng wǎng 인터넷을 하다
正在 zhèngzài 막 ~하고 있는 중이다
房间 fángjiān 방
呢 ne 의문을 나타내는 조사

---

73. 要　注意　一定　你　身体

你一定要注意身体。

꼭 건강에 주의해야 합니다.

Point '주어(你)+부사어(一定)+서술어(要, 注意)+목적어(身体)'의 구조이다. 부사어는 '부사+조동사'의 어순에 따라 배열한다.

단어 **要** yào ~해야 한다
注意 zhùyì 주의하다
一定 yídìng 반드시

74. 他 很 说 得 汉语 好

他汉语说得很好。

그는 중국어를 매우 잘한다.

Point '주어(他)+목적어(汉语)+서술어(说)+양태보어(得很好)'의 구조이다. 동작, 상태의 모습이 어떠한지를 구체적으로 묘사하는 보어를 가리켜 양태보어라 하는데, 양태보어에 목적어가 있을 때는 '他(说)汉语说得很好。'라고 표현한다. 이 문장은 첫번째 동사가 생략된 형식이다.

단어 **得** de 정도보어를 수반하는 구조조사

75. 喜欢 一直 爬山 吗 她 一个人

她一直喜欢一个人爬山吗?

그녀는 줄곧 혼자 등산하는 것을 좋아했나요?

Point '주어(她)+부사(一直)+서술어(喜欢)+목적어(一个人爬山)+어기조사(吗)?'의 구조이다. 여기에서 목적어는 '주어(一个人)+서술어(爬山)'로 주술구가 목적어의 구조를 이루고 있다.

단어 **一直** yìzhí 줄곧

爬山 páshān 등산하다

제2부분

76-80

예시

guān
没（ 关 ）系，别难过，高兴点儿。

괜찮으니, 슬퍼하지 말고 좀 웃어.

Point '没关系'는 '괜찮다, 문제 없다'는 의미이며 두 개의 단어('没'와 '关系')로 구성되었다.

단어 **关系** guānxi 관계
难过 nánguò 힘들게 지내다
高兴 gāoxìng 기쁘다, 즐겁다

76.

běn
星期天，我在书店买了两（ 本 ）书，特别好看。

일요일에 서점에서 두 권의 책을 샀는데 굉장히 재미있다.

本

Point '수사+양사+명사'의 어순이므로 양사가 필요하다. 책을 세는 양사는 '本'이다.

단어 **书店** shūdiàn 서점
特别 tèbié 특별히, 굉장히
好看 hǎokàn 재미있다

77.

xìng
听说你要来我家，全家都很高（ 兴 ）。

당신이 우리 집에 온다고 하니까 온 가족이 다 기뻐했어요.

兴

Point '高兴'은 '기쁘다'는 의미이며 품사는 형용사이다.

단어 **听说** tīngshuō 듣자 하니
全家 quánjiā 모든 식구
都 dōu 모두

78.

yì
我觉得写汉字比较容（ 易 ），听和说太难了。

나는 한자 쓰는 건 비교적 쉽게 느껴지지만, 듣기와 말하기는 너무 어렵다.

易

Point '容易'는 '쉽다'는 의미이며 품사는 형용사이다.

단어 **觉得** juéde ~라고 여기다
比较 bǐjiào 비교적
和 hé ~와
难 nán 어렵다

79.

chū
别着急，我穿好衣服，就（ 出 ）门。

서두르지 마세요. 옷 입고 바로 나갈게요.

出

Point '出门'은 '나가다, 외출하다'는 의미이며 품사는 동사이다.

단어 **别** bié ~하지 마라
着急 zháojí 조급해하다
穿 chuān 입다
好 hǎo 동사 뒤에 쓰여 '마치다'라는 뜻을 보충함
衣服 yīfu 옷

80.

huài
这里的空调（ 坏 ）了，您搬到旁边的房间吧。

이 방은 에어컨이 고장 났으니 옆 방으로 옮기세요.

坏

Point '坏'는 '고장나다'는 의미이며 품사는 동사이다.

단어 **空调** kōngtiáo 에어컨
搬 bān 옮기다
旁边 pángbiān 옆
房间 fángjiān 방

HSK三级模拟试题（一）答案及考点解析

一、听力

第一部分

1. F　2. D　3. B　4. A
5. E　6. D　7. A　8. E
9. C　10. B

第二部分

11. ×　12. √　13. ×　14. √
15. ×　16. √　17. ×　18. ×
19. √　20. √

第三部分

21. B　22. A　23. A　24. C
25. B　26. A　27. C　28. A
29. B　30. C

第四部分

31. B　32. A　33. A　34. B
35. B　36. C　37. A　38. B
39. C　40. B

二、阅读

第一部分

41. C　42. F　43. A　44. B
45. D　46. C　47. A　48. E
49. B　50. D

第二部分

51. C　52. F　53. D　54. A
55. B　56. E　57. D　58. F
59. A　60. B

第三部分

61. C　62. A　63. C　64. A
65. B　66. A　67. B　68. A
69. C　70. C

三、书写

第一部分

71. 司机把车开走了。
72. 他们正在房间里上网呢。
73. 你一定要注意身体。
74. 他汉语说得很好。
75. 她一直喜欢一个人爬山吗？

第二部分

76. 本　77. 兴　78. 易　79. 出
80. 坏

HSK（三级）答题卡

汉语水平考试 HSK 答题卡

请填写考生信息

按照考试证件上的姓名填写：

姓名	

如果有中文姓名，请填写：

姓名	

考生序号		
		[0] [1] [2] [3] [4] [5] [6] [7] [8] [9]
		[0] [1] [2] [3] [4] [5] [6] [7] [8] [9]
		[0] [1] [2] [3] [4] [5] [6] [7] [8] [9]
		[0] [1] [2] [3] [4] [5] [6] [7] [8] [9]
		[0] [1] [2] [3] [4] [5] [6] [7] [8] [9]

请填写考生信息

考点代码		
		[0] [1] [2] [3] [4] [5] [6] [7] [8] [9]
		[0] [1] [2] [3] [4] [5] [6] [7] [8] [9]
		[0] [1] [2] [3] [4] [5] [6] [7] [8] [9]
		[0] [1] [2] [3] [4] [5] [6] [7] [8] [9]
		[0] [1] [2] [3] [4] [5] [6] [7] [8] [9]
		[0] [1] [2] [3] [4] [5] [6] [7] [8] [9]
		[0] [1] [2] [3] [4] [5] [6] [7] [8] [9]

国籍		
		[0] [1] [2] [3] [4] [5] [6] [7] [8] [9]
		[0] [1] [2] [3] [4] [5] [6] [7] [8] [9]
		[0] [1] [2] [3] [4] [5] [6] [7] [8] [9]

年龄		
		[0] [1] [2] [3] [4] [5] [6] [7] [8] [9]
		[0] [1] [2] [3] [4] [5] [6] [7] [8] [9]

性别	男 [1] 女 [2]

注意	请用2B铅笔这样写：■

一、听力

1. [A][B][C][D][E][F]
2. [A][B][C][D][E][F]
3. [A][B][C][D][E][F]
4. [A][B][C][D][E][F]
5. [A][B][C][D][E][F]
6. [A][B][C][D][E][F]
7. [A][B][C][D][E][F]
8. [A][B][C][D][E][F]
9. [A][B][C][D][E][F]
10. [A][B][C][D][E][F]

11. [✓] [×]
12. [✓] [×]
13. [✓] [×]
14. [✓] [×]
15. [✓] [×]
16. [✓] [×]
17. [✓] [×]
18. [✓] [×]
19. [✓] [×]
20. [✓] [×]
21. [A][B][C]
22. [A][B][C]
23. [A][B][C]
24. [A][B][C]
25. [A][B][C]

26. [A][B][C]
27. [A][B][C]
28. [A][B][C]
29. [A][B][C]
30. [A][B][C]
31. [A][B][C]
32. [A][B][C]
33. [A][B][C]
34. [A][B][C]
35. [A][B][C]
36. [A][B][C]
37. [A][B][C]
38. [A][B][C]
39. [A][B][C]
40. [A][B][C]

二、听力

41. [A][B][C][D][E][F]
42. [A][B][C][D][E][F]
43. [A][B][C][D][E][F]
44. [A][B][C][D][E][F]
45. [A][B][C][D][E][F]
46. [A][B][C][D][E][F]
47. [A][B][C][D][E][F]
48. [A][B][C][D][E][F]
49. [A][B][C][D][E][F]
50. [A][B][C][D][E][F]

51. [A][B][C][D][E][F]
52. [A][B][C][D][E][F]
53. [A][B][C][D][E][F]
54. [A][B][C][D][E][F]
55. [A][B][C][D][E][F]
56. [A][B][C][D][E][F]
57. [A][B][C][D][E][F]
58. [A][B][C][D][E][F]
59. [A][B][C][D][E][F]
60. [A][B][C][D][E][F]

61. [A][B][C]
62. [A][B][C]
63. [A][B][C]
64. [A][B][C]
65. [A][B][C]
66. [A][B][C]
67. [A][B][C]
68. [A][B][C]
69. [A][B][C]
70. [A][B][C]

三、书写

71. ……
72. ……
73. ……
74. ……
75. ……

76. ☐ 77. ☐ 78. ☐ 79. ☐ 80. ☐

HSK（三级）成绩报告

新 汉 语 水 平 考 试

Chinese Proficiency Test

HSK（三级）成绩报告

HSK (Level 3) Examination Score Report

姓名（Name）：______________________

性别（Gender）：________ 国籍（Nationality）：______________

考试时间（Examination Date）：________ 年（Year）____ 月（Month）____ 日（Day）

编号（No.）：______________________

	满分（Full Score）	你的分数（Your Score）
听力（Listening）	100	
阅读（Reading）	100	
书写（Writing）	100	
总分（Total Score）	300	

总分180分为合格（Passing Score：180）

主 任
Director ______________

国家汉办
Hanban

HANBAN

中国 · 北京
Beijing • China

MEMO

国家汉办/孔子学院总部
Hanban/Confucius Institute Headquarters

新汉语水平考试
HSK（三级）
模拟试题（二）

注　意

一、　HSK（三级）分三部分：

1. 听力（40题，约35分钟）
2. 阅读（30题，25分钟）
3. 书写（10题，15分钟）

二、　答案先写在试卷上，最后10分钟再写在答题卡上。

三、　全部考试约90分钟（含考生填写个人信息时间5分钟）。

韩国 时事中国语社　于鹏/焦毓梅 编著

一、听力

第一部分

第 1–5 题

A

B

C

D

E

F

例如：男：喂，请问张经理在吗？

女：他在开会，您半个小时以后再打，好吗？ C

1.

2.

3.

4.

5.

第 6–10 题

A

B

C

D

E

6.

7.

8.

9.

10.

第二部分

第 11－20 题

例如： 为了让自己更健康，他每天都花一个小时去锻炼身体。

★ 他希望自己很健康。 （ √ ）

今天我想早点儿回家。看了看手表，才5点。过了一会儿再看表，还是5点，我这才发现我的手表不走了。

★ 那块儿手表不是他的。 （ × ）

11. ★ 他们迟到了半个小时。 （ ）

12. ★ 他以前认为这个电影不好看。 （ ）

13. ★ 妈妈还没回来。 （ ）

14. ★ 经理不同意我去。 （ ）

15. ★ 他们不去饭馆吃饭。 （ ）

16. ★ 今天的作业很多。 （ ）

17. ★ 小王的身体不太好。 （ ）

18. ★ 朋友请我去他家吃饭。 （ ）

19. ★ 经常哭对身体不好。 （ ）

20. ★ 他对这件衬衫不满意。 （ ）

第三部分

第 21–30 题

例如： 男：小王，帮我开一下门，好吗？谢谢！
女：没问题。您去超市了？买了这么多东西。
问：男的想让小王做什么？

A 开门 ✓　　B 拿东西　　C 去超市买东西

21. A 衣服　　B 食品　　C 什么也没买

22. A 今天一定去　　B 以后再去吧　　C 今天天气不好

23. A 很忙　　B 没听到　　C 没带手机

24. A 事情很简单　　B 现在没事了　　C 事情还没结束

25. A 你等等我　　B 我不相信　　C 你说得对

26. A 在饭馆里吃饭最好　　B 男人做饭的水平不错　　C 男人做的饭不好吃

27. A 鞋　　B 裤子　　C 帽子

28. A 老师生病了　　B 她不想上课了　　C 她身体不舒服

29. A 长得不漂亮　　B 对小王很不错　　C 对小王不热情

30. A 银行　　B 饭馆　　C 商店

第四部分

第 31–40 题

例如： 女：晚饭做好了，准备吃饭了。
男：等一会儿，比赛还有三分钟就结束了。
女：快点儿吧，一起吃，菜冷了就不好吃了。
男：你先吃，我马上就看完了。
问：男的在做什么？

A 洗澡　　B 吃饭　　C 看电视 ✓

31. A 2个　　B 6个　　C 7个

32. A 时间　　B 楼号　　C 房间号

33. A 40岁　　B 50岁　　C 59岁

34. A 6:30　　B 7:00　　C 7:30

35. A 越来越累　　B 越来越胖　　C 越来越聪明

36. A 看足球赛　　B 听音乐会　　C 和朋友吃饭

37. A 秋天　　B 夏天　　C 冬天

38. A 司机　　B 服务员　　C 卖票的人

39. A 菜　　B 肉　　C 水果

40. A 离公司远　　B 换了工作　　C 环境不好

二、阅 读

第一部分

第 41－45 题

A　怎么，你又换了，这可是今年的第三次了吧。

B　走？你看看都几点了！商店早关门了。

C　快开车了，他们不会不来吧？

D　那我在这儿等他一下儿吧。

E　当然。我们先坐公共汽车，然后换地铁。

F　我周围的朋友中还没有这样的。他们真的愿意回家做饭、洗衣服、看孩子吗？

例如：　你知道怎么去那儿吗？　　（ E ）

41. 我准备好了，咱们走吧。　　（　　）

42. 我现在到北京图书馆工作了。　　（　　）

43. 小王不在，他洗澡去了，可能一会儿就会回来。　　（　　）

44. 你知道吗，现在世界上越来越多的男人不再工作，更愿意每天在家里。　　（　　）

45. 说不好，今天吃早饭的时候就没看见他们几个。　　（　　）

第 46－50 题

A 现在工作不容易找，你一定要早做准备。

B 你知道中国最北边的城市是哪儿吗?

C 您能帮我们照张照片吗?

D 啊? 你真的不知道，这是MP3，很多人天天都带着它。

E 一个星期了，我一直只吃菜和水果。

46. 这个东西真有意思，叫什么名字? （ ）

47. 大家站好，都看我，笑一下，一、二、三，好了。 （ ）

48. 我不怕，我对自己很有信心。 （ ）

49. 你的身体还没好，最好少吃肉。 （ ）

50. 没听说过，更没去过，你说说吧。 （ ）

第二部分

第 51－55 题

A 但是　　B 如果　　C 没有　　D 会　　E 声音　　F 对

例如： 她说话的（ E ）多好听啊！

51.（　　）明天下雨，我就不去了。

52. 早上起来运动运动，（　　）身体健康很好。

53. 你放心，我明天早点儿起床，一定不（　　）迟到。

54. 她去过的地方（　　）我去过的多。

55. 他吃得很多，（　　）很瘦。

第 56–60 题

A 欢迎　　B 还　　C 再　　D 没关系　　E 爱好　　F 办法

例如：A：你有什么（ E ）？
B：我喜欢体育。

56. A：王经理，我下午有事，4点到不了，可能得晚半个小时左右。
B：（　　），我等你。

57. A：你怎么跑到我这儿来了，下午不上班吗?
B：怎么，不（　　）？

58. A：照相机还给老张了吗?
B：（　　）没有，我还想再用几天。

59. A：这个问题你们打算怎么解决?
B：别担心，我们正在想（　　），一定可以解决。

60. A：火车快开了，他怎么还没来?
B：还有时间，别着急，（　　）等等。

第三部分

第 61－70 题

例如： 您是来参加今天会议的吗？您来早了一点儿，现在才八点半。您先进来坐吧。

★ 会议最可能几点开始？

A 8点　　B 8点半　　C 9点　✓

61. 这么远的路，天气又不好，我以为你今天不会来了呢。

★ 这句话的意思是：

A 我觉得路远　　B 我想让你来　　C 没想到你能来

62. 有个年轻人开车去旅游。路上他突然发现车窗外有一只鸡，这只鸡正跟着他的汽车跑，而且竟然跑得和他的汽车一样快，每小时90公里。

★ 看见那只鸡时，年轻人正在干什么？

A 等人　　B 跑步　　C 开车

63. 人们都说好借好还，再借不难。你是不是应该把那2000块钱还给我了？借的时候，你说过两天就还，可是现在已经两个月了。你总是这样，以后谁还敢借钱给你呀？

★ 根据这句话，可以知道说话的人：

A 很生气　　B 很高兴　　C 很难过

64. 下个月我们一家人就要住进新房子了。房子又大又漂亮，周围环境也不错，旁边还有一个大超市，买东西也方便。就是有点儿高，在16层，我妻子总是担心电梯坏了怎么办。

★ 我妻子担心什么？

A 房子太高　　B 没有电梯　　C 电梯坏了

65. 昨天我收到了一封信，是用笔写的那种“真”的信，不是电子邮件。可能是因为电子邮件又快又方便，还不用花钱，所以用笔写信的人就越来越少了，能收到一封真的信也越来越不容易了。

★ 为什么用笔写信的人越来越少了？

A 用电子邮件的人多了　　B 写信越来越难　　C 写信又快又方便

66. 您好，请问去北京的飞机几点起飞，几点到？我应该在哪儿等着上飞机？对了，外边的雪会对起飞有影响吗？

★ 说话的人最可能在什么地方？

A 火车站　　B 机场　　C 家里

67. 没想到她的普通话说得这么好，如果不看人，只听她说话，好多人都以为她是中国人呢！

★ 从这句话我们知道：

A 她是中国人，所以普通话很好
B 她的普通话是在中国学习的
C 她的普通话和中国人一样好

68. 昨天我们几个女同学一起出去玩，先去商店买了很多东西，然后去一家有名的咖啡店喝了咖啡，最后去吃饭。一起吃晚饭的时候，服务员说我们是店里的第10000个客人，所以我们不用给钱了，大家都高兴极了。

★ 昨天让我们最高兴的是什么事？

A 买了很多东西　　B 喝了有名的咖啡　　C 吃饭不用给钱

69. 现在可真好，在冬天也能吃到夏天的水果。天气这么冷，苹果、葡萄、香蕉、西瓜还都能买到。不过，也有人说吃这种“反季节水果”不太好，冬天就应该吃冬天的水果，夏天就应该吃夏天的水果。

★ 吃“反季节水果”是指：

A 冬天吃冬天的水果　　B 夏天吃夏天的水果　　C 冬天吃夏天的水果

70. 今天我想给我的女朋友送花，我选了黄玫瑰。花店的小姐问我：你做错了什么吗？原来黄玫瑰的意思是“对不起”，红玫瑰的意思才是“我爱你”，每种花的意思都不一样。我觉得很有意思。

★ 红玫瑰的意思是什么？

A 我爱你　　B 对不起　　C 我错了

三、书写

第一部分

第 71－75 题

例如： 小船　上　一　河　条　有

河上有一条小船。

71. 真　一　好　位　老师　是　他

____

72. 着急　这　我　使　事　非常　件

____

73. 老师　书　放　桌子　把　在　上

____

74. 考　听说　不错　这　你　得　次

____

75. 学习　汉语　两年　我　了

____

第二部分

第 76－80 题

guān
例如： 没（ 关 ）系，别难过，高兴点儿。

máng
76. 最近很（　　），每天工作十多个小时。

qiān
77. 世界上最高的山有8（　　）多米。

sǎn
78. 今天可能下雨，出门时别忘了带雨（　　）。

zhēn
79. 作业都做完了吗？自己认（　　）检查一下。

gào
80. 这件事是谁（　　）诉你的，我怎么不知道？

HSK三级模拟试题（二）听力材料

（音乐，30秒，渐弱）
大家好！欢迎参加 HSK（三级）考试。
大家好！欢迎参加 HSK（三级）考试。
大家好！欢迎参加 HSK（三级）考试。

HSK（三级）听力考试分四部分，共40题。
请大家注意，听力考试现在开始。

第一部分

一共10个题，每题听两次。
例如：男：喂，请问张经理在吗？
　　　女：他在开会，您半个小时以后再打，好吗？

现在开始第1到5题：

1. 男：这么冷的天，你穿这么少，小心感冒。
   女：你不觉得这样很漂亮吗？

2. 女：小王，你回家吗？上车吧，我带你去。
   男：不用了，我自己走回去，可以锻炼身体。

3. 男：我想买辆自行车，你看买哪种好？
   女：这种怎么样，样子和颜色都不错。

4. 女：先生，你怎么了？身体不舒服吗？
   男：我突然头很疼，能不能先在这儿坐一会儿？

5. 男：你男朋友今天没和你一起来吗？
   女：怎么没来，你看，正在那儿一边唱歌儿一边跳舞呢。

现在开始第6到10题：

6. 女：你觉得哪张画更漂亮？
   男：两张都很漂亮，但是我更喜欢左边的。

7. 男：你真的要自己开车去学校？
   女：当然了，你放心吧，不会有问题的。

8. 女：别坐那儿了，到桌子这儿来吧，一边吃饭一边看电脑，对身体不好。
   男：那我就先看电脑，一会儿再吃饭。

9. 男：老王，这么早就来锻炼了？
   女：不早了，你看公园里已经有这么多人了。

10. 女：这葡萄甜不甜？
    男：那还用说，不甜不要钱，您买多少？

第二部分

一共10个题，每题听两次。

例如：为了让自己更健康，他每天都花一个小时去锻炼身体。

★他希望自己很健康。　　（ √ ）

今天我想早点儿回家。看了看手表，才5点。过了一会儿再看表，还是5点，我这才发现我的手表不走了。

★那块儿手表不是他的。　　（ × ）

现在开始第11题：

11. 现在才五点半，你们这么早就来了，还有半个小时汽车才来呢。

12. 跟我想的一点儿也不一样，这个新电影真不错。

13. 我以为妈妈回来了，没想到是同学来找我。

14. 不是我不愿意去，是经理不让我去。

15. 到饭馆吃饭太贵，而且要等很长时间，今天你们就在我家吃吧，我请你们吃我自己做的菜。

16. 妈妈，今天的作业我只用了一刻钟就写完了，快不快？不信您看看。

17. 小王，你现在不能去工作，医生说你还要再休息几天。

18. 我朋友病了，我到他家去看他。以前我没去过他的家，这是第一次。看见我来了，他马上从床上起来。我们一边说话，一边喝茶。

19. 人如果每星期哭三次，每次哭五分钟，就会对身体有害。哭的时间越长，对身体越不好。哭没有不哭好，不哭没有笑好，所以你要每天多笑。

20. 这件衬衫便宜是便宜，但是颜色不太好，你穿上不好看，还是换上我去年给你买的那件吧。

第三部分

一共10个题，每题听两次。

例如：男：小王，帮我开一下门，好吗？谢谢！

女：没问题。您去超市了？买了这么多东西。

问：男的想让小王做什么？

现在开始第21题：

21. 女：上午出去了半天，买什么了？

男：虽然在商店看了一上午，但是一分钱也没花。

问：男的上午买了什么？

22. 男：今天我们还去公园吗？

女：当然去，天气这么好，今天不去哪天去？

问：女人的意思是：

23. 女：昨天我一直给你打手机，你怎么不接呢？

男：是吗？我去我叔叔家了，手机忘在家里了。

问：男的为什么不接电话？

24. 男：事情都过去了，你可以休息一下了。
女：你不懂，哪有那么简单？
问：女人的意思是：

25. 女：我如果有了男朋友，一定不会让他做饭、打扫房间。
男：等着看吧，到时候你就不这样说了！
问：男人的意思是：

26. 男：今天就在我家吃饭吧，看我做的好吃不好吃？
女：就你那水平，还是我做吧。
问：女人的意思是：

27. 女：先生，买一双吧，才120元，又便宜又好看。
男：有42号的吗，我穿一下。
问：男的要买什么？

28. 男：你怎么回来了？早上走时，你不是说下午还有课，中午不回来了吗？
女：老师身体不舒服，下午的课不上了！
问：女的下午为什么不上课？

29. 女：小王，我给你介绍的那个女朋友怎么样？
男：人长得是不错，但是每次见面她都对我不太热情。
问：小王的女朋友怎么样？

30. 男：请慢走，欢迎您下次再来。
女：你们这儿的菜不新鲜，又那么贵，我下次还敢来呀？
问：他们最可能在什么地方？

第四部分

一共10个题，每题听两次。

例如：女：晚饭做好了，准备吃饭了。

男：等一会儿，比赛还有三分钟就结束了。

女：快点儿吧，一起吃，菜冷了就不好吃了。

男：你先吃，我马上就看完了。

问：男的在做什么？

现在开始第31题：

31\. 男：学生们都到了吗？已经8点了。

女：我看看，四个班一共69个人，现在到了67个。除了一班的李伟和王明都到了。

男：怎么办？还等他们吗？比赛9点开始，如果现在不走，大家都会晚的。

女：不等了，给他们打个电话，如果他们还想去，就自己坐出租车去吧。

问：有几个学生迟到了？

32\. 女：老师，对不起，我来晚了。

男：别着急，考试才开始。快进来吧，我看一下，不对，你走错了。

女：错了？这不是303教室吗？

男：这是A楼的303，你应该在B楼303考试。

问：女的去考试时，看错了：

33\. 男：这是你姐姐吧？你们长得真像啊！

女：是吗？大家都这么说。她是我妈妈，不是我姐姐。

男：妈妈？你妈妈有50岁吗？

女：50岁？我妈妈明年就60岁了。一点儿都不像吧？大家都说她最多也就40岁呢。

问：女人的妈妈今年多大岁数？

34. 女：你每天几点起床？
男：6：30，你呢？
女：我也是六点半。我们别去得太晚了，明天早上七点，我们在火车站见吧。
男：太早了，还是七点半吧。
女：好吧，就听你的。
问：他们明天几点到火车站？

35. 男：听说长时间看电视，会使人越来越胖。
女：真的吗？我不相信。
男：看电视时，人一直坐着，有时候还吃东西，长时间这样，还能不胖？
女：是呀，我看电视时总是喜欢吃点儿东西。
问：男的认为长时间看电视会使人：

36. 女：你回来了？饭已经做好了，洗洗手吃饭吧。
男：今天怎么这么早就吃饭啊，才5点半。
女：7点钟有一场音乐会，我们一起去听，好吗？
男：我说呢！但是今天不行，晚上有重要的足球赛。
问：男的晚上想做什么？

37. 男：我想去中国旅游，你说哪个季节去好？
女：哪个季节都不错，主要看你喜欢什么了。
男：我喜欢水，想去海边玩儿。可是，现在是冬天，太冷了。
女：没关系，可以去中国南方，那里一点儿也不冷，不但游泳没问题，而且还能吃到又好吃又便宜的水果呢。
问：现在是什么季节？

38. 女：您好，我去火车站。
男：您要去哪个火车站？
女：就是有火车的火车站啊！
男：北京有好几个火车站，北京站、北京南站、北京西站，都是有火车的火车站。您不说清楚，我带您去哪个呢？
问：男的最有可能是做什么的？

39. 男：医生说我太胖了，要我少吃一点儿。

女：你是应该注意了，特别是要少吃肉。

男：我也知道，可是我就是喜欢吃肉，每次吃饭都不能没有肉。

女：为了健康，再喜欢也不能吃，还是多吃点儿菜和水果吧。

问：男人最喜欢吃什么?

40. 女：这个星期六我打算搬家，你能来帮忙吗?

男：当然可以。怎么想搬家了?

女：想换换环境，现在住的地方虽然离公司近，但是旁边有个市场，环境不太好。

男：我还以为你要换工作呢！星期六几点搬家? 我一定来，到时候好好儿看看你的新家。

问：女的为什么搬家?

听力考试现在结束。

MEMO

国家汉办/孔子学院总部
Hanban/Confucius Institute Headquarters

新汉语水平考试
HSK（三级）
模拟试题（二）

해설 및 정답

듣기

제1부분

1-5

A 
B 
C 
D 
E 
F 

예시

녹음

男: 喂，请问张经理在吗？
女: 他在开会，您半个小时以后再打，好吗？

남 : 여보세요, 장 사장님 계신가요?
여 : 지금 회의 중이신데 30분 후에 다시 전화 주시겠어요?

C

Point 문장 중에 '喂'와 '半个小时以后再打'라는 말을 듣고 남자와 여자가 통화중임을 알 수 있다. 이 문장에서 핵심단어는 '喂'와 '打'이다.

단어
喂 wéi 여보세요(전화 통화상)
请问 qǐngwèn 말씀 좀 여쭙겠습니다
经理 jīnglǐ 사장님
开会 kāihuì 회의하다

1.

녹음

男: 这么冷的天，你穿这么少，小心感冒。
女: 你不觉得这样很漂亮吗？

남: 추운 날씨에 이렇게 적게 입으면 감기 걸려요.
여: 이렇게 입으면 예뻐 보이지 않나요?

A

Point 핵심표현은 '穿这么少'이다.

단어
这么 zhème 이렇게
冷 lěng 춥다
天 tiān 날씨, 날
少 shǎo 적다
小心 xiǎoxīn 조심하다
感冒 gǎnmào 감기에 걸리다
觉得 juéde ~라고 여기다

2. 녹음

女: 小王，你回家吗？上车吧，我带你去。
男: 不用了，我自己走回去，可以锻炼身体。

여: 샤오왕, 집으로 가요? 타요, 바래다 줄게요.
남: 괜찮아요. 걸어가면 운동 돼요.

F

Point 핵심단어는 '走'이다.

단어 **上车** shàng chē 차에 올라타다
带 dài 데리고 가다
不用 búyòng ~할 필요가 없다
回去 huíqù 돌아가다(동사 뒤 방향보어로 쓰임)
锻炼 duànliàn 단련하다
身体 shēntǐ 신체, 몸

3. 녹음

男: 我想买辆自行车，你看买哪种好？
女: 这种怎么样，样子和颜色都不错。

남: 자전거를 사고 싶은데 어떤 기종을 사면 좋을까요?
여: 이거 어때요? 디자인과 색상이 모두 괜찮아요.

E

Point 핵심단어는 '自行车'이다.

단어 **辆** liàng 대(차량 등을 세는 단위)
自行车 zìxíngchē 자전거
哪 nǎ 어느
种 zhǒng 종류
怎么样 zěnmeyàng 어떠니
样子 yàngzi 모양, 디자인
颜色 yánsè 색깔
不错 búcuò 좋다, 괜찮다

4. 녹음

女: 先生，你怎么了？身体不舒服吗？
男: 我突然头很疼，能不能先在这儿坐一会儿？

여: 아저씨, 왜 그러세요, 어디 아프세요?
남: 갑자기 머리가 아파서 그러는데, 여기 잠깐 앉아 있어도 되나요?

D

Point 핵심단어는 '头很疼'이다.

단어 **舒服** shūfu 편안하다
突然 tūrán 갑자기
头疼 tóuténg 머리가 아프다
先 xiān 우선
一会儿 yíhuìr 잠시 동안

5. 녹음

男: 你男朋友今天没和你一起来吗？
女: 怎么没来，你看，正在那儿一边唱歌儿一边跳舞呢。

남: 남자친구는 오늘 같이 안 왔나요?
여: 안 오기는요. 보세요, 저기서 노래하면서 춤추고 있어요.

B

Point 핵심단어는 '唱歌', '跳舞'이다.

단어 **和** hé ~와
一起 yìqǐ 함께
怎么 zěnme 어떻게(반문)
正 zhèng 마침
一边A一边B yìbiān A yìbiān B A하면서 B하다(동시동작)
唱歌 chànggē 노래하다
跳舞 tiàowǔ 춤추다

6-10

A 

B 

C 

D 

E 

6. 녹음

女：你觉得哪张画更漂亮？

男：两张都很漂亮，但是我更喜欢左边的。

여: 어느 그림이 더 예쁜 것 같아요?

남: 두 그림 다 예쁜데 왼쪽 그림이 더 마음에 들어요.

C

Point 핵심단어는 '画'이다.

단어 觉得 juéde ~라고 여기다
哪 nǎ 어느
张 zhāng 장(그림이나 종이 등을 세는 양사)
画 huà 그림
更 gèng 더욱
但是 dànshì 그러나
左边 zuǒbiān 왼쪽

7. 녹음

男：你真的要自己开车去学校？

女：当然了，你放心吧，不会有问题的。

남: 정말 혼자 운전해서 학교까지 갈 건가요?

여: 당연하죠. 걱정하지 마세요. 문제없을 거예요.

A

Point 핵심단어는 '开车'이다.

단어 真的 zhēnde 정말로
自己 zìjǐ 자신
开车 kāi chē 차를 몰다
当然 dāngrán 당연하다
放心 fàngxīn 안심하다, 마음을 놓다
会 huì ~일 것이다(추측)
问题 wèntí 문제

8. 녹음

女：别坐那儿了，到桌子这儿来吧，一边吃饭一边看电脑，对身体不好。

男：那我就先看电脑，一会儿再吃饭。

여: 그 쪽에 앉지 말고 식탁으로 와요. 밥 먹으면서 컴퓨터 보면 건강에 안 좋아요.

남: 그러면 먼저 컴퓨터부터 보고 좀 있다 밥 먹을게요.

B

Point 핵심표현은 '一边吃饭一边看电视'이다.

단어 别 bié ~하지 마라
一边A一边B yìbiān A yìbiān B A하면서 B한다
对……(不)好 duì…(bù) hǎo ~에 대해 좋다(좋지 않다)
先A再B xiān A zài B A하고 나서 B하다
一会儿 yíhuìr 잠시 후에

9. 녹음

男: 老王，这么早就来锻炼了?

女: 不早了，你看公园里已经有这么多人了。

남: 라오왕, 이렇게 일찍 운동하러 오셨어요?

여: 일찍은요, 공원에 벌써 사람들이 이렇게 많잖아요.

E

Point 핵심단어는 '锻炼'이다.

단어 **这么** zhème 이렇게
锻炼 duànliàn 단련하다
公园 gōngyuán 공원
已经 yǐjing 이미

10. 녹음

女: 这葡萄甜不甜?

男: 那还用说，不甜不要钱，您买多少?

여: 이 포도 달아요?

남: 당연하죠. 달지 않으면 공짜로 가져가세요, 얼마나 드릴까요?

D

Point 핵심단어는 '葡萄'이다.

단어 **葡萄** pútáo 포도
甜 tián 달다
还 hái 더, 또
用 yòng ~할 필요가 있다
要钱 yào qián 돈을 요구하다
多少 duōshao 얼마나

제2부분

11-20

예시

为了让自己更健康，他每天都花一个小时去锻炼身体。

★ 他希望自己很健康。

스스로 더 건강해지기 위해서 그는 매일 한 시간을 몸을 단련하는 데 쓴다.

★ 그는 자신이 매우 건강해지길 바란다.

Point 문장 중에 '为了让自己更健康'을 보고 그가 자신이 건강해지길 바라고 있음을 알 수 있다.

단어 **为了** wèile ~를 위하여
让 ràng (~로 하여금) ~하게 하다
健康 jiànkāng 건강
每天 měitiān 매일
花 huā (시간을) 소비하다
锻炼 duànliàn (몸을) 단련하다
身体 shēntǐ 신체, 몸
希望 xīwàng 바라다

今天我想早点儿回家。看了看手表，才5点。过了一会儿再看表，还是5点，我这才发现我的手表不走了。

★ 那块儿手表不是他的。

오늘 나는 일찌감치 집에 돌아가고 싶었다. 시계를 보니 겨우 5시였다. 좀 지나서 다시 시계를 보니 여전히 5시였고, 나는 내 시계가 고장이 났다는 것을 발견했다.

★ 그 시계는 그의 것이 아니다.

Point 문장 중에 핵심 단어는 '手表不走了'이다. '走'는 '가다'라는 의미 외에도 '물건이나 물체가 움직이지 않다'라는 의미도 지니고 있으므로 여기에서 '시계가 움직이지 않다'는 시계가 고장 났다는 의미로 예측할 수 있다.

단어 **回家** huíjiā 집에 돌아가다
手表 shǒubiǎo 손목시계
过 guò 지나다(시간이 지남)
一会儿 yíhuìr 잠시 동안, 잠깐 사이
还是 háishi 여전히
发现 fāxiàn 발견하다

11. 문제

他们迟到了半个小时。

그들은 30분 지각했다.

녹음

现在才五点半，你们这么早就来了，还有半个小时汽车才来呢。

이제 겨우 5시 30분인데 벌써 왔네요. 30분 더 기다려야 차가 와요.

Point 어휘파악 문제이다. 시간부사 '就'는 시간의 빠름을 나타내고, '才'는 늦음을 나타낸다. '汽车才来'에서 답을 판단할 수 있다.

단어 **才** cái 겨우
这么 zhème 이렇게
就 jiù 벌써
还 hái 아직
小时 xiǎoshí 시간(시간의 양)
汽车 qìchē 자동차

12. 문제

他以前认为这个电影不好看。

그는 예전에 이 영화가 재미없는 줄 알았다.

녹음

跟我想的一点儿也不一样，这个新电影真不错。

내가 생각했던 것과 너무 달라요. 이 영화 정말 괜찮아요.

√

Point 의미파악 문제이다. '跟我想的……不一样,……真不错'에서 영화를 보기 전에는 재미없다고 생각했음을 알 수 있다.

단어 **跟A(不)一样** gēn A (bù) yíyàng A와 같다(같지 않다)

一点儿 yìdiǎnr 조금

真 zhēn 정말

不错 búcuò 좋다, 괜찮다

13. 문제

妈妈还没回来。

엄마는 아직 돌아오지 않았다.

녹음

我以为妈妈回来了，没想到是同学来找我。

엄마가 돌아오신 줄 알았는데 뜻밖에도 친구였다.

√

Point 의미파악 문제이다. '以为'는 예상과 현실이 다를 때 사용한다. 그러므로 사실 엄마는 오지 않으신 것임을 알 수 있다.

단어 **以为** yǐwéi ~라고 여기다(주관적 판단을 나타냄)

没想到 méi xiǎngdào 생각지도 못하게

同学 tóngxué 학우

找 zhǎo 찾다

14. 문제

经理不同意我去。

사장님은 내가 가는 것에 동의하지 않는다.

녹음

不是我不愿意去，是经理不让我去。

내가 가기 싫은 게 아니라 사장님이 안 보내줘요.

√

Point 의미파악 문제이다. 사역동사 '让'은 '~하게 하다'는 의미이며, 부정형식을 취했으므로 '~하지 못하게 하다'는 의미를 나타낸다.

단어 **不是A是B** búshì A shì B A가 아니라 B이다

愿意 yuànyì 원하다

经理 jīnglǐ 사장님, 책임자급

不让 búràng ~하지 말라고 하다

15. 문제

他们不去饭馆吃饭。

그들은 식당에서 밥을 먹지 않는다.

녹음

到饭馆吃饭太贵，而且要等很长时间，今天你们就在我家吃吧，我请你们吃我自己做的菜。

식당에서 먹는 건 너무 비싸고, 오래 기다려야 하니까 오늘은 저희 집에서 식사하세요. 제가 직접 요리해서 대접할게요.

Point 의미파악 문제이다. '在我家吃吧'에서 식사할 장소는 식당이 아니라는 것을 알 수 있다.

단어
到 dào ~으로 가다
饭馆 fànguǎn 음식점
贵 guì 비싸다
而且 érqiě 게다가
要 yào ~해야 한다
等 děng 기다리다
时间 shíjiān 시간(시간의 양)
就 jiù 바로(가까움을 나타냄)
请 qǐng 초대하여 대접하다
自己 zìjǐ 자신
做菜 zuòcài 음식을 만들다

16. 문제

今天的作业很多。

오늘 숙제가 많다.

녹음

妈妈，今天的作业我只用了一刻钟就写完了，快不快？不信您看看。

엄마, 오늘 숙제 하는 데 15분 밖에 안 걸렸어요, 빠르죠? 못 믿겠으면 직접 보세요.

Point 의미파악 문제이다. '一刻'는 15분을 가리킨다. 15분 안에 숙제를 끝냈다는 말에서 숙제의 양이 많지 않음을 유추할 수 있다.

단어
作业 zuòyè 숙제
只 zhǐ 겨우
用 yòng 사용하다
刻钟 kèzhōng 15분
就 jiù 벌써(수월함을 나타냄)
完 wán 끝내다 (동사 뒤 보어로 쓰임)
快 kuài 빠르다
信 xìn 믿다

17. 문제

小王的身体不太好。

샤오왕의 건강이 좋지 않다.

녹음

小王，你现在不能去工作，医生说你还要再休息几天。

샤오왕, 지금은 일하러 가면 안돼요. 의사가 며칠 더 쉬라고 했어요.

Point '在休息几天'에서 아직 몸이 완쾌되지 않았음을 알 수 있다.

단어
工作 gōngzuò 일하다
医生 yīshēng 의사
还 hái 또
要 yào ~해야 한다
再 zài 더
休息 xiūxi 쉬다
几 jǐ 몇
天 tiān 일, 날(시간의 양)

18. 문제

朋友请我去他家吃饭。

친구는 그의 집에서 식사하라고 나를 초대했다.

녹음

我朋友病了，我到他家去看他。以前我没去过他的家，这是第一次。看见我来了，他马上从床上起来。我们一边说话，一边喝茶。

친구가 아파서 병문안을 갔다. 그 친구 집에 가는 건 이번이 처음이다. 내가 온 걸 보고 친구는 바로 자리에서 일어났고, 우리는 이야기를 하면서 차를 마셨다.

×

Point 녹음에서 '一边说话，一边喝茶'는 제시했지만, '吃饭'은 제시되지 않았다.

단어
病 bìng 병에 걸리다
到 dào ~에 도착하다
以前 yǐqián 이전에
过 guò ~한 적이 있다(과거의 경험)
第一次 dì yī cì 맨 처음
马上 mǎshang 곧
起来 qǐlái 일어나다
一边A一边B yìbiān A yìbiān B A하면서 B하다(동시동작)
说话 shuōhuà 이야기하다, 말하다
喝茶 hē chá 차를 마시다

19. 문제

经常哭对身体不好。

자주 우는 것은 건강에 좋지 않다.

녹음

人如果每星期哭三次，每次哭五分钟，就会对身体有害。哭的时间越长，对身体越不好。哭没有不哭好，不哭没有笑好，所以你要每天多笑。

5분씩 매주 3번 울면 건강에 해롭다. 우는 시간이 길수록 건강에는 더 안 좋다. 울지 않는 것은 우는 것보다 낫고, 웃는 것은 울지 않는 것보다 낫다. 그러므로 매일 자주 웃어야 한다.

√

Point '每星期哭三次，每次哭五分钟'은 건강에 해롭다고 했다.

단어
如果 rúguǒ 만약
每 měi 매, ~마다
哭 kū 울다
分钟 fēnzhōng 분(시간의 양)
对……有害 duì…yǒuhài ~에게 해가 되다
时间 shíjiān 시간(시간의 양)
越A越B yuè A yuè B A할수록 점점 B하다
A(没)有B好 A (méi)yǒu B hǎo A가 B만 (못)하다
笑 xiào 웃다
所以 suǒyǐ 그래서
每天 měitiān 매일

20. 문제

他对这件衬衫不满意。

그는 이 셔츠가 마음에 들지 않는다.

녹음

这件衬衫便宜是便宜，但是颜色不太好，你穿上不好看，还是换上我去年给你买的那件吧。

이 셔츠는 저렴하긴 한데, 색상이 별로라서 당신이 입으면 안 어울려요. 내가 작년에 사줬던 그 셔츠로 갈아입으세요.

Point '不好看'에서 마음에 들지 않는다는 것을 알 수 있다.

단어
件 jiàn 벌(옷을 세는 양사)
衬衫 chènshān 셔츠
便宜 piányi 싸다
是 shì ~하기는 ~하다
但是 dànshì 그러나
颜色 yánsè 색깔
上 shàng 동사 뒤에 결합을 의미하는 결과보어로 쓰임
好看 hǎokàn 보기 좋다
还是……吧 háishi…ba 그래도 ~하는 편이 낫다(선택상황)
换 huàn 갈아입다
去年 qùnián 작년
给 gěi ~에게

제3부분

21-30

예시

A 开门　　B 拿东西　　C 去超市买东西
문 열기　　물건 받기　　시장에 가서 물건 사오기

녹음

男: 小王，帮我开一下门，好吗? 谢谢!
女: 没问题。您去超市了? 买了这么多东西。
问: 男的想让小王做什么?

남 : 샤오왕, 나 좀 도와 문 좀 열어줄 수 있어요? 고마워요!
여 : 그래요. 마트에 갔었나요? 물건을 많이 샀네요.
질문 : 남자는 샤오왕이 무엇을 하길 바라나요?

A

Point 문장 속에서 남자가 샤오왕에게 '帮我开一下门'이라고 말하는 것을 들었다면 풀 수 있는 문제이다.

단어
帮 bāng 돕다
开门 kāimén 문을 열다
一下 yíxià 좀 ~하다(동사 뒤에 쓰임)
超市 chāoshì 마트, 슈퍼마켓
买 mǎi 사다
这么 zhème 이렇게
东西 dōngxi 물건
拿 ná (물건을) 받다, 잡다

---

21. A 衣服　　B 食品　　C 什么也没买
옷　　식품　　아무것도 사지 않았다

녹음

女: 上午出去了半天，买什么了?
男: 虽然在商店看了一上午，但是一分钱也没花。
问: 男的上午买了什么?

여: 오전에 한참을 나갔다 오더니, 뭐 샀어요?
남: 오전 내내 상가를 둘러봤지만 한 푼도 못 썼어요.
질문: 남자는 오전에 무엇을 샀나요?

C

Point '花钱'은 '돈을 쓰다'는 의미이다. '一分钱也没花'에서 아무것도 사지 않았음을 알 수 있다.

단어
上午 shàngwǔ 오전
半天 bàntiān 반나절, 한참
虽然 suīrán 비록
商店 shāngdiàn 상점
一上午 yí shàngwǔ 오전 내내
分 fēn 펀(화폐단위, 1위안(元)의 100분의 1)
花 huā 쓰다
食品 shípǐn 식품

22. A **今天一定去** 오늘 꼭 간다

B **以后再去吧** 나중에 다시 간다

C **今天天气不好** 오늘 날씨가 좋지 않다

녹음

男: 今天我们还去公园吗?

女: 当然去, 天气这么好, 今天不去哪天去?

问: 女人的意思是:

남: 오늘도 공원에 가나요?

여: 당연하죠. 날씨가 이렇게 좋은데, 오늘 안 가면 언제 또 가요?

질문: 여자의 말 뜻은?

Point 의미파악 문제이다. '当然去'에서 가려는 의미를 알 수 있고, 반어문 '今天不去哪天去'에서도 꼭 가겠다는 의지를 알 수 있다.

단어 **还** hái (변함없이) 또, 여전히
当然 dāngrán 당연히
天气 tiānqì 날씨
这么 zhème 이렇게
哪天 nǎ tiān 어느 날
一定 yídìng 반드시
以后 yǐhòu 이후

23. A **很忙** 바빴다

B **没听到** 듣지 못했다

C **没带手机** 휴대전화를 가져가지 않았다

녹음

女: 昨天我一直给你打手机, 你怎么不接呢?

男: 是吗? 我去我叔叔家了, 手机忘在家里了。

问: 男的为什么不接电话?

여: 어제 계속 전화했었는데 왜 안 받았어요?

남: 그래요? 삼촌댁에 갔는데 휴대전화를 집에 두고 갔어요.

질문: 남자는 왜 전화를 받지 않았나요?

Point '手机忘在家里了'에서 전화를 받지 않은 이유는 휴대전화를 안 가져갔기 때문임을 알 수 있다.

단어 **昨天** zuótiān 어제
一直 yìzhí 줄곧
打 dǎ (전화를) 걸다
手机 shǒujī 휴대전화
接 jiē (전화를) 받다
叔叔 shūshu 삼촌
忘 wàng 잊어버리다
在 zài ~에(장소)
带 dài 지니다

24. A **事情很简单** 일은 간단하다

B **现在没事了** 지금은 일이 없다

C **事情还没结束** 일이 아직 끝나지 않았다

녹음

男: 事情都过去了, 你可以休息一下了。

女: 你不懂, 哪有那么简单?

问: 女人的意思是:

남: 일이 다 끝났으니 이젠 쉬어도 되요.

여: 당신이 뭘 알아요, 그렇게 간단한 문제가 아니에요.

질문: 여자의 말 뜻은?

Point 의미파악 문제이다. '你不懂'은 '당신은 상황을 모른다'는 의미이다. 남자가 '事情都过去了'라 했고 여자는 그 말에 찬성하지 않았으므로, 여자 말의 의미는 일이 아직 끝나지 않았음을 나타낸다.

단어 **事情** shìqing 일, 상황
过去 guòqù 지나가다
可以 kěyǐ ~해도 좋다(권유)
休息 xiūxi 쉬다
一下 yíxià 한번, 좀 ~하다
懂 dǒng 알다, 이해하다
那么 nàme 그렇게
简单 jiǎndān 간단하다
结束 jiéshù 끝나다

25. A **你等等我** 나를 기다려 달라
B **我不相信** 나는 믿지 않는다
C **你说得对** 너의 말이 맞다

녹음

女：我如果有了男朋友，一定不会让他做饭、打扫房间。
男：等着看吧，到时候你就不这样说了！
问：男人的意思是：

여: 만약 남자친구가 생긴다면 밥도, 청소도 안 시킬 거예요.
남: 두고 봅시다. 나중에는 그렇게 말 안 할 거예요!
질문: 남자의 말 뜻은?

B

Point 태도파악 문제이다. '等着看吧'에서 남자가 여자를 믿지 않음을 알 수 있다.

단어
如果 rúguǒ 만약
一定 yídìng 틀림없이
让 ràng (~로 하여금) ~하게 하다
做饭 zuòfàn 밥을 짓다, 식사를 차리다
打扫 dǎsǎo 청소하다
房间 fángjiān 방
就 jiù 그러면(앞에는 전제, 뒤에는 결과)
这样 zhèyàng 이렇게
相信 xiāngxìn 믿다
得 de 정도보어를 수반하는 구조조사
对 duì 맞다

26. A **在饭馆里吃饭最好** 식당에서 먹는 것이 가장 좋다
B **男人做饭的水平不错** 남자의 요리실력이 좋다
C **男人做的饭不好吃** 남자가 요리한 음식은 맛이 없다

녹음

男：今天就在我家吃饭吧，看我做的好吃不好吃？
女：就你那水平，还是我做吧。
问：女人的意思是：

남: 제가 한 음식 맛도 볼 겸 우리 집에서 식사해요.
여: 겨우 당신 실력으로요? 제가 할게요.
질문: 여자의 말 뜻은?

C

Point 태도파악 문제이다. 부사 '就'는 '겨우'의 의미로 실력이 좋지 않음을 나타내며, 부사 '还是'는 '~하는 편이 좋다'는 의미로 차라리 자기가 밥을 하는 편이 낫겠다는 것을 뜻한다. 이를 통해 남자의 요리솜씨가 좋지 않음을 알 수 있다.

단어
就 jiù 그러면
好吃 hǎochī 맛있다
水平 shuǐpíng 수준
还是 háishi 그래도
最 zuì 가장

27. A **鞋** 신발 B **裤子** 바지 C **帽子** 모자

녹음

女：先生，买一双吧，才120元，又便宜又好看。
男：有42号的吗？我穿一下。
问：男的要买什么？

여: 아저씨, 겨우 120위안인데 한 켤레 사세요. 싸고 예뻐요.
남: 42사이즈 있어요? 신어 봅시다.
질문: 남자는 무엇을 사려고 하나요?

A

Point 신발을 세는 양사는 '双', 바지를 세는 양사는 '条', 모자를 세는 양사는 '顶'이다.

단어
双 shuāng 켤레
才 cái 겨우
元 yuán 위안(중국 화폐 단위)
又A又B yòu A yòu B A하기도 하고 B하기도 하다
便宜 piányi 싸다
好看 hǎokàn 예쁘다
号 hào 호(사이즈)
一下 yíxià 한번
鞋 xié 신발
裤子 kùzi 바지
帽子 màozi 모자

28. A 老师生病了 선생님이 아프다

B 她不想上课了 그녀는 수업을 듣기 싫다

C 她身体不舒服 그녀는 몸이 아프다

녹음

男：你怎么回来了？早上走时，你不是说下午还有课，中午不回来了吗？

女：老师身体不舒服，下午的课不上了！

问：女的下午为什么不上课？

남: 왜 돌아왔어? 아침에 나갈 땐 오후에 수업이 있어서 점심에 안 온다고 했잖아?

여: 선생님이 아프셔서 오후에 수업 안 해!

질문: 여자는 오후에 왜 수업에 가지 않았나요?

A

Point 의미파악 문제이다. 여자가 수업을 하지 않고 돌아온 이유는 '老师身体不舒服'이기 때문이다.

단어 怎么 zěnme 어째서, 왜
走 zǒu 가다
还 hái 또
课 kè 수업
中午 zhōngwǔ 점심
身体 shēntǐ 몸
舒服 shūfu 편안하다
上课 shàngkè 수업하다
生病 shēngbìng 병이 나다

29. A 长得不漂亮 못생겼다

B 对小王很不错 샤오왕에게 잘해준다

C 对小王不热情 샤오왕에게 친절하지 않다

녹음

女：小王，我给你介绍的那个女朋友怎么样？

男：人长得是不错，但是每次见面她都对我不太热情。

问：小王的女朋友怎么样？

여: 샤오왕, 제가 소개시켜준 여자친구 어때요?

남: 예쁘긴 한데 만날 때마다 저에게 별로 친절하지 않아요.

질문: 샤오왕의 여자친구는 어떤가요?

C

Point '对我不太热情'에서 답을 알 수 있다.

단어 给 gěi ~에게
介绍 jièshào 소개하다
怎么样 zěnmeyàng 어떠니
长得 zhǎngde ~하게 생기다
不错 búcuò 좋다, 괜찮다
但是 dànshì 그러나
每次 měicì 매번
对……热情 duì…rèqing ~에게 친절하다, 관심이 많다

30. A 银行 은행　B 饭馆 식당　C 商店 가게

녹음

男：请慢走，欢迎您下次再来。

女：你们这儿的菜不新鲜，又那么贵，我下次还敢来呀？

问：他们最可能在什么地方？

남: 안녕히 가세요. 다음번에 또 들르세요.

여: 여기 음식은 신선하지도 않고 비싸기만 한데 또 오겠어요?

질문: 그들의 대화장소는 어디인가요?

B

Point 장소파악 문제이다. 핵심단어는 '菜'이다.

단어 慢走 màn zǒu 살펴 가세요
欢迎 huānyíng 환영하다
下次 xiàcì 다음 번에
新鲜 xīnxiān 신선하다
又 yòu 또
还 hái 또, 다시
敢 gǎn 감히
可能 kěnéng 아마도
银行 yínháng 은행
饭馆 fànguǎn 음식점
商店 shāngdiàn 상점

제4부분

31-40

예시 A 洗澡 B 吃饭 C 看电视
샤워를 한다 밥을 먹는다 텔레비전을 본다

녹음

女：晚饭做好了，准备吃饭了。
男：等一会儿，比赛还有三分钟就结束了。
女：快点儿吧，一起吃，菜冷了就不好吃了。
男：你先吃，我马上就看完了。
问：男的在做什么？

여 : 저녁식사가 다 됐어요. 식사하세요.
남 : 잠깐만요, 시합 시간이 아직 30분이나 남았어요.
여 : 빨리 와서 같이 먹어요. 음식이 식으면 맛이 없잖아요.
남 : 먼저 먹어요. 시합은 곧 끝나요.
질문 : 남자는 무엇을 하고 있나요 ?

C

Point 남자의 대화 중에서 '比赛', '你先吃', '我马上就看完了'라는 말을 듣고 남자가 무언가 보고 있음을 예측할 수 있다.

단어
晚饭 wǎnfàn 저녁식사
做 zuò (음식을) 하다
准备 zhǔnbèi 준비하다
等 děng 기다리다
比赛 bǐsài 시합, 경기
还有 háiyǒu 아직도
结束 jiéshù 마치다, 끝나다
菜 cài 요리
冷 lěng 식다
好吃 hǎochī 맛있다
先 xiān 먼저
马上 mǎshang 곧
洗澡 xǐzǎo 샤워하다, 목욕하다
电视 diànshì 텔레비전

---

31. A 2个 2명 B 6个 6명 C 7个 7명

녹음

男：学生们都到了吗？已经8点了。
女：我看看，四个班一共69个人，现在到了67个。除了一班的李伟和王明都到了。
男：怎么办？还等他们吗？比赛9点开始，如果现在不走，大家都会晚的。
女：不等了，给他们打个电话，如果他们还想去，就自己坐出租车去吧。
问：有几个学生迟到了？

남: 학생들 다 왔나요? 이미 8시예요.
여: 제가 확인해 볼게요. 4개 반 학생이 모두 69명인데 지금 67명이 왔어요. 1반의 리웨이와 왕밍 외에는 모두 도착했어요.
남: 어떻게 하죠? 더 기다릴까요? 9시에 경기가 시작하는데 지금 가지 않으면 모두 늦을 거예요.
여: 그만 기다리죠. 전화 걸어서 올 생각이면 택시 타고 오라고 해야겠어요.
질문: 몇 명이 지각했나요?

A

Point 숫자계산 문제이다. '一共69个人，现在到了67个人'에서 아직 두 명이 오지 않았음을 계산할 수 있다. 전치사 '除了'는 '~외에'의 의미로 오지 않은 두 사람의 이름을 말해주었다.

단어
班 bān 반
一共 yígòng 모두, 합쳐서
除了A都…… chúle A dōu… A만 빼고 모두 ~하다
办 bàn 처리하다
还 hái 그래도
比赛 bǐsài 시합
开始 kāishǐ 시작하다
走 zǒu 가다
晚 wǎn 늦다
出租车 chūzūchē 택시
迟到 chídào 지각하다

32. A 时间 B 楼号 C 房间号
시간 건물번호 방 호수

녹음

女：老师，对不起，我来晚了。

男：别着急，考试才开始。快进来吧，我看一下，不对，你走错了。

女：错了？这不是303教室吗？

男：这是A楼的303，你应该在B楼303考试。

问：女的去考试时，看错了：

여: 선생님, 늦어서 죄송합니다.

남: 괜찮아요, 금방 시험 시작했으니 빨리 들어와요. 어디 보자, 아니에요, 잘못 왔어요.

여: 잘못 왔다고요? 여기 303호 교실 아니에요?

남: 여기는 A동 303호예요, 아마도 학생의 시험장은 B동 303호일 거예요.

질문: 여자는 시험 보러 가서 무엇을 잘못 봤나요?

B

Point 시간도 어긋나지 않았고, 교실번호도 맞았지만 건물번호를 잘못 알고 있었다.

단어
晚 wǎn 늦다
别 bié ~하지 마라
着急 zháojí 조급해하다
考试 kǎoshì 시험
才 cái 이제, 겨우
开始 kāishǐ 시작하다
一下 yíxià 한번(시도)
对 duì 맞다
错 cuò 틀리다
教室 jiàoshì 교실
楼 lóu 동(건물)
应该 yīnggāi 마땅히 ~해야 한다
楼号 lóu hào 동 호수, 건물번호
房间号 fángjiān hào 방 호수

33. A 40岁 B 50岁 C 59岁
40세 50세 59세

녹음

男：这是你姐姐吧？你们长得真像啊！

女：是吗？大家都这么说。她是我妈妈，不是我姐姐。

男：妈妈？你妈妈有50岁吗？

女：50岁？我妈妈明年就60岁了。一点儿都不像吧？大家都说她最多也就40岁呢。

问：女人的妈妈今年多大岁数？

남: 당신 언니예요? 정말 닮았네요!

여: 그래요? 다들 그렇게 얘기해요. 언니가 아니라 엄마예요.

남: 엄마요? 어머니 연세는 쉰쯤 되셨나요?

여: 쉰이요? 내년이면 환갑이세요. 그렇게 안 돼 보이시죠? 다들 많아도 40세 정도로 봐요.

질문: 여자의 엄마는 올해 나이가 몇 인가요?

C

Point '我妈妈明年就60岁了'에서 엄마의 나이를 계산할 수 있다. '50岁', '40岁'에 헷갈리면 안 된다.

단어
像 xiàng 닮다
这么 zhème 이렇게
有 yǒu (수량 앞에서) ~만큼 되다
岁 suì 살, 세
明年 míngnián 내년
就……了 jiù…le 곧 ~하게 되다(임박)
最 zuì 가장
多 duō ~여(양사의 앞, 뒤에서 대략적인 수를 나타냄)
就 jiù 단지

34. A 6：30　　B 7：00　　C 7：30

녹음

女：你每天几点起床?
男：6：30，你呢?
女：我也是六点半。我们别去得太晚了，明天早上七点，我们在火车站见吧。
男：太早了，还是七点半吧。
女：好吧，就听你的。
问：他们明天几点到火车站?

여: 매일 몇 시에 일어나요?
남: 6시 반이요, 당신은요?
여: 저도 6시 반이요. 너무 늦게 가지 말고, 내일 아침 7시에 기차역에서 만나요.
남: 너무 이르네요. 7시 반에 만나요.
여: 네, 알았어요.
질문: 그들은 내일 몇 시에 기차역에 도착하나요?

C

Point '七点半吧'라는 남자의 제안에 여자가 '好吧'라며 찬성했다.

단어
每天 měitiān 매일
起床 qǐchuáng (잠자리에서) 일어나다
别 bié ~하지 마라
得 de 정도보어를 수반하는 구조조사
火车站 huǒchēzhàn 기차역
还是……吧 háishì…ba 그래도 ~하는 편이 낫다
听 tīng 말을 듣다

35. A 越来越累　　B 越来越胖　　C 越来越聪明
　점점 힘들다　　점점 살이 찐다　　점점 똑똑해진다

녹음

男：听说长时间看电视，会使人越来越胖。
女：真的吗? 我不相信。
男：看电视时，人一直坐着，有时候还吃东西，长时间这样，还能不胖?
女：是呀，我看电视时总是喜欢吃点儿东西。
问：男的认为长时间看电视会使人：

남: 오랫동안 텔레비전을 보면 점점 더 살이 찐대요.
여: 정말요? 못 믿겠는걸요.
남: 텔레비전 볼 때 계속 앉아있는데다가 가끔은 먹기도 하잖아요. 오랫동안 지속되면 뚱뚱해지지 않을 수 없죠.
여: 맞아요, 저는 텔레비전 볼 때 간식거리 먹는 걸 좋아해요.
질문: 오랫동안 텔레비전을 보는 것에 대한 남자의 생각은?

B

Point '使人越来越胖'에서 답을 알 수 있다.

단어
听说 tīngshuō 듣자 하니
会 huì ~할 것이다
使 shǐ (~로 하여금) ~하게 하다
越A越B yuè A yuè B A할수록 점점 B해지다
胖 pàng 뚱뚱하다
相信 xiāngxìn 믿다
一直 yìzhí 줄곧
着 zhe ~해 있다(상태의 지속)
还 hái 그리고, 또
还能 hái néng 그러고도 ~할 수 있나(반어문)
是 shì 맞다
总是 zǒngshì 늘

36. A 看足球赛 축구경기를 본다
B 听音乐会 콘서트를 본다
C 和朋友吃饭 친구와 밥을 먹는다

녹음

女：你回来了？饭已经做好了，洗洗手吃饭吧。
男：今天怎么这么早就吃饭啊，才5点半。
女：7点钟有一场音乐会，我们一起去听，好吗？
男：我说呢！但是今天不行，晚上有重要的足球赛。
问：男的晚上想做什么？

여: 돌아왔어요? 밥 다 됐으니 손 씻고 식사하세요.
남: 오늘 왜 이렇게 일찍 먹어요? 겨우 5시 반이에요.
여: 저녁 7시쯤에 콘서트가 하나 있는데 같이 보러 가요, 어때요?
남: 어쩐지! 그런데 오늘은 안돼요, 저녁에 중요한 축구경기가 있거든요.
질문: 남자는 저녁에 무엇을 할 생각인가요?

A

Point '晚上有重要的足球赛'에서 답을 알 수 있다. '吃饭', '听音乐会' 등에 헷갈리면 안 된다.

단어
已经 yǐjing 이미
洗手 xǐ shǒu 손을 씻다
怎么 zěnme 어떻게
这么 zhème 이렇게
就 jiù 벌써
才 cái 겨우
点钟 diǎnzhōng 정각 ~시
场 chǎng 회(공연이나 상연의 횟수를 세는 양사)
音乐会 yīnyuèhuì 음악회, 콘서트
行 xíng 좋다, 괜찮다
重要 zhòngyào 중요하다
足球赛 zúqiú sài 축구시합

37. A 秋天 가을 B 夏天 여름 C 冬天 겨울

녹음

男：我想去中国旅游，你说哪个季节去好？
女：哪个季节都不错，主要看你喜欢什么了。
男：我喜欢水，想去海边玩儿。可是，现在是冬天，太冷了。
女：没关系，可以去中国南方，那里一点儿也不冷，不但游泳没问题，而且还能吃到又好吃又便宜的水果呢。
问：现在是什么季节？

남: 중국에 여행가고 싶은데 어느 계절에 가는 게 좋나요?
여: 어느 계절이든 다 좋아요, 무얼 좋아하느냐에 따라 다르죠.
남: 물을 좋아해서 해변가에서 놀고 싶어요. 하지만 지금은 겨울이라 너무 추워요.
여: 괜찮아요. 중국남방에 가면 전혀 춥지도 않고, 수영도 할 수 있을뿐만 아니라 신선하고 저렴한 과일도 맛볼 수 있어요.
질문: 지금은 무슨 계절인가요?

C

Point 대화 중의 '现在是冬天'에서 겨울임을 알 수 있다.

단어
旅游 lǚyóu 여행가다
季节 jìjié 계절
不错 búcuò 좋다, 괜찮다
主要 zhǔyào 주로
看 kàn ~에 달려있다
海边 hǎibiān 해변
冬天 dōngtiān 겨울
冷 lěng 춥다
可以 kěyǐ ~할 수 있다
南方 nánfāng 남방
不但A而且B búdàn A érqiě B A할뿐만 아니라 B하기도 하다
游泳 yóuyǒng 수영하다
又A又B yòu A yòu B A하기도 하고 B하기도 하다
好吃 hǎochī 맛있다
便宜 piányi 싸다
水果 shuǐguǒ 과일

38. A 司机 운전사 B 服务员 종업원 C 卖票的人 매표원

녹음

女：您好，我去火车站。

男：您要去哪个火车站？

女：就是有火车的火车站啊！

男：北京有好几个火车站，北京站、北京南站、北京西站，都是有火车的火车站。您不说清楚，我带你去哪个呢？

问：男的最可能是做什么的？

여: 안녕하세요, 기차역으로 가주세요.

남: 어느 기차역이요?

여: 기차가 있는 기차역이지요!

남: 베이징에는 기차역이 여러 개 있어요. 베이징역, 베이징 남역, 베이징 서역, 모두 기차가 있는 기차역이잖아요. 정확히 말씀을 안 해주면 어디로 모시고 가요?

질문: 남자의 직업은 무엇인가요?

A

Point 여자의 '我去火车站'과 남자의 '我带你去哪个呢'라는 대화내용에서 남자의 직업을 유추할 수 있다.

단어
火车站 huǒchēzhàn 기차역
就 jiù 바로
好 hǎo 수량이 많음을 강조
清楚 qīngchu 확실하다
带 dài 데리고 가다
司机 sījī 기사
服务员 fúwùyuán 종업원

39. A 菜 야채 B 肉 고기 C 水果 과일

녹음

男：医生说我太胖了，要我少吃一点儿。

女：你是应该注意了，特别是要少吃肉。

男：我也知道，可是我就是喜欢吃肉，每次吃饭都不能没有肉。

女：为了健康，再喜欢也不能吃，还是多吃点儿菜和水果吧。

问：男人最喜欢吃什么？

남: 의사가 저보고 비만이라고 적게 먹으래요.

여: 정말 주의해야 해요. 특히 고기를 적게 먹어야 하지요.

남: 저도 아는데 고기가 너무 좋아요. 끼니마다 고기가 없으면 안 돼요.

여: 건강을 생각해서 아무리 좋아도 먹으면 안돼요. 대신 야채나 과일을 많이 드세요.

질문: 남자는 어떤 음식을 가장 좋아하나요?

B

Point '我就是喜欢吃肉'라고 남자가 말했다. 선택항의 다른 음식은 여자가 추천해 준 것들이다.

단어
医生 yīshēng 의사
胖 pàng 뚱뚱하다
少 shǎo 적다, 적게
应该 yīnggāi 마땅히
注意 zhùyì 주의하다
特别 tèbié 특히
肉 ròu 고기
就是 jiùshì 단정적인 입장을 드러냄
每次 měicì 매번
不能没有 bù néng méiyǒu 없을 수 없다(이중부정)
为了 wèile ~를 위하여
健康 jiànkāng 건강
再……也 zài…yě 아무리 ~해도
还是 háishi ~하는 편이 (더) 좋다
菜 cài 채소

40. A **离公司远** 회사에서 멀다
B **换了工作** 직장을 옮겼다
C **环境不好** 환경이 나쁘다

녹음

女：这个星期六我打算搬家，你能来帮忙吗？
男：当然可以。怎么想搬家了？
女：想换换环境，现在住的地方虽然离公司近，但是旁边有个市场，环境不太好。
男：我还以为你要换工作呢！星期六几点搬家？我一定来，到时候好好儿看看你的新家。
问：女的为什么搬家？

여: 이번 토요일에 이사할 생각인데 도와주러 올 수 있나요?
남: 그럼요. 그런데 왜 이사해요?
여: 환경을 바꾸고 싶어서요. 지금 사는 곳은 회사랑 가깝긴 하지만 근처에 시장이 있어서 환경이 별로 안 좋아요.
남: 난 또 직장을 옮기려는 줄 알았어요! 토요일 몇 시에 이사하죠? 꼭 갈게요. 그때 새집 구경시켜 줘요.
질문: 여자는 왜 이사를 하려고 하나요?

C

Point '环境不太好'하기 때문에 이사한다고 여자가 말했다. '离公司近', '以为你要换工作呢!'에서 A와 B는 오답임을 알 수 있다.

단어
打算 dǎsuan ~할 작정이다
搬家 bānjiā 이사하다
帮忙 bāngmáng 돕다
当然 dāngrán 당연히
可以 kěyǐ ~해도 된다
换 huàn 바꾸다
环境 huánjìng 환경
住 zhù 살다, 머물다
虽然 suīrán 비록
离 lí ~로부터(거리)
近 jìn 가깝다
但是 dànshì 그러나
旁边 pángbiān 옆
市场 shìchǎng 시장
还 hái 그런데도
以为 yǐwéi ~라고 여기다(주관적 판단)
一定 yídìng 반드시

독해

제1부분

41-45

A 怎么，你又换了，这可是今年的第三次了吧。 아니! 또 바꿨어요? 올해 들어 세 번째잖아요.

단어 又 yòu 또 | 换 huàn 바꾸다 | 可 kě 긍정이나 정도 등을 강조

B 走？你看看都几点了！商店早关门了。 가요? 몇 시인지 좀 보세요! 가게는 벌써 문 닫았어요.

단어 都 dōu 벌써 | 早 zǎo 일찍이 | 关门 guānmén 문을 닫다

C 快开车了，他们不会不来吧？ 차가 곧 출발할텐데 안 오는 건 아니겠죠?

단어 快……了 kuài…le 곧 ~하려 한다 | 开车 kāi chē (차가) 출발하다 | 不会不 bú huì bù ~할 리 없다

D 那我在这儿等他一下儿吧。 그럼 여기서 그를 좀 기다릴게요.

단어 那 nà 그럼 | 等 děng 기다리다 | 一下儿 yíxiàr 한번

E 当然。我们先坐公共汽车，然后换地铁。 그럼요. 우선 버스를 타고 그 다음 지하철로 갈아 타요.

단어 当然 dāngrán 당연하다 | 先A, 然后B xiān A, ránhòu B 먼저 A하고 나서 B하다 | 换 huàn 갈아타다 | 地铁 dìtiě 지하철

F 我周围的朋友中还没有这样的。他们真的愿意回家做饭、洗衣服、看孩子吗？
제 주위의 친구들 중에는 아직 그런 사람이 없어요. 그들은 정말 집에서 밥 짓고, 빨래하고, 아이 돌보기를 원하나요?

단어 周围 zhōuwéi 주위 | 这样 zhèyàng 이러한 | 真的 zhēnde 정말로 | 愿意 yuànyì 원하다 | 看 kān 지켜보다, 돌보다

예시 你知道怎么去那儿吗？

너는 거기에 어떻게 가는지 아니?

E

Point 문장 속의 '怎么去'를 듣고 목적지에 가는 수단이나 방법에 대해 묻고 있음을 알 수 있다.

단어 知道 zhīdao 알다
怎么 zěnme 어떻게
去 qù 가다
那儿 nàr 거기(에)

41. 我准备好了，咱们走吧。

준비 다 됐어요. 갑시다.

B

Point 핵심단어는 '走'이다. B에서 화자는 '走?'라며 놀란 어기를 표현했다.

단어 准备 zhǔnbèi 준비하다
咱们 zánmen 우리
走 zǒu 가다

42. 我现在到北京图书馆工作了。

저는 지금 베이징도서관에서 일하고 있어요.

A

Point '换工作'는 '직장을 바꾸다'는 의미로 '工作'와 A의 '换'이 연결된다.

단어 **图书馆** túshūguǎn 도서관
工作 gōngzuò 일하다

43. 小王不在，他洗澡去了，可能一会儿就会回来。

샤오왕은 목욕하러 가서 지금 없어요. 좀 지나면 곧 올 거예요.

D

Point '一会儿'과 D의 '一下儿'는 모두 짧은 시간을 표현한다.

단어 **洗澡** xǐzǎo 목욕하다
可能 kěnéng 아마도
一会儿 yíhuìr 잠시 후에
就 jiù 곧

44. 你知道吗，现在世界上越来越多的男人不再工作，更愿意每天在家里。

그거 알아요? 지금 세상에 점점 많은 남자들이 일을 안하고 매일 집에 있는 걸 더 좋아한대요.

F

Point '愿意每天在家里'와 F의 '愿意回家……'가 연결되는 내용이다.

단어 **知道** zhīdao 알다
世界 shìjiè 세계
越来越 yuè lái yuè 점점 더
更 gèng 더욱
愿意 yuànyì 원하다

45. 说不好，今天吃早饭的时候就没看见他们几个。

모르겠어요. 오늘 아침 먹을 때도 그들을 못 봤어요.

C

Point C에서 '他们'의 행방을 묻는 부분과 '他们'을 보지 못했다는 부분이 연결된다.

단어 **说不好** shuō bù hǎo 확실하지는 않지만
时候 shíhou 때
就 jiù 벌써(시간이 이름을 나타냄)

46-50

A **现在工作不容易找，你一定要早做准备。** 지금은 직업을 찾기가 쉽지 않으니 반드시 미리 준비해야 해요.

단어 **容易** róngyì 쉽다 | **找** zhǎo 찾다 | **一定** yídìng 반드시 | **早** zǎo 일찍 | **准备** zhǔnbèi 준비하다

B **你知道中国最北边的城市是哪儿吗?** 중국 제일 북쪽에 있는 도시가 어디인지 알아요?

단어 **最** zuì 가장 | **北边** běibiān 북쪽 | **城市** chéngshì 도시 | **哪儿** nǎr 어디

C **您能帮我们照张照片吗?** 저희에게 사진 한 장 찍어줄 수 있나요?

단어 **帮** bāng 돕다 | **照** zhào 사진을 찍다 | **张** zhāng 장(종이를 세는 양사) | **照片** zhàopiàn 사진

D **啊? 你真的不知道，这是MP3，很多人天天都带着它。**

네? 정말 몰라요? 이건 MP3예요. 많은 사람들이 매일 이걸 갖고 다녀요.

단어 **真的** zhēnde 정말로 | **天天** tiāntian 날마다 | **带** dài 지니다 | **着** zhe ~하고 있다(상태의 지속) | **它** tā 그것

E **一个星期了，我一直只吃菜和水果。**

일주일 동안 나는 줄곧 야채와 과일만 먹었어요.

단어 **一直** yìzhí 줄곧, 내내 | **只** zhī 오직 | **菜** cài 야채 | **水果** shuǐguǒ 과일

---

46. 这个东西真有意思，叫什么名字?

이 물건 재미있네요. 뭐라고 불러요?

D

Point '叫什么名字?'라는 질문에 '这是……' 라고 대답했다.

단어 **有意思** yǒu yìsi 재미있다

---

47. 大家站好，都看我，笑一下，一、二、三，好了。

움직이지 마세요. 여기 보고 웃으세요. 하나, 둘, 셋. 됐어요.

C

Point '一、二、三'은 셔터를 누를 타이밍을 알려주는 상황이다. 이는 사진 찍을 때의 상용표현으로 '照'와 연결된다.

단어 **站** zhàn 서다
笑 xiào 웃다
一下 yíxià 한번
好了 hǎo le 되었다

---

48. 我不怕，我对自己很有信心。

두렵지 않아요. 저는 자신 있어요.

A

Point 문제는 A에 대한 대답이다. 취직하기 '不容易'하다는 말에 대해 화자는 '有信心'이라고 대답했다.

단어 **怕** pà 두려워하다
对……有信心 duì…yǒu xìnxīn ~에 대해 자신 있다

49. 你的身体还没好，最好少吃肉。

당신의 건강이 아직 좋지 않으니, 가장 좋기는 고기를 적게 먹는 거예요.

E

Point 핵심단어는 '吃'이다.

단어 **身体** shēntǐ 신체, 몸
还 hái 아직
最好 zuìhǎo 가장 좋기는
少 shǎo 적다
肉 ròu 고기

50. 没听说过，更没去过，你说说吧。

듣지도 가보지도 못했어요. 알려주세요.

B

Point B의 '哪儿'과 '去'는 장소를 표현한다. 이는 문제의 '去'와 연결된다.

단어 **听说** tīngshuō 말하는 것을 듣다
过 guo 동사 뒤에 붙여 '~한 적이 있음'을 나타냄
更 gèng 더욱

제2부분

51-55

A 但是 dànshì 그러나
B 如果 rúguǒ 만약
C 没有 méiyǒu ~만 못하다(열등 비교)
D 会 huì ~할 것이다(추측)
E 声音 shēngyīn 소리
F 对 duì ~에 대해

예시 她说话的（ E ）多好听啊！

그녀가 말하는 소리는 정말 듣기 좋구나!

E

Point 문장 속의 '说话'와 '好听'을 통해 정답이 말하기, 듣기와 관련이 있음을 알 수 있고 '好听'이 '듣기 좋다'라는 의미를 지니므로 '소리'가 정답임을 알 수 있다.

단어 **说话** shuōhuà 말하다, 이야기하다
多……啊! duō…a! 얼마나 ~한가!(감탄)
好听 hǎotīng 듣기 좋다

51. （ 如果 ）明天下雨，我就不去了。

만일 내일 비가 오면 가지 않겠다.

B

Point '如果……就'는 가설관계를 나타내는 구문이다.

단어 **下雨** xià yǔ 비가 내리다
就 jiù 그러면
了 le 변화를 나타냄

52. 早上起来运动运动，（ 对 ）身体健康很好。

아침에 일어나서 운동하면 건강에 좋다.

F

Point '对'는 전치사로 '~에 대해'의 뜻이다. 전치사는 서술어 앞에 사용하며, '전치사+명사'의 전치사구 구조로 사용한다.

단어 **起来** qǐlái 일어나다
运动 yùndòng 운동하다
健康 jiànkāng 건강

53. 你放心，我明天早点儿起床，一定不（ 会 ）迟到。

걱정 마세요. 내일은 일찍 일어나서 꼭 지각 안 할 거예요.

D

Point 조동사 '会'의 위치는 동사 앞이다.

단어 **放心** fàngxīn 안심하다
一定 yídìng 틀림없이
迟到 chídào 지각하다

54. 她去过的地方（ 没有 ）我去过的多。

그녀가 가본 곳은 내가 가본 곳보다 많지 않다.

C

Point 'A没有B'는 'A는 B만 못하다'는 비교문의 형식이다.

단어 过 guò 동사 뒤에 쓰여 '~해본 적이 있다'는 경험을 나타냄

地方 dìfang 곳, 장소

55. 他吃得很多，（ 但是 ）很瘦。

그는 많이 먹는다. 그런데 매우 말랐다.

A

Point 앞 절에서는 많이 먹는다고 했고, 뒤 절에서는 말랐다고 했으므로 전환관계를 나타내는 접속사 '但是'가 들어가게 된다.

단어 得 de 뒤에 정도보어를 수반하는 구조조사

瘦 shòu 마르다

56-60

A 欢迎 huānyíng 환영하다　　C 再 zài 더　　E 爱好 àihào 취미
B 还 hái 아직　　D 没关系 méi guānxi 괜찮다　　F 办法 bànfǎ (처리하는) 방법

예시

A: 你有什么（ 爱好 ）？
B: 我喜欢体育。

A : 너는 어떤 (취미)를 가지고 있니?
B : 나는 체육을 좋아해.

E

Point '什么'가 의문대사로 쓰이는 경우가 아닌, 명사 앞에서 '무슨'이라는 의미를 지닌 대사로 쓰인 경우이다. 그러므로 정답 중에 명사를 고르면 된다. 또한 대답에 '체육을 좋아한다'는 답이 나온 것으로 보아 무엇을 좋아하는지 물어봤음을 예측할 수 있어 정답은 취미라는 의미의 '爱好'이다.

단어 **喜欢** xǐhuan ~를 좋아하다
体育 tǐyù 체육

---

56. A: 王经理，我下午有事，4点到不了，可能得晚半个小时左右。
B: （ 没关系 ），我等你。

A: 왕 사장님, 오후에 일이 생겨서 4시까지는 못 가고 30분 정도 늦을 거 같아요.
B: 괜찮아요, 기다릴게요.

D

Point 30분 정도 늦을 것 같다는 말에 대한 대답으로 선택할 수 있는 것은 D이다.

단어 **经理** jīnglǐ 사장님, 책임자급
到不了 dào bu liǎo 도착할 수 없다
得 děi ~해야만 한다
晚 wǎn 늦다
小时 xiǎoshí 시간(시간의 양)
左右 zuǒyòu ~즈음(수량 뒤에 붙여 대략적인 수를 나타냄)

---

57. A: 你怎么跑到我这儿来了，下午不上班吗？
B: 怎么，不（ 欢迎 ）？

A: 어떻게 여기까지 왔어요? 오후에 출근 안 해요?
B: 왜요, 반갑지 않은가 봐요?

A

Point 왜 여길 왔냐는 말에 대한 대답으로 선택할 수 있는 것은 A이다.

단어 **跑** pǎo 뛰다
上班 shàng bān 출근하다

---

58. A: 照相机还给老张了吗？
B: （ 还 ）没有，我还想再用几天。

A: 라오장에게 카메라 돌려줬나요?
B: 아직이요, 며칠 더 쓸 생각이에요.

B

Point 부사 '还'는 '더, 아직' 등의 의미를 갖고 있다. 문장에서 차례로 동작, 상태가 그대로 지속됨을 표현하는 '아직'과, 증가를 표현해주는 '더'의 순서로 사용되었다.

단어 **照相机** zhàoxiàngjī 사진기
还给 huán gěi ~에게 돌려주다
还 hái 아직도
再 zài 더

59. A: 这个问题你们打算怎么解决?

B: 别担心，我们正在想（ 办法 ），一定可以解决。

A: 이 문제를 어떻게 해결할 생각이에요?

B: 걱정 마세요. 방법을 생각하고 있으니까 꼭 해결될 거예요.

F

Point '想办法'는 '방법을 강구하다'라는 의미이다.

단어 问题 wèntí 문제
打算 dǎsuan ~할 작정이다
怎么 zěnme 어떻게
解决 jiějué 해결하다
别 bié ~하지 마라
担心 dānxīn 걱정하다
正在 zhèngzài 막 ~하고 있는 중이다
一定 yídìng 틀림없이
可以 kěyǐ ~할 수 있다

60. A: 火车快开了，他怎么还没来?

B: 还有时间，别着急，（ 再 ）等等。

A: 기차가 곧 출발하는데, 그 사람 왜 아직도 안 와요?

B: 아직 시간이 남았으니까 초조해하지 말고 조금만 더 기다립시다.

C

Point '再'는 빈도부사로 반복이 실현되지 않았음을 나타낸다.
예) 我要再去买一双鞋。
나는 신발 한 켤레를 더 사겠다.

단어 快……了 kuài…le 곧 ~하려 한다
开 kāi (차량이) 출발하다
怎么 zěnme 어째서, 왜
还 hái 아직
时间 shíjiān 시간
着急 zháojí 조급해하다

제3부분

61-70

예시

您是来参加今天会议的吗？您来早了一点儿，现在才八点半。您先进来坐吧。

★ 会议最可能几点开始？

A 8点

B 8点半

C 9点

당신은 오늘 회의에 참석하러 왔지요? 조금 빨리 오셨네요. 이제 8시 30분입니다. 우선 앉아서 기다리고 계세요.

★ 회의는 몇 시에 열리나요?

A 8시

B 8시 30분

C 9시

C

Point 문장 중에서 회의에 참석하러 온 사람이 조금 빨리 도착했음을 알 수 있고 지금 시간이 8시 30분이며 앉아서 더 기다리라는 말로 보아 9시에 회의가 시작함을 예측할 수 있다.

단어 **参加** cānjiā 참석하다
会议 huìyì 회의
才 cái 겨우
先 xiān 우선
坐 zuò 앉다

---

61. **这么远的路，天气又不好，我以为你今天不会来了呢。**

★ 这句话的意思是：

A 我觉得路远

B 我想让你来

C 没想到你能来

길도 멀고, 날씨도 안 좋아서 오늘 안 오는 줄 알았어요.

★ 이 말의 뜻은?

A 길이 멀다

B 너를 부르려 했다

C 올 줄은 생각 못했다

C

Point '以为'는 '여기다, 생각하다'의 의미로 현실이 예상과 다름을 나타낸다. '没想到'는 생각지 못했다는 의미이므로 C가 정답이다.

단어 **这么** zhème 이렇게
远 yuǎn 멀다
路 lù 길
天气 tiānqì 날씨
以为 yǐwéi ~라고 여기다(주관적 판단)
会 huì ~할 것이다(추측)
觉得 juéde ~라고 여기다
让 ràng (~로 하여금) ~하게 하다
没想到 méi xiǎngdào 생각하지도 않았는데

62. 有个年轻人开车去旅游。路上他突然发现车窗外有一只鸡，这只鸡正跟着他的汽车跑，而且竟然跑得和他的汽车一样快，每小时90公里。

★ 看见那只鸡时，年轻人正在干什么？

A 等人

B 跑步

C 开车

한 젊은이가 차를 몰고 여행을 가는 도중에 우연히 차창 밖의 닭을 발견했다. 그 닭은 차를 쫓고 있었는데 뜻밖에도 시속 90km인 그의 차와 같은 속도로 달리고 있었다.

★ 그 닭을 보았을 때 젊은이는 무엇을 하고 있었나요?

A 사람을 기다리다

B 달리기

C 운전하다

Point 젊은이는 '开车' 중이었고, 차창너머로 '一只鸡'를 발견했다고 했다.

단어
年轻人 niánqīngrén 젊은이
开车 kāi chē 차를 몰다
旅游 lǚyóu 여행가다
路上 lùshang 길에서, 도중에
突然 tūrán 갑자기
发现 fāxiàn 발견하다
车窗 chēchuāng 차창
只 zhī 마리
鸡 jī 닭
正 zhèng 마침
跟着 gēnzhe 쫓아 오다
车子 chēzi 차
而且 érqiě 게다가
竟然 jìngrán 뜻밖에도
和……一样 hé…yíyàng ~와 같다
汽车 qìchē 자동차
小时 xiǎoshí 시간(시간의 양)
公里 gōnglǐ 킬로미터

C

63. 人们都说好借好还，再借不难。你是不是应该把那2000块钱还给我了？借的时候，你说过两天就还，可是现在已经两个月了。你总是这样，以后谁还敢借钱给你呀？

★ 根据这句话，可以知道说话的人：

A 很生气

B 很高兴

C 很难过

빌렸으면 갚는 게 인지상정이에요. 2,000위안 돌려줄 때 되지 않았나요? 빌릴 땐 며칠 뒤면 갚는다더니 벌써 두 달이 지났어요. 자꾸 이러면 앞으로 누가 또 돈을 빌려주겠어요?

★ 내용에 의하면 화자는?

A 화를 내다

B 기쁘다

C 괴롭다

Point 문장은 청자가 돈을 갚기를 요구하는 내용이다. '누가 너에게 돈을 빌려주겠는가'는 '谁'를 사용한 반어문의 형식으로 빌려줄 리 없다는 불만의 어기이다.

단어
好 hǎo 잘
借 jiè 빌리다
还 huán 갚다
再 zài 다시
难 nán 어렵다
是不是 shì bu shì ~아닌가요? (확인을 할 때 쓰이며 서술어 앞에 붙임)
应该 yīnggāi 마땅히
还给 huán gěi ~에게 돌려주다
过两天 guò liǎng tiān 며칠 후
已经 yǐjing 이미
总是 zǒngshì 늘
还 hái 그러고도
敢 gǎn 감히
生气 shēngqì 화를 내다
难过 nánguò 괴로워하다

A

64. 下个月我们一家人就要住进新房子了。房子又大又漂亮，周围环境也不错，旁边还有一个大超市，买东西也方便。就是有点儿高，在16层，我妻子总是担心电梯坏了怎么办。

★ 我妻子担心什么？

A 房子太高

B 没有电梯

C 电梯坏了

다음 달에 우리 가족은 새집으로 이사를 한다. 방은 크고 예쁘며, 주위환경도 괜찮다. 옆에는 큰 마트가 있어서 물건을 사기도 편하다. 단지 층수가 좀 높은데 16층이다. 아내는 엘리베이터가 고장 날까 봐 자꾸 걱정한다.

★ 우리 아내는 무엇을 걱정하나요?

A 층수가 너무 높다

B 엘리베이터가 없다

C 엘리베이터가 고장나다

C

Point '我妻子总是担心电梯坏了怎么办'에서 아내는 엘리베이터가 고장 날까 봐 걱정한다는 것을 알 수 있다.

단어 **下个月** xià ge yuè 다음 달
一家人 yì jiā rén 온 가족
就要……了 jiù yào…le 곧 ~하게 되다
住进 zhùjìn 들어가 살다
房子 fángzi 집
又A又B yòu A yòu B A하기도 하고 B하기도 하다
周围 zhōuwéi 주위
环境 huánjìng 환경
超市 chāoshì 슈퍼마켓
方便 fāngbiàn 편리하다
有点儿 yǒudiǎnr 좀(불만)
层 céng 층
妻子 qīzi 부인
担心 dānxīn 걱정하다
电梯 diàntī 엘리베이터
坏 huài 고장 나다

65. 昨天我收到了一封信，是用笔写的那种“真”的信，不是电子邮件。可能是因为电子邮件又快又方便，还不用花钱，所以用笔写信的人就越来越少了，能收到一封真的信也越来越不容易了。

★ 为什么用笔写信的人越来越少了？

A 用电子邮件的人多了

B 写信越来越难

C 写信又快又方便

어제 편지 한 통을 받았는데 이메일이 아니라 연필로 적은 '진짜' 편지였다. 이메일이 빠르고 편리하며 돈도 안 드는 이유 때문에 연필로 편지를 적는 사람은 점점 적어지고, '진짜' 편지를 받기가 점점 어려워진다.

★ 왜 연필로 편지를 쓰는 사람이 점점 적어지나요?

A 이메일을 사용하는 사람이 많아졌다

B 편지를 쓰기가 점점 어려워진다

C 편지를 쓰기가 빠르고 편리하다

A

Point '因为……所以……'는 인과관계 구조이다. '因为电子邮件又快又方便……, 所以用笔写信的人就越来越少了'에서 손 편지를 쓰는 사람이 적어지는 이유가 나타나 있다.

단어 **收** shōu 받다
封 fēng 통(편지를 세는 양사)
信 xìn 편지
电子邮件 diànzǐ yóujiàn 이메일
可能 kěnéng 어쩌면
因为 yīnwèi 왜냐하면
又A又B yòu A yòu B A하기도 하고 B하기도 하다
方便 fāngbiàn 편리하다
不用 búyòng ~할 필요가 없다
花钱 huāqián 돈을 쓰다
所以 suǒyǐ 그래서
越来越 yuè lái yuè 점점 더 ~해진다
容易 róngyì 쉽다

66. 您好，请问去北京的飞机几点起飞，几点到？我应该在哪儿等着上飞机？对了，外边的雪会对飞机有影响吗？

★ 说话的人最可能在什么地方？

A 火车站

B 机场

C 家里

안녕하세요. 베이징행 비행기의 출발시간과 도착시간은 몇 시예요? 어디에서 비행기를 기다려야 하나요? 참, 밖의 눈은 비행에 영향이 있나요?

★ 화자는 어디에 있나요?

A 기차역

B 공항

C 집

B

Point '飞机', '起飞' 등의 단어를 통해 장소가 공항임을 판단할 수 있다.

단어
请问 qǐngwèn 말씀 좀 묻겠습니다
起飞 qǐfēi 이륙하다
到 dào 도착하다
应该 yīnggāi 마땅히
着 zhe ~하고 있다(상태의 지속)
上飞机 shàng fēijī 비행기를 타다
对了 duìle 맞다(화제의 전환)
对……有影响 duì…yǒu yǐngxiǎng ~에 영향이 있다
可能 kěnéng 아마도
机场 jīchǎng 공항

67. 没想到她的普通话说得这么好，如果不看人，只听她说话，好多人都以为她是中国人呢！

★ 从这句话我们知道：

A 她是中国人，所以普通话很好

B 她的普通话是在中国学习的

C 她的普通话和中国人一样好

그녀가 표준어를 이렇게 잘할 줄은 몰랐어요. 보지 않고 말하는 것만 들으면 다들 그녀가 중국인인줄 알아요!

★ 문장에서 알 수 있는 것은?

A 그녀는 중국인이기 때문에 표준어를 잘한다.

B 그녀는 표준어를 중국에서 배웠다

C 그녀는 표준어를 중국인처럼 잘 한다

C

Point '以为'는 현실과 예상이 다름을 나타낸다. '以为她是中国人呢!'는 그녀가 중국인이 아니라는 의미이므로 A는 오답이고, B의 '在中国'는 문장에서 언급하지 않았다.

단어
没想到 méi xiǎngdào 생각지도 못하게
普通话 pǔtōnghuà 표준어
如果 rúguǒ 만약
不A只B bù A zhǐ B A하지 않고 오로지 B만 한다
好 hǎo 수량이 많음을 강조
以为 yǐwéi ~라고 여기다(주관적 판단)
和……一样 hé…yíyàng ~와 같다

68. **昨天我们几个女同学一起出去玩，先去商店买了很多东西，然后去有名的咖啡店喝了咖啡，最后去吃饭。一起吃晚饭的时候，服务员说我们是店里的第10000个客人，所以我们不用给钱了，大家都高兴极了。**

★ 昨天让我们最高兴的是什么事?

A 买了很多东西

B 喝了有名的咖啡

C 吃饭不用给钱

어제 우리 여학생 몇 명은 같이 놀러 갔다. 우선 가게에 들러 많은 물건을 사고 그 다음 유명한 커피숍에서 커피를 마시고, 마지막으로 밥을 먹었다. 저녁을 먹을 때 종업원은 우리가 그 식당의 10,000번째 손님이라며 돈을 낼 필요 없다고 말해주었다. 우리는 모두 너무 기뻤다.

★ 어제 우리를 가장 기쁘게 한 일은?

A 많은 물건을 샀다

B 유명한 커피를 마셨다

C 밥을 공짜로 먹었다

C

Point '所以我们不用给钱了，大家都高兴极了'에서 그들이 기뻐하는 이유를 알 수 있다.

단어 **一起** yìqǐ 함께
先A然后B xiān A ránhòu B 먼저 A하고 나서 B하다
咖啡店 kāfēidiàn 커피숍
最后 zuìhòu 마지막에
时候 shíhou 때
服务员 fúwùyuán 종업원
客人 kèrén 손님
所以 suǒyǐ 그래서
极了 jíle 매우(형용사나 심리동사 뒤에서 보충의 역할을 함)

69. **现在可真好，在冬天也能吃到夏天的水果。天气这么冷，苹果、葡萄、香蕉、西瓜还都能买到。不过，也有人说吃这种“反季节水果”不太好，冬天就应该吃冬天的水果，夏天就应该吃夏天的水果。**

★ 吃“反季节水果”是指:

A 冬天吃冬天的水果

B 夏天吃夏天的水果

C 冬天吃夏天的水果

지금은 겨울에도 여름의 과일을 먹을 수 있어서 너무 좋다. 날씨가 이렇게 추울 때도 사과, 포도, 바나나, 수박까지도 살 수 있다. 그러나 혹자는 이런 '반계절 과일'이 안 좋다고 한다. 겨울에는 겨울과일을 먹어야 하고, 여름에는 여름과일을 먹어야 한다고 말한다.

★ '반계절 과일'은 무엇인가요?

A 겨울에 겨울과일을 먹는 것

B 여름에 여름과일을 먹는 것

C 겨울에 여름과일을 먹는 것

C

Point '反季节水果'는 '반계절 과일'을 가리킨다. 조동사 '应该'는 '~해야 한다'는 의미로, '冬天就应该吃冬天的水果，夏天就应该吃夏天的水果'에서 반계절 과일은 C를 가리킴을 알 수 있다.

단어 **可** kě 정말(정도나 상태를 강조)
天气 tiānqì 날씨
这么 zhème 이렇게
冷 lěng 춥다
苹果 píngguǒ 사과
葡萄 pútao 포도
香蕉 xiāngjiāo 바나나
西瓜 xīguā 수박
不过 búguò 다만(전환 또는 제한)
反 fǎn 반하다, 역행하다
季节 jìjié 계절
应该 yīnggāi 마땅히

70. 今天我想给我的女朋友送花，我选了黄玫瑰。花店的小姐问我：你做错了什么吗？原来黄玫瑰的意思是“对不起”，红玫瑰的意思才是“我爱你”，每种花的意思都不一样。我觉得很有意思。

★ 红玫瑰的意思是什么？

A 我爱你

B 对不起

C 我错了

오늘 여자친구에게 꽃을 선물하고 싶어서 노란 장미를 골랐다. 그러자 꽃집 아가씨가 나에게 '뭐 실수하셨어요?'라고 물었다. 알고 보니 노란 장미의 꽃말은 '미안해'이고, 빨간 장미의 꽃말이 '사랑해'였던 것이다. 꽃마다 꽃말이 다른 점이 참 흥미롭다.

★ 빨간 장미의 의미는?

A 사랑해

B 미안해

C 잘못했어

A

Point '红玫瑰的意思才是'我爱你'에서 답을 찾을 수 있다.

단어
给 gěi ~에게
送 sòng 선물하다
选 xuǎn 선택하다
黄 huáng 노란색
玫瑰 méiguī 장미
花店 huādiàn 꽃집
做错 zuò cuò 잘못을 하다
原来 yuánlái 알고 보니
意思 yìsi 뜻
才 cái 비로소, ~이야말로
每 měi 매, ~마다
种 zhǒng 종류
一样 yíyàng 같다
觉得 juéde ~라고 여기다

쓰기

제1부분

71-75

예시

小船　上　一　河　条　有

河上有一条小船。

배　위에　하나　강　개(양사)　있다

강 위에 배 하나가 떠있다.

Point '장소명사(河上)+존재의 서술어(有)+명사'의 구조이다.

단어 **船** chuán 배
河 hé 강, 하천
条 tiáo 개(가늘고 긴 물건을 세는 양사)

71.　真　一　好　位　老师　是　他

他真是一位好老师。

그는 정말 좋은 선생님이다.

Point '주어(他)+부사(真)+서술어(是)+관형어(一位,好)+목적어(老师)'의 어순이다. 관형어의 배열순서는 '지시대사+수량사+형용사'이다.

단어 **真** zhēn 정말
位 wèi 분(사람을 세는 양사)

72.　着急　这　我　使　事　非常　件

这件事使我非常着急。

이 일은 나를 정말 초조하게 한다.

Point '使' 겸어문을 만들어야 한다. 겸어문이란 한 문장 안에 주어와 목적어의 역할을 할 수 있는 성분이 있는 문장을 가리킨다. '관형어(这件)+주어(事)+서술어(使)+겸어(我)+부사(非常)+서술어(着急)'의 어순이다. 관형어 어순은 71번 공식을 따른다.

단어 **着急** zháojí 조급해하다
使 shǐ (~로 하여금) ~하게 하다
非常 fēicháng 매우
件 jiàn 벌, 건(옷을 세는 양사)

73.　老师　书　放　桌子　把　在　上

老师把书放在桌子上。

선생님은 책을 책상에 놓았다.

Point '주어(老师)+把+대상(书)+서술어(放)+보어(在桌子上)'의 어순이다. '桌子' 장소를 나타내는 명사가 아니므로 뒤에 방위사 '上'을 붙여야 한다.

단어 **放** fàng 두다
把 bǎ ~을(대상을 수반)

74. 考 听说 不错 这 你 得 次

听说你这次考得不错。
听说这次你考得不错。

듣자 하니 너 이번 시험 잘 봤다더라.

Point 크게 보면 '(주어 생략됨)+서술어(听说)+목적어(这次你考得不错)'의 어순이지만 여기서 목적어는 단순한 명사가 아닌 '주어(这次,你)+서술어(考)+보어(得不错)'로 이루어진 주술구조이다. '这次'는 '지시대사+수량사'의 어순에 따라 배열한다.

단어 **考** kǎo 시험보다
听说 tīngshuō 듣자 하니
不错 búcuò 좋다
得 de 형용사나 심리동사 등의 정도보어를 수반하는 구조조사

75. 学习 汉语 两年 我 了

我学习了两年汉语。
我学习汉语两年了。

나는 중국어를 2년 공부했다.

Point 우선 기본 틀이 되는 문장성분을 배열해보면 '주어(我)+서술어(学习)+목적어(汉语)'의 어순이 나온다. 여기에 조사 '了'와 목적어 '汉语'를 넣는 문제이다.
이 문제는 두 가지 배열 방법이 있다. 첫 번째는 '주어(我)+서술어(学习)+동태조사(了)+관형어(两年)+목적어(汉语)'이고, 두 번째는 '주어(我)+서술어(学习)+목적어(汉语)+시량보어(两年)+어기조사(了)'이다.

단어 **学习** xuéxí 학습하다, 공부하다

제2부분

76-80

예시

guān
没（关）系，别难过，高兴点儿。
괜찮으니, 슬퍼하지 말고 좀 웃어.

Point '没关系'는 '괜찮다, 문제 없다'는 의미이며 두 개의 단어('没'와 '关系')로 구성되었다.

단어 关系 guānxi 관계
难过 nánguò 힘들게 지내다
高兴 gāoxìng 기쁘다, 즐겁다

76. máng
最近很（忙），每天工作十多个小时。
요즘 매우 바쁘다. 매일 10시간 남짓 일한다.

忙

Point '忙'은 '바쁘다'는 의미이며 품사는 형용사이다.

단어 最近 zuìjìn 최근
每天 měitiān 매일
工作 gōngzuò 일하다
多 duō ~여(양사 앞, 뒤에 써서 대략적인 수를 나타냄)
小时 xiǎoshí 시간(시간의 양)

77. qiān
世界上最高的山有8（千）多米。
세계에서 가장 높은 산은 8,000여 미터이다.

千

Point '8千多米'는 '8천여 미터'의 의미이다.

단어 世界 shìjiè 세계
山 shān 산
有 yǒu (수량이) ~만큼 된다
千 qiān 천
多 duō ~여(양사 앞, 뒤에 써서 대략적인 수를 나타냄)
米 mǐ 미터

78. sǎn
今天可能下雨，出门时别忘了带雨（伞）。
오늘 비가 올지도 모르니 외출할 때 우산 가져가는 것을 잊지 마.

伞

Point '雨伞'은 '우산'의 의미이며 품사는 명사이다.

단어 可能 kěnéng 아마도
出门 chūmén 문을 나서다, 외출하다
忘 wàng 잊어버리다
带 dài 지니다
雨伞 yǔsǎn 우산

79. 作业都做完了吗？自己认（ zhēn 真 ）检查一下。

숙제 다 했어? 혼자 착실하게 검사해 봐.

真

Point '认真'은 '진지하다, 성실하다'는 의미이며 품사는 형용사이다.

단어 **作业** zuòyè 숙제
做完 zuò wán 다 하다
自己 zìjǐ 스스로, 자신
认真 rènzhēn 진지하게, 성실히
检查 jiǎnchá 검사하다

80. 这件事是谁（ gào 告 ）诉你的，我怎么不知道？

이 일은 누가 알려 준거야? 왜 나는 모르지?

告

Point '告诉'는 '알리다'의 의미이며 품사는 동사이다.

단어 **告诉** gàosu 알리다
怎么 zěnme 어떻게
知道 zhīdao 알다

HSK三级模拟试题（二）答案及考点解析

一、听力

第一部分

1. A　2. F　3. E　4. D
5. B　6. C　7. A　8. B
9. E　10. D

第二部分

11. ×　12. √　13. √　14. √
15. √　16. ×　17. √　18. ×
19. √　20. √

第三部分

21. C　22. A　23. C　24. C
25. B　26. C　27. A　28. A
29. C　30. B

第四部分

31. A　32. B　33. C　34. C
35. B　36. A　37. C　38. A
39. B　40. C

二、阅读

第一部分

41. B　42. A　43. D　44. F
45. C　46. D　47. C　48. A
49. E　50. B

第二部分

51. B　52. F　53. D　54. C
55. A　56. D　57. A　58. B
59. F　60. C

第三部分

61. C　62. C　63. A　64. C
65. A　66. B　67. C　68. C
69. C　70. A

三、书写

第一部分

71. 他真是一位好老师。
72. 这件事使我非常着急。
73. 老师把书放在桌子上。
74. 听说你这次考得不错。/ 听说这次你考得不错。
75. 我学习了两年汉语。/ 我学习汉语两年了。

第二部分

76. 忙　77. 千　78. 伞　79. 真
80. 告

HSK（三级）答题卡

汉语水平考试 HSK 答题卡

请填写考生信息

按照考试证件上的姓名填写：

姓名	

如果有中文姓名，请填写：

姓名	

考生序号		
		[0] [1] [2] [3] [4] [5] [6] [7] [8] [9]
		[0] [1] [2] [3] [4] [5] [6] [7] [8] [9]
		[0] [1] [2] [3] [4] [5] [6] [7] [8] [9]
		[0] [1] [2] [3] [4] [5] [6] [7] [8] [9]
		[0] [1] [2] [3] [4] [5] [6] [7] [8] [9]

请填写考生信息

考点代码		
		[0] [1] [2] [3] [4] [5] [6] [7] [8] [9]
		[0] [1] [2] [3] [4] [5] [6] [7] [8] [9]
		[0] [1] [2] [3] [4] [5] [6] [7] [8] [9]
		[0] [1] [2] [3] [4] [5] [6] [7] [8] [9]
		[0] [1] [2] [3] [4] [5] [6] [7] [8] [9]
		[0] [1] [2] [3] [4] [5] [6] [7] [8] [9]
		[0] [1] [2] [3] [4] [5] [6] [7] [8] [9]

国籍		
		[0] [1] [2] [3] [4] [5] [6] [7] [8] [9]
		[0] [1] [2] [3] [4] [5] [6] [7] [8] [9]
		[0] [1] [2] [3] [4] [5] [6] [7] [8] [9]

年龄		
		[0] [1] [2] [3] [4] [5] [6] [7] [8] [9]
		[0] [1] [2] [3] [4] [5] [6] [7] [8] [9]

性别	男 [1]	女 [2]

注意　请用2B铅笔这样写：▬

一、听力

1. [A][B][C][D][E][F]　6. [A][B][C][D][E][F]
2. [A][B][C][D][E][F]　7. [A][B][C][D][E][F]
3. [A][B][C][D][E][F]　8. [A][B][C][D][E][F]
4. [A][B][C][D][E][F]　9. [A][B][C][D][E][F]
5. [A][B][C][D][E][F]　10. [A][B][C][D][E][F]

11. [✓] [×]　16. [✓] [×]　21. [A][B][C]
12. [✓] [×]　17. [✓] [×]　22. [A][B][C]
13. [✓] [×]　18. [✓] [×]　23. [A][B][C]
14. [✓] [×]　19. [✓] [×]　24. [A][B][C]
15. [✓] [×]　20. [✓] [×]　25. [A][B][C]

26. [A][B][C]　31. [A][B][C]　36. [A][B][C]
27. [A][B][C]　32. [A][B][C]　37. [A][B][C]
28. [A][B][C]　33. [A][B][C]　38. [A][B][C]
29. [A][B][C]　34. [A][B][C]　39. [A][B][C]
30. [A][B][C]　35. [A][B][C]　40. [A][B][C]

二、听力

41. [A][B][C][D][E][F]　46. [A][B][C][D][E][F]
42. [A][B][C][D][E][F]　47. [A][B][C][D][E][F]
43. [A][B][C][D][E][F]　48. [A][B][C][D][E][F]
44. [A][B][C][D][E][F]　49. [A][B][C][D][E][F]
45. [A][B][C][D][E][F]　50. [A][B][C][D][E][F]

51. [A][B][C][D][E][F]　56. [A][B][C][D][E][F]
52. [A][B][C][D][E][F]　57. [A][B][C][D][E][F]
53. [A][B][C][D][E][F]　58. [A][B][C][D][E][F]
54. [A][B][C][D][E][F]　59. [A][B][C][D][E][F]
55. [A][B][C][D][E][F]　60. [A][B][C][D][E][F]

61. [A][B][C]　66. [A][B][C]
62. [A][B][C]　67. [A][B][C]
63. [A][B][C]　68. [A][B][C]
64. [A][B][C]　69. [A][B][C]
65. [A][B][C]　70. [A][B][C]

三、书写

71. ....
72. ....
73. ....
74. ....
75. ....

76. ☐　77. ☐　78. ☐　79. ☐　80. ☐

HSK（三级）成绩报告

新 汉 语 水 平 考 试
Chinese Proficiency Test

HSK（三级）成绩报告
HSK (Level 3) Examination Score Report

姓名（Name）：________________

性别（Gender）：________ 国籍（Nationality）：________________

考试时间（Examination Date）：________ 年（Year）______ 月（Month）______ 日（Day）

编号（No.）：________________

	满分（Full Score）	你的分数（Your Score）
听力（Listening）	100	
阅读（Reading）	100	
书写（Writing）	100	
总分（Total Score）	300	

总分180分为合格（Passing Score：180）

主 任
Director ________________ 国家汉办
Hanban

国家汉办
HANBAN

中国 • 北京
Beijing • China

MEMO

新汉语水平考试
HSK（三级）
模拟试题（三）

注　意

一、　HSK（三级）分三部分：
　　1. 听力（40题，约35分钟）
　　2. 阅读（30题，25分钟）
　　3. 书写（10题，15分钟）

二、　答案先写在试卷上，最后10分钟再写在答题卡上。

三、　全部考试约90分钟（含考生填写个人信息时间5分钟）。

韩国 时事中国语社

于鹏/焦毓梅 编著

一、听力

第一部分

第 1-5 题

例如：　男：喂，请问张经理在吗？

　　　　女：他在开会，您半个小时以后再打，好吗？　　A

1.

2.

3.

4.

5.

第 6–10 题

A

B

C

D

E

6. □

7. □

8. □

9. □

10. □

第二部分

第 11－20 题

例如： 为了让自己更健康，他每天都花一个小时去锻炼身体。

★ 他希望自己很健康。 （ √ ）

今天我想早点儿回家。看了看手表，才5点。过了一会儿再看表，还是5点，我这才发现我的手表不走了。

★ 那块儿手表不是他的。 （ × ）

11. ★ 昨天他等了小王很长时间。 （ ）

12. ★ 他今天去买衣服了。 （ ）

13. ★ 我和姐姐在北京上大学。 （ ）

14. ★ 他儿子不喜欢学习。 （ ）

15. ★ 晚上他要去医院看小李。 （ ）

16. ★ 她让男朋友别走。 （ ）

17. ★ 买到这本书很容易。 （ ）

18. ★ 星期六他要在家学习。 （ ）

19. ★ 我想在一个中国公司工作。 （ ）

20. ★ 小王心里不同意经理的做法。 （ ）

第三部分

第 21－30 题

例如： 男：小王，帮我开一下门，好吗？谢谢！
女：没问题。您去超市了？买了这么多东西。
问：男的想让小王做什么？

A 开门 ✓　　B 拿东西　　C 去超市买东西

21. A 她不想去玩儿　　B 她不喜欢坐车　　C 她觉得男的开得不好

22. A 他认为小王没病　　B 他知道小王病了　　C 他问小王得了什么病

23. A 她没有时间　　B 她看不懂汉字　　C 她不认识男人

24. A 1∶45　　B 1∶50　　C 2∶00

25. A 家　　B 饭店　　C 公司

26. A 房子很大　　B 出门不方便　　C 厨房很干净

27. A 已经结婚了　　B 还没有男朋友　　C 男朋友不在家

28. A 经理在办公室开会　　B 男的刚才见到经理　　C 不知道经理在哪儿

29. A 她没有手机　　B 她的电话坏了　　C 她换了电话号码

30. A 睡觉　　B 写作业　　C 看电视

第四部分

第 31－40 题

例如： 女：晚饭做好了，准备吃饭了。
男：等一会儿，比赛还有三分钟就结束了。
女：快点儿吧，一起吃，菜冷了就不好吃了。
男：你先吃，我马上就看完了。
问：男的在做什么？

A 洗澡　　B 吃饭　　C 看电视 ✓

31. A 书店　　B 教室　　C 图书馆

32. A 骑自行车　　B 坐出租汽车　　C 坐公共汽车

33. A 生病了　　B 想家了　　C 吃饭不习惯

34. A 男的病了　　B 男的搬家了　　C 男的换工作了

35. A 每天很忙　　B 离家很远　　C 工作时间很长

36. A 商店　　B 公园　　C 饭馆

37. A 2号楼　　B 3号楼　　C 4号楼

38. A 3:00　　B 3:20　　C 3:30

39. A 自己去　　B 和小王一起去　　C 和男人一起去

40. A 想买电脑　　B 想卖电脑　　C 想开电脑公司

二、阅 读

第一部分

第 41–45 题

A　小王看起来心情不太好。

B　叔叔、阿姨，时间不早了，我们该回去了。

C　那还等什么，我们现在就去找他吧。

D　你别这么说，我们是朋友，不要说这样的话。

E　当然。我们先坐公共汽车，然后换地铁。

F　那我们就不客气了。

例如：　你知道怎么去那儿吗？　（ E ）

41. 我真不知道应该怎么感谢你。　（　）

42. 菜来了，大家快吃吧。　（　）

43. 如果你想见他的话，现在就可以。　（　）

44. 你还不知道，他这次考试成绩很不好。　（　）

45. 急什么，再坐一会儿吧。　（　）

第 46-50 题

A　小王，今天你帮了我的大忙，我怎么谢你？

B　你说对了，不忙的时候我喜欢一个人看书。

C　他是不是总是上网啊？我儿子每天上网、玩游戏，又浪费时间又影响学习。

D　这本小说你看完了吗？怎么样？

E　是啊，我也一次又一次给他写信，但是一直没接到他的回信。

46. 生词很多，但是非常有意思，你也应该看一看。　（　）

47. 那你就晚上请客吧。　（　）

48. 不知小李最近怎么样？给他打电话，他也不接。　（　）

49. 我给孩子买了个电脑，想让他好好学习，但他的成绩越来越差。　（　）

50. 叫你去玩你也不去，看来你不喜欢旅游。　（　）

第二部分

第 51–55 题

A 才　　B 着　　C 关心　　D 帮助　　E 声音　　F 工作

例如： 她说话的（ E ）多好听啊！

51. 他一边在学校学习，一边在外面（　　）。

52. 别站（　　）了，坐下吧。

53. 我刚到中国来，什么都不懂，还请大家多（　　）。

54. 小张说了半天我（　　）明白他的意思。

55. 我们年轻人更应该（　　）国家大事。

第 56-60 题

A 参加　　B 发烧　　C 超市　　D 一样　　E 爱好　　F 没

例如：A：你有什么（ E ）？
　　　B：我喜欢体育。

56. A：天气太热了，下午我们去游泳吧。
　　B：我（　　）了，今天不能去了。

57. A：今天晚上开会，我怎么不知道？
　　B：小王（　　）告诉你吗？

58. A：我想找几个朋友一起去中国旅游。
　　B：太好了，我也要（　　）。

59. A：我去（　　），你要带什么东西吗？
　　B：给我带点儿吃的吧！

60. A：你看，这两张照片上的人长得很像。
　　B：什么很像，是（　　），那就是一个人。

第三部分

第 61–70 题

例如： 您是来参加今天会议的吗？您来早了一点儿，现在才八点半。您先进来坐吧。

★ 会议最可能几点开始？

A 8点　　B 8点半　　C 9点 ✓

61. 张亮告诉我们，中国人结婚以后，有的还和爸爸妈妈住在一起，有的不住在一起。他和王月结婚的时候，就和爸爸妈妈住在一起。一年后他们买了房子，才搬出去住了。

★ 王月和张亮是什么关系？

A 同学　　B 朋友　　C 夫妻

62. 我对外面的世界很有兴趣，希望有机会到别的国家走一走、看一看，了解不同国家的不同文化。

★ 我希望：

A 学习外国语　　B 去外国看看　　C 有很多兴趣

63. 我们要买的房子大小不重要，但是不能离我爸爸妈妈家太远，因为他们身体不好，如果生病或者有事，需要我们去照顾。

★ 买房时他关心房子的：

A 地点　　B 大小　　C 钱数

64. 昨天是妻子的生日。儿子对我说："爸爸，为了表示我对妈妈的爱，今天我要为妈妈做一个菜。"我没想到他会说这样的话，这句话使我突然发现儿子长大了。

★ 儿子为什么要做菜？

A 为了妈妈的生日　　B 表示自己会做菜　　C 表示自己长大了

65. 来到中国以后，我发现中国人都喜欢喝茶。但是不同地方的人，喝茶的习惯不太一样。北方人喜欢花茶，南方人喜欢绿茶。花茶和绿茶我也喜欢，但是我最喜欢的是红茶。

★ 中国南方人最喜欢：

A 红茶 B 绿茶 C 花茶

66. 大家都知道洗澡对身体很好，经常洗澡不容易得病。那么是不是洗澡越多越好呢？也不是。如果吃过饭以后马上去洗澡，这样就不好。有的人洗澡时喜欢洗很长时间，这样也不好。

★ 下面哪一个是对的？

A 吃饭以后不能马上洗澡 B 洗澡越多身体越好 C 洗澡时间长不容易得病

67. 孩子是第一次离开家到北京去上大学，我和她爸爸对她很不放心，除了怕她在学校里生活不习惯，还担心她遇到问题的时候，自己不能很好地解决。

★ 下面哪一个是妈妈担心的问题？

A 孩子的学习成绩 B 孩子在学校的生活 C 孩子和同学的关系

68. 我弟弟上了大学就开始一边工作一边学习，他的第一个工作是在饭店做服务员。你看，这张照片就是在他们饭店里照的。小时候他特别喜欢开汽车，最想做司机，但是大学以后当了教师。他说自己要做一个让学生喜欢的好老师。

★ 弟弟现在的工作是：

A 老师 B 司机 C 服务员

69. 现在很多人都喜欢用手机发短信。发一条短信0.10～0.15元，比打电话要便宜，而且更方便，对方的手机关了也没关系。所以现在用手机发短信的人一天比一天多。

★ 为什么喜欢发短信的人越来越多？

A 非常便宜 B 贵但是更方便 C 又便宜又方便

70. 小王长得很漂亮，但是没有男朋友。同事们帮她介绍了两个，但是她都不满意，一个她说长得不高，一个她说长得不帅。最近大家又给她介绍了一个，是个小学老师，一米八十，也很可爱，她又说当老师没有钱。看来，要找一个让她满意的太不容易了。

★ 小王对第三个男朋友哪一点不满意？

A 钱不太多　　B 长得不高　　C 长得不帅

三、书写

第一部分

第 71–75 题

例如： 小船　上　一　河　条　有

河上有一条小船。

71. 一点儿　穿　你　衣服　要　多

____

72. 什么　在　你们　刚才　说

____

73. 经常　孩子　洗　自己　衣服

____

74. 都　我　这些　买　书　的　是　历史

____

75. 决定　她　飞机　不　坐

____

第二部分

第 76-80 题

例如：　　guān
没（ 关 ）系，别难过，高兴点儿。

76. 　　zhòng
这件事很（　　）要，你一定别忘了。

77. 　　páng
一直走，邮局就在书店的(　　)边。

78. 　　bāng
对不起，我真的（　　）不了你。

79. 　　piào
这件衣服真（　　）亮，你在哪儿买的？

80. 　　tū
我在车站等朋友的时候，（　　）然下雨了。

듣기 녹음 대본

HSK三级模拟试题（三）听力材料

（音乐，30秒，渐弱）
大家好！欢迎参加 HSK（三级）考试。
大家好！欢迎参加 HSK（三级）考试。
大家好！欢迎参加 HSK（三级）考试。

HSK（三级）听力考试分四部分，共40题。
请大家注意，听力考试现在开始。

第一部分

一共10个题，每题听两次。
例如：男：喂，请问张经理在吗?
　　　女：他在开会，您半个小时以后再打，好吗?

现在开始第1到5题：

1. 男：请问，这儿没人吧？我可以坐吗?
   女：没人，你坐吧。

2. 女：你看，这山多漂亮，我们在这儿照张相吧。
   男：好，你过去，我先给你照。

3. 男：阿姨，什么时候吃饭啊，我饿了。
   女：别急，再等一等，菜马上就做好了。

4. 女：外边下雨了，没带伞怎么办?
   男：一会儿有人来接我，你先用我的吧。

5. 男：小朋友，别哭，你怎么了?
   女：叔叔，我找不着妈妈了。

现在开始第6到10题：

6. 女：听说你快要结婚了？女朋友很漂亮吧？
   男：那还用说，我追了好长时间才追到的。

7. 男：昨天几点才睡觉？怎么这么累？
   女：我一晚上没睡，一直写到早上，然后就来上班了。

8. 女：就让他们住这家宾馆吧，这里环境不错，离火车站也很近。
   男：我看可以，他们一定会满意的。

9. 男：服务员，这个菜不新鲜了，怎么吃啊！找一下你们经理。
   女：对不起，我给您换一个吧。

10. 女：喂，小王，是你吗？告诉你，今天我们这儿下雪了，特别大。
    男：下雪了，是吗？我要是在那儿就好了。

第二部分

一共10个题，每题听两次。

例如：为了让自己更健康，他每天都花一个小时去锻炼身体。

★他希望自己很健康。 （ √ ）

今天我想早点儿回家。看了看手表，才5点。过了一会儿再看表，还是5点，我这才发现我的手表不走了。

★那块儿手表不是他的。 （ × ）

现在开始第11题：

11. 昨天晚上我在电影院门前等了半天，也没看见小王。

12. 我今天跑了七八个商店，终于买到了一件漂亮的大衣。

13. 我和妹妹都是大学生，我学习数学，她学习历史。我们都在北京学习，但是不在一个大学。

14. 我儿子一点儿也不喜欢看书，每天只知道玩儿。

15. 小李，请你告诉小张，今天晚上我去医院看他。

16. 她从心里希望男朋友不要走，但是嘴里什么也没说。

17. 这本书真难买，我找了几个书店，好容易才买到。

18. 这星期六我不出去玩儿了，上个星期六我已经出去过了，还看了电影。而且星期一有考试，我要在家准备。

19. 我现在在中国学习汉语，今年下半年就要开始找工作了。我想在一个可以用汉语的公司工作，不过在中国公司工作还是回国工作，现在还不知道。

20. 听到经理这样说，小王虽然心里一百个不愿意，但是不敢说不，只能照他的话做了。

第三部分

一共10个题，每题听两次。

例如：男：小王，帮我开一下门，好吗？谢谢！

女：没问题。您去超市了？买了这么多东西。

问：男的想让小王做什么？

现在开始第21题：

21. 男：周末一起出去玩儿吧，我刚买了一辆新车。

女：你开车，我可不敢坐，你还是多练习练习吧。

问：女的是什么意思？

22. 女：听说小王病了。

男：病什么呀，我刚才还看见他在运动场上打篮球呢。

问：男的是什么意思？

23. 男：小李，你帮我看看，这个词是什么意思？

女：对不起，我会说一点儿汉语，但是一个汉字也不认识。

问：女人为什么说“对不起”？

24. 女：小王怎么还没来？现在差一刻两点，还有五分钟就要开会了。

男：您别着急，我马上给他打电话，问问他到哪儿了。

问：他们几点开会？

25. 男：昨天晚上8点我去你家找你，你丈夫说你出去了。
女：公司突然有事，经理让我马上去，所以没吃饭就跑去了。
问：女人昨天晚上去哪儿了？

26. 女：我觉得这个房子不错，地方大，厨房也不错。
男：房子真的不错，就是没有地铁，离公共汽车站也很远。
问：男人觉得房子怎么样？

27. 男：小王，你什么时候结婚呀？
女：还结婚呢，男朋友在哪儿还不知道呢。
问：女人的意思是：

28. 女：经理现在在哪儿？
男：我也找他，但是哪儿也找不到。
问：我们可以知道：

29. 男：给你打了几次电话，怎么一直没有人接？
女：你打的是我房间的电话吧，那个电话坏了，有事你还是打我手机吧。
问：女人为什么不接电话？

30. 女：昨天一天都没看到你，你去哪儿了？
男：我一直在房间，上午写作业，下午睡了一觉，晚饭后看了两个小时电视。
问：男人昨天下午做了什么？

第四部分

一共10个题，每题听两次。

例如：女：晚饭做好了，准备吃饭了。
男：等一会儿，比赛还有三分钟就结束了。
女：快点儿吧，一起吃，菜冷了就不好吃了。
男：你先吃，我马上就看完了。
问：男的在做什么？

现在开始第31题：

31. 男：小王，你现在去哪儿，回教室吗？
女：不，我打算去书店看看，你呢？
男：我正要去图书馆借书呢。小王，如果有关于HSK考试的书，你帮我买一本，好吗？
女：没问题，如果有我一定帮你买。
问：女人要去什么地方？

32. 女：朋友给我一张新中国电影院的票，你知道怎么坐车去那儿吗？
男：你可以打车去呀。
女：如果想坐出租车，我就不问你了。
男：从这儿坐公共汽车不方便，要换两次车，你最好骑自行车去，我告诉你怎么走。
女：好吧，就听你的。
问：女人晚上怎么去看电影？

33. 男：小李，几天没见，你怎么瘦了？是病了还是想家了？
女：都不是，我刚来中国，很多地方还不太习惯。
男：我知道了，一定是不习惯中国菜。
女：真让你说对了。
问：女人为什么瘦了？

34. 女：王先生，好长时间没见了，是不是换工作了？
男：没有，还在原来的公司。
女：是吗？那怎么最近一直没见呢，以前我们上班、下班的路上常常遇到呀。
男：我搬家了，买了一个大房子，离这儿远了，每天不能走着来了。
问：他们为什么最近没遇到？

35. 男：小王，新公司怎么样？每天忙吗？
女：不太忙，就是公司离家有点儿远。
男：那每天要很早起床去上班吧。
女：是呀，现在还有点儿不习惯，可能时间长了就好了。
问：女人对新工作有什么不满意：

36. 女：小王，在北京，你最喜欢去什么地方？

男：我最爱去公园，你呢？

女：饭馆儿，北京有名的饭馆儿我差不多都去过。

男：是吗？那下次我跟你一起去吧。

问：女人最喜欢去什么地方？

37. 男：请问，王老师是住在这儿吗？

女：我就是，请进，有什么事？

男：您……，我要找的王老师是男的。这儿不是3号楼201号？

女：啊，错了，这是4号楼201号。

问：男王老师应该住在几号楼？

38. 女：今天的电影几点开始？

男：3 : 30。我们现在就走吧，别去晚了。

女：你别着急，现在才3点，还有半个小时呢。

男：还不急，骑车去最少20分钟才能到，现在走一点儿也不早。

问：电影什么时候开始？

39. 男：今天晚上8点有音乐会，想去吗？

女：当然想去，但是票太贵了。

男：别人送给我两张票，但我晚上有事去不了。

女：太好了，小王也一直想去呢！我现在就给她打电话。

问：女人可能和谁一起去听音乐会？

40. 女：经理，您看看这个电子邮件吧！

男：怎么了？有问题吗？

女：不是，他们说对我们公司卖的新电脑有兴趣。

男：那好啊，他们要买多少？

问：电子邮件中最有可能说了什么？

听力考试现在结束。

国家汉办/孔子学院总部
Hanban/Confucius Institute Headquarters

新汉语水平考试
HSK（三级）
模拟试题（三）

해설 및 정답

듣기

제1부분

1-5

A 

B 

C 

D 

E 

F 

예시

녹음

男: 喂，请问张经理在吗?

女: 他在开会，您半个小时以后再打，好吗?

남 : 여보세요, 장 사장님 계신가요?

여 : 지금 회의 중이신데 30분 후에 다시 전화 주시겠어요?

A

Point 문장 중에 '喂'와 '半个小时以后再打' 라는 말을 듣고 남자와 여자가 통화중임을 알 수 있다. 이 문장에서 핵심단어는 '喂'와 '打'이다.

단어 **喂** wéi 여보세요(전화 통화상)
请问 qǐngwèn 말씀 좀 여쭙겠습니다
经理 jīnglǐ 사장님
开会 kāihuì 회의하다

1. 녹음

男: 请问，这儿没人吧? 我可以坐吗?

女: 没人，你坐吧。

남: 실례지만 여기 아무도 없으면 제가 앉아도 될까요?

여: 네, 앉으세요.

D

Point 핵심단어는 '坐'이다.

단어 **请问** qǐngwèn 말씀 좀 여쭙겠습니다
可以 kěyǐ ~해도 괜찮다(허가)
坐 zuò 앉다

2. 녹음

女：你看，这山多漂亮，我们在这儿照张相吧。
男：好，你过去，我先给你照。

여: 이 산 정말 예쁘네요. 여기서 사진 한 장 찍어요.
남: 좋아요. 저기에 서세요, 먼저 찍어줄게요.

E

Point 핵심표현은 '照张相'과 '照'이다.

단어 山 shān 산
多 duō 얼마나(감탄)
照相 zhàoxiàng 사진을 찍다
张 zhāng 장(사진, 종이 등을 세는 양사)
好 hǎo 좋다
过去 guòqù 저쪽으로 가다
给 gěi ~에게(수혜자)

3. 녹음

男：阿姨，什么时候吃饭啊，我饿了。
女：别急，再等一等，菜马上就做好了。

남: 아주머니, 밥 언제 먹어요? 저 배고파요.
여: 재촉하지 말고 조금만 기다려요. 음식이 거의 다 됐어요.

F

Point 핵심표현은 '吃饭'이다.

단어 阿姨 āyí 아주머니
什么时候 shénme shíhou 언제
饿 è 배고프다
了 le 변화를 나타냄
别 bié ~하지 마라
急 jí 안달하다, 재촉하다
菜 cài 음식
马上 mǎshang 곧

4. 녹음

女：外边下雨了，没带伞怎么办？
男：一会儿有人来接我，你先用我的吧。

여: 밖에 비가 오는데 우산을 안 가져왔어요, 어쩌죠?
남: 저는 잠시 뒤에 데리러 오는 사람이 있으니까 우선 제 걸 쓰세요.

C

Point 핵심단어는 '雨伞'이다.

단어 外边 wàibian 밖
下雨 xià yǔ 비가 오다
带 dài 지니다
伞 sǎn 우산
怎么办 zěnmebàn 어떻게 하지
一会儿 yíhuìr 잠시 후에
接 jiē 마중하다
先 xiān 먼저
用 yòng 사용하다

5. 녹음

男：小朋友，别哭，你怎么了？
女：叔叔，我找不着妈妈了。

남: 꼬마야, 울지마, 무슨 일이니?
여: 아저씨, 엄마를 잃어버렸어요.

B

Point 핵심단어는 '哭', '叔叔'이다.

단어 别 bié ~하지 마라
哭 kū 울다
怎么了 zěnme le 무슨 일이야
叔叔 shūshu (삼촌뻘 되는) 아저씨
找不着 zhǎo bu zháo 찾을 수 없다

6-10

A 

B 

C 

D 

E 

---

6. 녹음

女：听说你快要结婚了？女朋友很漂亮吧？

男：那还用说，我追了好长时间才追到的。

여: 곧 결혼한다면서요? 여자친구는 예쁘지요?

남: 두말하면 잔소리죠. 오랫동안 쫓아다니고 나서야 사귀게 됐어요.

C

Point 핵심단어는 '结婚'이다.

단어
听说 tīngshuō 듣자 하니
快要……了 kuàiyào…le 곧 ~하게 되다
结婚 jiéhūn 결혼하다
吧 ba ~일테지(추측)
还 hái 또, 그래도
用 yòng 필요가 있다
追 zhuī 쫓아 다니다
好 hǎo 수량이 많음을 강조
才 cái 겨우
到 dào 성공을 나타내는 결과보어

---

7. 녹음

男：昨天几点才睡觉？怎么这么累？

女：我一晚上没睡，一直写到早上，然后就来上班了。

남: 어제 몇 시에 잤어요? 왜 이렇게 피곤해 보여요?

여: 어제 한 숨도 못 자고 아침까지 썼어요. 그리고 출근한 거예요.

D

Point 핵심표현은 '没睡'이다. D의 그림에서처럼 하품하는 것을 '打哈欠'이라고 한다.

단어
才 cái 비로소
睡觉 shuìjiào 잠을 자다
怎么 zěnme 어떻게
这么 zhème 이렇게
一直 yìzhí 줄곧, 내내
然后 ránhòu 그러고 나서
就 jiù ~하자마자, 곧(뒤의 행위가 바로 이어짐을 나타냄)
上班 shàng bān 출근하다

8. 녹음

女：就让他们住这家宾馆吧，这里环境不错，离火车站也很近。

男：我看可以，他们一定会满意的。

여: 그들을 이 호텔에 묵게 하세요. 환경도 좋고, 기차역에서도 가까워요.

남: 괜찮을 것 같네요. 그들도 만족할 거예요.

A

Point 핵심단어는 '宾馆'이다.

단어 **就** jiù 그냥
让 ràng (~로 하여금) ~하도록 시키다
家 jiā 집(영업하는 곳을 세는 단위)
宾馆 bīnguǎn 호텔
吧 ba 하자, 해라(권유, 제안)
环境 huánjìng 환경
不错 búcuò 좋다
离 lí ~로부터(거리)
火车站 huǒchēzhàn 기차역
近 jìn 가깝다
可以 kěyǐ ~해도 좋다
一定 yídìng 틀림없이
满意 mǎnyì 만족하다

9. 녹음

男：服务员，这个菜不新鲜了，怎么吃啊！找一下你们经理。

女：对不起，我给您换一个吧。

남: 웨이터, 음식이 상했는데 어떻게 먹으라는 거예요! 매니저 불러오세요.

여: 죄송합니다. 바꿔드릴게요.

E

Point 핵심단어는 '菜'이다. E의 '饭馆'은 '식당'이므로 서로 호응된다.

단어 **服务员** fúwùyuán 종업원
菜 cài 음식
新鲜 xīnxiān 신선하다
怎么 zěnme 어떻게
找 zhǎo 찾다, 부르다
一下 yíxià 한번
经理 jīnglǐ 사장님, 책임자급
给 gěi ~에게(수혜자)
换 huàn 바꾸다
吧 ba 제안을 나타냄

10. 녹음

女：喂，小王，是你吗？告诉你，今天我们这儿下雪了，特别大。

男：下雪了，是吗？我要是在那儿就好了。

여: 여보세요, 샤오왕, 당신인가요? 오늘 여기에 함박눈이 내렸어요.

남: 눈이 왔다고요? 저도 그곳에 있었으면 좋겠어요.

B

Point 핵심단어는 '雪'이다. B의 눈사람을 '雪人'이라고 한다.

단어 **喂** wéi 여보세요(전화 통화상)
告诉 gàosu 알려주다
下雪 xià xuě 눈이 오다, 눈이 내리다
特别 tèbié 아주
要是A就B yàoshì A jiù B 만약 A하면 B한다

제2부분

11-20

예시

为了让自己更健康，他每天都花一个小时去锻炼身体。

★ 他希望自己很健康。

스스로 더 건강해지기 위해서 그는 매일 한 시간을 몸을 단련하는 데 쓴다.

★ 그는 자신이 매우 건강해지길 바란다.

√

Point 문장 중에 '为了让自己更健康'을 보고 그가 자신이 건강해지길 바라고 있음을 알 수 있다.

단어 **为了** wèile ~를 위하여
让 ràng (~로 하여금) ~하게 하다
健康 jiànkāng 건강
每天 měitiān 매일
花 huā (시간을) 소비하다
锻炼 duànliàn (몸을) 단련하다
身体 shēntǐ 신체, 몸
希望 xīwàng 바라다

今天我想早点儿回家。看了看手表，才5点。过了一会儿再看表，还是5点，我这才发现我的手表不走了。

★ 那块儿手表不是他的。

오늘 나는 일찌감치 집에 돌아가고 싶었다. 시계를 보니 겨우 5시였다. 좀 지나서 다시 시계를 보니 여전히 5시였고, 나는 내 시계가 고장이 났다는 것을 발견했다.

★ 그 시계는 그의 것이 아니다.

Point 문장 중에 핵심 단어는 '手表不走了'이다. '走'는 '가다'라는 의미 외에도 '물건이나 물체가 움직이지 않다'라는 의미도 지니고 있으므로 여기에서 '시계가 움직이지 않다'는 시계가 고장 났다는 의미로 예측할 수 있다.

단어 **回家** huíjiā 집에 돌아가다
手表 shǒubiǎo 손목시계
过 guò 지나다(시간이 지남)
一会儿 yíhuìr 잠시 동안, 잠깐 사이
还是 háishi 여전히
发现 fāxiàn 발견하다

11. 문제

昨天他等了小王很长时间。

어제 그는 샤오왕을 오랫동안 기다렸다.

녹음

昨天晚上我在电影院门前等了半天，也没看见小王。

어제 저녁에 나는 영화관 입구 앞에서 샤오왕을 한참 기다렸지만 보지 못했다.

√

Point 명사 '半天'은 '반나절, 한참'의 뜻이다. 그러므로 '很长时间'과 같은 의미이다.

단어 **电影院** diànyǐngyuàn 영화관
门前 mén qián 문 앞
等 děng 기다리다
半天 bàntiān 반나절, 한참
看见 kànjiàn 보다

12. 문제

他今天去买衣服了。

그는 오늘 옷을 사러 갔다.

녹음

我今天跑了七八个商店，终于买到了一件漂亮的大衣。

나는 오늘 7, 8곳의 가게를 돌아다녀서 마침내 예쁜 코트를 샀다.

√

Point '买到了……大衣'라는 말에서 옷을 샀음을 알 수 있다.

단어 跑 pǎo 돌아다니다
终于 zhōngyú 드디어
件 jiàn 벌(옷을 세는 양사로 쓰임)
大衣 dàyī 외투
衣服 yīfu 옷

13. 문제

我和姐姐在北京上大学。

나와 언니는 베이징에서 대학교를 다닌다.

녹음

我和妹妹都是大学生，我学习数学，她学习历史。我们都在北京学习，但是不在一个大学。

나와 여동생은 모두 대학생이며 나는 수학전공이고, 동생은 역사전공이다. 우리는 다 베이징에서 공부하지만 같은 대학은 아니다.

X

Point '我和妹妹'라고 했으므로 '我和姐姐'는 틀린 표현이다.

단어 学习 xuéxí 공부하다
数学 shùxué 수학
历史 lìshǐ 역사
但是 dànshì 그러나
上 shàng (학교에) 다니다

14. 문제

他儿子不喜欢学习。

그의 아들은 공부를 싫어한다.

녹음

我儿子一点儿也不喜欢看书，每天只知道玩儿。

우리 아들은 책을 전혀 좋아하지 않고, 매일 그저 놀기만 한다.

Point '不喜欢看书'는 공부하는 것을 싫어함 즉, 공부를 안 한다는 의미이다.

단어 儿子 érzi 아들
一点儿 yìdiǎnr 조금
每天 měitiān 매일
只知道 zhǐ zhīdao ~할 줄만 알다
学习 xuéxí 공부하다

15.

문제

晚上他要去医院看小李。

그는 저녁에 샤오리를 보러 병원에 간다.

녹음

小李，请你告诉小张，今天晚上我去医院看他。

샤오리, 오늘 저녁에 병원에 병문안 가겠다고 샤오장에게 전해주세요.

Point '去医院看他'에서 '他'는 앞의 '小张'을 가리킨다.

단어
请 qǐng ~에게 요청하다
告诉 gàosu 알려주다
医院 yīyuàn 병원

16.

문제

她让男朋友别走。

그녀는 남자친구보고 가지 말라고 했다.

녹음

她从心里希望男朋友不要走，但是嘴里什么也没说。

그녀는 진심으로 남자친구가 떠나지 않기를 바랐지만 아무 말도 하지 않았다.

Point '什么也没说'라는 말에서 결국 남자를 잡지 못했음을 알 수 있다.

단어
从心里 cóng xīnli 마음속으로부터
希望 xīwàng 희망하다
走 zǒu 가다, 떠나다
但是 dànshì 그러나
嘴 zuǐ 입
让 ràng (~로 하여금) ~하게 하다
别 bié ~하지 마라

17.

문제

买到这本书很容易。

이 책은 사기 쉽다.

녹음

这本书真难买，我找了几个书店，好容易才买到。

이 책은 너무 구하기 어려워서, 몇 군데의 서점을 찾아 다녀서야 겨우 샀다.

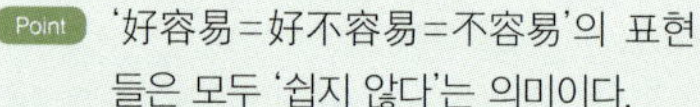

Point '好容易=好不容易=不容易'의 표현들은 모두 '쉽지 않다'는 의미이다.

단어
真 zhēn 정말
难 nán 어렵다
找 zhǎo 찾다
好容易 hǎo róngyì 가까스로
才 cái 겨우
买到 mǎidào 사게 되다
容易 róngyì 쉽다

18. 문제

星期六他要在家学习。

토요일에 그는 집에서 공부하려고 한다.

녹음

这星期六我不出去玩儿了，上个星期六我已经也去过了，还看了电影。而且星期一有考试，我要在家准备。

토요일에는 놀러 가지 않겠다. 지난주 토요일에 이미 놀러 갔다 왔고 영화도 봤었다. 월요일에 시험이 있기 때문에 집에서 시험준비를 해서 좋은 성적을 받겠다.

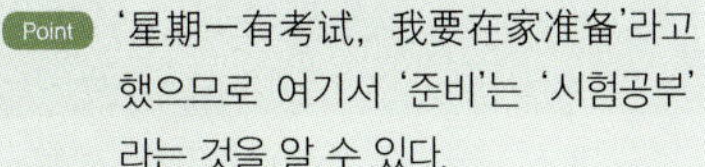

Point '星期一有考试，我要在家准备'라고 했으므로 여기서 '준비'는 '시험공부'라는 것을 알 수 있다.

단어
上个 shàng ge 지난
已经 yǐjing 이미
过了 guòle ~했었다
因为 yīnwèi 왜냐하면
考试 kǎoshì 시험
准备 zhǔnbèi 준비하다
得 dé 얻다
成绩 chéngjì 성적

19. 문제

我想在一个中国公司工作。

나는 중국회사에서 일하고 싶다.

녹음

我现在在中国学习汉语，今年下半年就要开始找工作了。我想在一个可以用汉语的公司工作，不过在中国公司工作还是回国工作，现在还不知道。

나는 지금 중국에서 중국어를 공부하고 있고, 올해 하반기에 취직준비를 할 계획이다. 중국어를 쓸 수 있는 회사에서 일하고 싶지만 중국회사에 취직할지 귀국해서 취직할지는 아직 모르겠다.

Point '在中国公司工作……还不知道'라고 했으므로 아직 결정하지 않았음을 알 수 있다.

단어
学习 xuéxí 공부하다
下半年 xiàbànnián 후반기
就 jiù ~이면
要……了 yào…le 곧 ~하게 되다
开始 kāishǐ 시작하다
找 zhǎo 찾다
可以 kěyǐ ~할 수 있다
公司 gōngsī 회사
不过 búguò 그러나, 하지만
还是 háishi 아니면(선택의문문)
工作 gōngzuò 일하다
回国 huíguó 귀국하다
还 hái 아직

20. 문제

小王心里不同意经理的做法。

샤오왕은 속으로 사장의 말에 동의하지 않는다.

녹음

听到经理这样说，小王虽然心里一百个不愿意，但是不敢说不，只能照他的话做了。

사장의 말에 샤오왕은 비록 속으로는 불만이 가득했지만, 겉으로는 아니라고 말하지 못하고 그의 말에 따를 수밖에 없었다.

Point '一百个不愿意'는 '불만이 가득하다'는 의미로 매니저의 말에 동의하지 않는 태도를 알 수 있다.

단어
这样 zhèyàng 이렇게
虽然 suīrán 비록
一百个 yìbǎi ge 완전히
愿意 yuànyì 원하다
但是 dànshì 하지만, 그러나
敢 gǎn 감히 ~라고 말하다
说不 shuō bù '아니다'라고 말하다
只能 zhǐ néng 어쩔 수 없이
照 zhào ~대로
同意 tóngyì 동의하다
做法 zuòfǎ 일 처리 방식

제3부분

21-30

예시

A 开门　　B 拿东西　　C 去超市买东西
문 열기　　물건 받기　　시장에 가서 물건 사오기

녹음

男: 小王，帮我开一下门，好吗? 谢谢!
女: 没问题。您去超市了? 买了这么多东西。
问: 男的想让小王做什么?

남 : 샤오왕, 나 좀 도와 문 좀 열어줄 수 있어요? 고마워요!
여 : 그래요. 마트에 갔었나요? 물건을 많이 샀네요.
질문 : 남자는 샤오왕이 무엇을 하길 바라나요?

A

Point 문장 속에서 남자가 샤오왕에게 '帮我开一下门'이라고 말하는 것을 들었다면 풀 수 있는 문제이다.

단어 **帮** bāng 돕다
开门 kāimén 문을 열다
一下 yíxià 좀 ~하다(동사 뒤에 쓰임)
超市 chāoshì 마트, 슈퍼마켓
买 mǎi 사다
这么 zhème 이렇게
东西 dōngxi 물건
拿 ná (물건을) 받다, 잡다

21.

A **她不想去玩儿** 그녀는 놀러 가고 싶지 않다
B **她不喜欢坐车** 그녀는 차 타는 걸 싫어한다
C **她觉得男的开得不好**
그녀는 남자가 운전을 잘 못한다고 생각한다

녹음

男: 周末一起出去玩儿吧，我刚买了一辆新车。
女: 你开车，我可不敢坐，你还是多练习练习吧。
问: 女的是什么意思?

남: 주말에 같이 놀러 가자, 나 차 샀어.
여: 네가 운전한다고? 난 못 타겠어. 넌 많이 연습하는 게 나을 거 같아.
질문: 여자의 말이 의미하는 것은?

C

Point 태도파악 문제이다. '你最好是多练习练习吧'에서 남자의 운전실력을 못 믿는 여자의 태도를 알 수 있다.

단어 **周末** zhōumò 주말
一起 yìqǐ 함께
刚 gāng 막
辆 liàng 대(차량을 세는 단위)
开车 kāichē 차를 몰다
可 kě 정말(정도, 상황, 입장을 강조)
敢 gǎn 감히
还是 háishi 그래도
练习 liànxí 연습하다
觉得 juéde ~라고 여기다

22. A 他认为小王没病 그는 샤오왕이 아프지 않다고 생각한다
B 他知道小王病了 그는 샤오왕이 아픈 걸 안다
C 他问小王得了什么病
그는 샤오왕이 무슨 병에 걸렸는지 물어본다.

녹음

女: 听说小王病了。
男: 病什么呀，我刚才还看见他在运动场上打篮球呢。
问: 男的是什么意思?

여: 샤오왕이 아프다면서요?
남: 아프기는요. 방금 전까지도 운동장에서 농구하는 걸 봤는걸요.
질문: 남자의 말이 의미하는 것은?

A

Point '病什么呀'는 의문대사를 사용한 반어문 구조이다.

단어 听说 tīngshuō 듣자 하니
病 bìng 병이 나다
什么 shénme 무슨(동사나 형용사 뒤에 붙여 반어법을 만듦)
刚才 gāngcái 방금 전
还 hái ~도, ~조차
运动场 yùndòngchǎng 운동장
打篮球 dǎ lánqiú 농구를 하다
得病 débìng 병이 나다

23. A 她没有时间 그녀는 시간이 없다
B 她看不懂汉字 그녀는 한자를 모른다
C 她不认识男人 그녀는 남자를 모른다

녹음

男: 小李，你帮我看看，这个词是什么意思?
女: 对不起，我会说一点儿汉语，但是一个汉字也不认识。
问: 女人为什么说“对不起”?

남: 샤오리, 이것 좀 봐주세요. 이 단어가 무슨 뜻이에요?
여: 미안해요. 저는 회화만 조금 할 뿐 한자는 하나도 몰라요.
질문: 여자가 '미안하다'고 하는 이유는?

B

Point 의미파악 문제이다. 핵심표현은 '一个汉字也不认识'이다.

단어 帮 bāng 돕다
词 cí 단어
意思 yìsi 뜻
只 zhǐ 단지
会 huì ~할 수 있다
一点儿 yìdiǎnr 조금
但是 dànshì 그러나
汉字 Hànzì 한자
认识 rènshi 알다
时间 shíjiān 시간
懂 dǒng 알다

24. A 1:45 B 1:50 C 2:00

녹음

女: 小王怎么还没来? 现在差一刻两点，还有五分钟就要开会了。
男: 您别着急，我马上给他打电话，问问他到哪儿了。
问: 他们几点开会?

여: 샤오왕은 왜 아직도 안 와요? 지금이 15분 전 2시니까 5분만 있으면 회의가 시작해요.
남: 초조해하지 말아요. 지금 바로 전화해서 어디까지 왔는지 물어볼게요.
질문: 그들은 몇 시에 회의를 시작하나요?

B

Point 시간계산 문제이다. '差一刻两点'은 '1:45'이며, 이 시간에서 '还有五分钟就要开会了'라고 했으므로 회의시간을 계산할 수 있다.

단어 怎么 zěnme 어째서
差 chà 모자라다
刻 kè 15분
分钟 fēnzhōng 분(시간의 양)
要……了 yào…le 곧 ~하려 하다(시간의 임박)
开会 kāihuì 회의를 열다
别 bié ~하지 마라
着急 zháojí 조급해하다
马上 mǎshang 곧
给 gěi ~에게(수혜자)
到 dào ~에 도달하다

25. A 家 집　　B 饭店 식당　　C 公司 회사

녹음

男: 昨天晚上8点我去你家找你，你丈夫说你出去了。

女: 公司突然有事，经理让我马上去，所以没吃饭就跑去了。

问: 女人昨天晚上去哪儿了?

남: 어제 저녁 8시에 집에 찾아 갔었는데 남편 분께서 집에 없다고 하더라고요.

여: 회사에 갑자기 일이 생겨서 사장님이 급히 호출했거든요. 그래서 밥도 안 먹고 뛰어 갔어요.

질문: 여자는 어제 저녁에 어디에 갔었나요?

C

Point '公司突然有事', '跑去'에서 여자가 저녁에 간 장소는 회사임을 알 수 있다.

단어
找 zhǎo 찾다
丈夫 zhàngfu 남편
公司 gōngsī 회사
突然 tūrán 갑자기
经理 jīnglǐ 사장님, 책임자급
让 ràng (~로 하여금) ~하게 하다
马上 mǎshang 곧
所以 suǒyǐ 그래서
就 jiù 곧, 바로
饭店 fàndiàn 음식점

---

26. A **房子很大** 집이 크다
B **出门不方便** 외출하기 불편하다
C **厨房很干净** 주방이 깨끗하다

녹음

女: 我觉得这个房子不错，地方大，厨房也不错。

男: 房子真的不错，就是没有地铁，离公共汽车站也很远。

问: 男人觉得房子怎么样?

여: 이 집이 괜찮은 거 같아요. 공간도 넓고 주방도 좋네요.

남: 정말 괜찮은 집이네요. 단지 지하철이 없고, 버스 정류장도 머네요.

질문: 남자는 집이 어떻다고 생각하나요?

B

Point '没有地铁', '离公共汽车站也很远'에서 교통시설이 좋지 않음을 알 수 있다.

단어
觉得 juéde ~라고 여기다
房子 fángzi 집
不错 búcuò 좋다, 괜찮다
地方 dìfang 크기, 면적
厨房 chúfáng 부엌
真的 zhēnde 정말로
就是 jiùshì 다만
离 lí ~로부터(거리)
远 yuǎn 멀다
方便 fāngbiàn 편리하다

---

27. A **已经结婚了** 이미 결혼했다
B **还没有男朋友** 아직 남자친구가 없다
C **男朋友不在家** 남자친구가 집에 없다

녹음

男: 小王，你什么时候结婚呀?

女: 还结婚呢，男朋友在哪儿还不知道呢。

问: 女人的意思是:

남: 샤오왕, 언제 결혼할 거예요?

여: 결혼이라니요. 남자친구가 어디에 있는지도 모르는 걸요.

질문: 여자의 말이 의미하는 것은?

B

Point 여자는 '还'로 대답을 시작했는데, 이는 불만의 어기를 표현한다. '男朋友在哪儿还不知道'는 남자친구가 아직 없음을 비유적으로 의미한다.

단어
结婚 jiéhūn 결혼하다
还 hái 아직(불만)
已经 yǐjing 이미

28. A **经理在办公室开会** 사장은 사무실에서 회의를 한다
B **男的刚才见到经理** 남자는 방금 사장을 봤다
C **不知道经理在哪儿** 사장이 어디에 있는지 모른다

녹음

女: 经理现在在哪儿?
男: 我也找他, 但是哪儿也找不到。
问: 我们可以知道:

여: 사장님 어디 계세요?
남: 저도 찾는 중인데 아무 데도 안 계시네요.
질문: 대화에서 알 수 있는 것은?

C

Point 핵심표현은 '找不到'이다.

단어 **经理** jīnglǐ 사장님, 책임자급
找 zhǎo 찾다
但是 dànshì 그러나
办公室 bàngōngshì 사무실
开会 kāihuì 회의를 하다
刚才 gāngcái 방금 전

29. A **她没有手机** 그녀는 휴대전화가 없다
B **她的电话坏了** 그녀의 전화기는 고장 났다
C **她换了电话号码** 그녀는 전화번호를 바꾸었다.

녹음

男: 给你打了几次电话, 怎么一直没有人接?
女: 你打的是我房间的电话吧, 那个电话坏了, 有事你还是打我手机吧。
问: 女人为什么不接电话?

남: 여러 번 전화했었는데 왜 안 받았어요?
여: 방 전화로 연락했었나 보네요. 그 전화기는 고장 났어요. 일이 있으면 제 휴대전화로 연락하세요.
질문: 여자가 전화를 받지 않은 이유는?

B

Point '电话坏了'에서 전화를 받지 않은 이유를 알 수 있다.

단어 **给** gěi ~에게
怎么 zěnme 어째서
一直 yìzhí 내내
接 jiē (전화를) 받다
房间 fángjiān 방
坏 huài 고장 나다
还是……吧 háishi…ba 차라리 ~하는 편이 낫다(선택)
换 huàn 바꾸다
电话号码 diànhuà hàomǎ 전화번호

30. A **睡觉** 잠을 자다
B **写作业** 숙제를 하다
C **看电视** 텔레비전을 보다

녹음

女: 昨天一天都没看到你, 你去哪儿了?
男: 我一直在房间, 上午写作业, 下午睡了一觉, 晚饭后看了两个小时电视。
问: 男人昨天下午做了什么?

여: 어제 하루 종일 안 보이던데 어디 갔었어요?
남: 줄곧 방에만 있었어요. 오전에는 숙제하고 오후에는 낮잠 자고요. 저녁 먹고 나서 2시간 동안 텔레비전도 봤어요.
질문: 남자가 어제 오후에 한 것은?

A

Point 행동파악 문제이다. 남자는 대화에서 오전, 오후, 저녁에 무엇을 했는지 설명했다. 그 중 '下午睡了一觉'에서 오후에 무엇을 했는지 알 수 있다.

단어 **一天** yìtiān 하루 종일
一直 yìzhí 내내
房间 fángjiān 방
写作业 xiě zuòyè 숙제를 하다
睡一觉 shuì yí jiào 한숨 자다
小时 xiǎoshí 시간(시간의 양)

제4부분

31-40

예시 A 洗澡 샤워를 한다 B 吃饭 밥을 먹는다 C 看电视 텔레비전을 본다

녹음

女: 晚饭做好了，准备吃饭了。
男: 等一会儿，比赛还有三分钟就结束了。
女: 快点儿吧，一起吃，菜冷了就不好吃了。
男: 你先吃，我马上就看完了。
问: 男的在做什么?

여 : 저녁식사가 다 됐어요. 식사하세요.
남 : 잠깐만요. 시합 시간이 아직 30분이나 남았어요.
여 : 빨리 와서 같이 먹어요. 음식이 식으면 맛이 없잖아요.
남 : 먼저 먹어요. 시합은 곧 끝나요.
질문 : 남자는 무엇을 하고 있나요 ?

C

Point 남자의 대화 중에서 '比赛', '你先吃', '我马上就看完了'라는 말을 듣고 남자가 무언가 보고 있음을 예측할 수 있다.

단어
晚饭 wǎnfàn 저녁식사
做 zuò (음식을) 하다
准备 zhǔnbèi 준비하다
等 děng 기다리다
比赛 bǐsài 시합, 경기
还有 háiyǒu 아직도
结束 jiéshù 마치다, 끝나다
菜 cài 요리
冷 lěng 식다
好吃 hǎochī 맛있다
先 xiān 먼저
马上 mǎshang 곧
洗澡 xǐzǎo 샤워하다, 목욕하다
电视 diànshì 텔레비전

---

31. A 书店 서점 B 教室 교실 C 图书馆 도서관

녹음

男: 小王，你现在去哪儿，回教室吗?
女: 不，我打算去书店看看，你呢?
男: 我正要去图书馆借书呢。小王，如果有关于HSK考试的书，你帮我买一本，好吗?
女: 没问题，如果有我一定帮你买。
问: 女人要去什么地方?

남: 샤오왕, 지금 어디 가? 교실로 가?
여: 아니, 서점에 가보려고, 너는?
남: 난 도서관에 책 빌리러 가려던 참이야. HSK 관련 책이 있으면 한 권 사다 줄 수 있어?
여: 물론이지. 있으면 꼭 살게.
질문: 여자는 어디를 가려고 하나요?

A

Point 장소파악 문제이다. '打算去书店'에서 장소를 선택할 수 있다.

단어
回 huí 돌아오다
教室 jiàoshì 교실
打算 dǎsuan ~할 작정이다
正 zhèng 마침
图书馆 túshūguǎn 도서관
借书 jièshū 책을 빌리다
如果 rúguǒ 만약
关于 guānyú ~에 관하여
考试 kǎoshì 시험
帮 bāng 돕다
没问题 méi wèntí 문제 없다
一定 yídìng 반드시
书店 shūdiàn 서점

32. A 骑自行车 자전거를 타다　B 坐出租汽车 택시를 타다　C 坐公共汽车 버스를 타다

녹음

女: 朋友给我一张新中国电影院的票，你知道怎么坐车去那儿吗?
男: 你可以打车去呀。
女: 如果想坐出租车，我就不问你了。
男: 从这儿坐公共汽车不方便，要换两次车，你最好骑自行车去，我告诉你怎么走。
女: 好吧，就听你的。
问: 女人晚上怎么去看电影?

여: 친구가 나한테 신중국 영화관 표를 한 장 줬는데, 몇 번 버스를 타고 가야 되는지 알아요?
남: 택시 타고 가면 되잖아요.
여: 택시 타고 갈 거면 안 물어봤죠.
남: 여기서 버스 타고 가기는 불편해요. 두 번 갈아타야 되거든요. 자전거 타고 가는 편이 나을 거예요. 어디로 가야 되는지 알려줄게요.
여: 알았어요, 그렇게 할게요.
질문: 여자는 저녁에 어떻게 영화관에 가나요?

A

Point 대화에 교통수단이 여러 개가 등장한다. '最好骑自行车去'라는 남자의 권유에 여자는 '好吧'라며 동의하고 있다.

단어
给 gěi ~에게
张 zhāng 장
电影院 diànyǐngyuàn 영화관
票 piào 표
怎么 zěnme 어떻게
到 dào 도착하다
可以 kěyǐ ~하면 된다(권유)
打车 dǎ chē 택시를 타다
如果 rúguǒ 만약에
出租车 chūzūchē 택시
就 jiù 그러면
问 wèn 묻다
从 cóng ~로부터(출발점)
方便 fāngbiàn 편리하다
要 yào ~해야 한다
换 huàn 갈아 타다
最好 zuìhǎo 가장 좋은 것은
告诉 gàosu 알려주다
听你的 tīng nǐ de 네 말을 들을게

33. A 生病了 병이 나다
B 想家了 집이 그립다
C 吃饭不习惯 음식이 적응되지 않다

녹음

男: 小李，几天没见，你怎么瘦了? 是病了还是想家了?
女: 都不是，我刚来中国，很多地方还不太习惯。
男: 我知道了，一定是不习惯中国菜。
女: 真让你说对了。
问: 女人为什么瘦了?

남: 샤오리, 며칠 못 본 사이에 야위었네요. 아픈 건가요 아니면 집이 그리운 건가요?
여: 둘 다 아니에요. 중국에 온 지 얼마 안 돼서 아직 많은 것들이 적응되지 않았어요.
남: 뭔지 알 것 같아요. 중국음식이 입에 안 맞는 거죠?
여: 바로 그거예요.
질문: 여자는 왜 야위었나요?

C

Point '不习惯中国菜'라는 남자의 추측에 여자가 '说对了'라고 대답했다.

단어
怎么 zěnme 어째서
瘦 shòu 마르다
是A还是B shì A háishi B A니 아니면 B이니
病 bìng 병
想家 xiǎng jiā 집을 그리워하다
刚 gāng 막
还 hái 아직
习惯 xíguàn 습관이 되다, 적응하다
一定 yídìng 틀림없이
中国菜 Zhōngguó cài 중국요리
生病 shēngbìng 병이 나다
说对了 shuō duì le 말이 들어 맞다

34. A 男的病了 남자는 병이 났다

B 男的搬家了 남자는 이사했다

C 男的换工作了 남자는 직장을 옮겼다

녹음

女: 王先生，好长时间没见了，是不是换工作了?

男: 没有，还在原来的公司。

女: 是吗? 那怎么最近一直没见呢，以前我们上班、下班的路上常常遇到呀。

男: 我搬家了，买了一个大房子，离这儿远了，每天不能走着来了。

问: 他们为什么最近没遇到?

여: 왕 선생님, 오랜만이에요. 직장을 옮기셨나요?

남: 아니요. 아직 예전 회사에 있어요.

여: 그래요? 그럼 왜 못 만난 거죠? 예전에는 출퇴근 길에 자주 마주쳤잖아요.

남: 저 이사했어요. 큰 집을 샀는데 여기서는 멀어서 매일 걸어 다닐 수 없어요.

질문: 최근 그들은 왜 마주치지 못했나요?

B

Point '我搬家了'에서 답을 알 수 있다. '是不是换工作了'라는 여자의 질문에 '没有'라고 대답했으므로 C는 틀렸다.

단어 是不是 shì bu shì ~입니까(확인하는 물음에 쓰임)
换 huàn 바꾸다
还 hái 여전히
原来 yuánlái 원래의
怎么 zěnme 어째서
最近 zuìjìn 최근
一直 yìzhí 줄곧
以前 yǐqián 이전에
路上 lùshang 길에서
常常 chángcháng 자주
遇到 yùdào 마주치다
搬家 bānjiā 이사하다
房子 fángzi 집
离 lí ~로부터(거리)
远 yuǎn 멀다
走着来 zǒuzhe lái 걸어 오다

35. A 每天很忙 매일 바쁘다

B 离家很远 집에서 멀다

C 工作时间很长 일하는 시간이 길다

녹음

男: 小王，新公司怎么样? 每天忙吗?

女: 不太忙，就是公司离家有点儿远。

男: 那每天要很早起床去上班吧。

女: 是呀，现在还有点儿不习惯，可能时间长了就好了。

问: 女人对新工作有什么不满意:

남: 샤오왕, 새로 옮긴 회사 어때요? 매일 바빠요?

여: 그다지 바쁘지는 않아요. 다만 회사가 집에서 좀 멀어요.

남: 그럼 아침 일찍 일어나서 출근해야겠네요.

여: 네, 지금은 아직 적응되지 않았지만, 시간이 지나면 괜찮아질 거예요.

질문: 여자는 새로운 직업에 대해 어떤 불만을 가지고 있나요?

B

Point '就是'는 '다만'의 의미로 회사에 대한 유일한 불만을 연결시켜 준다.

단어 怎么样 zěnmeyàng 어때
就是 jiùshi 다만
有点儿 yǒudiǎnr 조금
要 yào ~해야 한다
起床 qǐchuáng (잠자리에서) 일어나다
吧 ba ~해라(권유)
还 hái 아직
有点儿 yǒudiǎnr 조금(불만)
习惯 xíguàn 적응하다
……就好了 jiù hǎo le ~면 된다
对 duì ~에 대해
满意 mǎnyì 만족하다

36. A 商店　B 公园　C 饭馆
가게　공원　식당

녹음

女：小王，在北京，你最喜欢去什么地方？
男：我最爱去公园，你呢？
女：饭馆，北京有名的饭馆我差不多都去过。
男：是吗？那下次我跟你一起去吧。
问：女人最喜欢去什么地方？

여: 샤오왕, 베이징에서 가장 좋아하는 장소가 어디에요?
남: 공원을 가장 좋아해요. 당신은요?
여: 식당이요. 베이징의 유명한 식당들은 거의 다 가봤어요.
남: 그래요? 그럼 다음 번에는 저도 같이 갈래요.
질문: 여자가 가장 좋아하는 장소는 어디인가요?

C

Point '你呢?'라는 남자의 물음에 여자는 바로 '饭馆'이라고 대답했다.

단어
公园 gōngyuán 공원
饭馆 fànguǎn 음식점
有名 yǒumíng 유명하다
差不多 chàbuduō 거의
过 guo ~한 적이 있다(동사 뒤에서 경험태를 만듦)
下次 xiàcì 다음 번에
商店 shāngdiàn 상점

37. A 2号楼　B 3号楼　C 4号楼
2동　3동　4동

녹음

男：请问，王老师是住在这儿吗？
女：我就是，请进，有什么事？
男：您……，我要找的王老师是男的。这儿不是3号楼201号？
女：啊，错了，这是4号楼201号。
问：男王老师应该住在几号楼？

남: 실례지만 여기가 왕 선생님 댁인가요?
여: 바로 접니다. 들어오세요. 무슨 일이죠?
남: 당신은…, 제가 찾는 왕 선생님은 남자인데요. 여기 3동 201호 아닌가요?
여: 아, 아니에요. 여기는 4동 201호예요.
질문: 남자 왕 선생님은 몇 동에 사나요?

B

Point 핵심표현은 '这儿不是3号楼201号'이다. 남자는 이 주소로 남자 왕 선생님을 찾아갔던 것이다.

단어
请问 qǐngwèn 말씀 좀 여쭙겠습니다
住 zhù 살다
就是 jiùshì 바로 ~이다
进 jìn 들어가다
男 nán 남자
号 hào 호(동)
楼 lóu 건물
错 cuò 틀리다
应该 yīnggāi 마땅히

38. A 3：00　　B 3：20　　C 3：30

녹음

女：今天的电影几点开始？

男：3：30。我们现在就走吧，别去晚了。

女：你别着急，现在才3点，还有半个小时呢。

男：还不急，骑车去最少20分钟才能到，现在走一点儿也不早。

问：电影什么时候开始？

여: 오늘 영화 몇 시에 시작해요?

남: 3시 반이요. 늦게 가지 말고, 지금 출발합시다.

여: 서두르지 말아요. 이제 3시밖에 안 됐잖아요. 아직도 30분이나 남았어요.

남: 서두르지 말라고요? 자전거를 타면 최소 20분이 걸리는데, 지금 가도 전혀 빠르지 않아요.

질문: 영화는 언제 시작하나요?

C

Point 시간계산 문제이다. '现在才3点，还有半个小时'에서 영화가 시작하는 시간을 계산할 수 있다.

단어
- **开始** kāishǐ 시작하다
- **就** jiù 곧
- **别** bié ~하지 마라
- **晚** wǎn 늦다
- **着急** zháojí 조급해하다
- **才** cái 겨우
- **小时** xiǎoshí 시간(시간의 양)
- **还** hái 아직, 그래도
- **急** jí 조급해하다
- **骑车** qíchē 자전거를 타다
- **最少** zuìshǎo 적어도
- **分钟** fēnzhōng 분(시간의 양)

39. A **自己去** 혼자 가다

B **和小王一起去** 샤오왕과 함께 간다

C **和男人一起去** 남자와 함께 간다

녹음

男：今天晚上8点有音乐会，想去吗？

女：当然想去，但是票太贵了。

男：别人送给我两张票，但我晚上有事去不了。

女：太好了，小王也一直想去呢！我现在就给她打电话。

问：女人可能和谁一起去听音乐会？

남: 오늘 저녁 8시에 음악회가 있는데 갈래요?

여: 당연히 가고 싶죠. 그런데 티켓이 너무 비싸요.

남: 다른 사람이 저한테 티켓 두 장을 선물했는데 저는 저녁에 일이 있어서 못 가거든요.

여: 잘됐네요! 샤오왕도 계속 가고 싶어했었는데, 지금 바로 전화할게요.

질문: 여자는 누구와 콘서트에 가나요?

Point '小王一直想去呢! 我现在就给她打电话'에서 여자와 함께 콘서트를 보러 갈 사람은 小王임을 알 수 있다.

단어
- **音乐会** yīnyuèhuì 음악회
- **当然** dāngrán 당연히
- **票** piào 표
- **贵** guì 비싸다
- **别人** biérén 다른 사람
- **送给** sòng gěi ~에게 선물하다
- **去** qù 가다
- **不了** bu liǎo 동사 뒤에 붙여 '할 수 없음'을 나타냄
- **一直** yìzhí 줄곧
- **就** jiù 곧
- **可能** kěnéng 아마도

40. A **想买电脑** 컴퓨터를 사고 싶다
B **想卖电脑** 컴퓨터를 팔고 싶다
C **想开电脑公司** 컴퓨터회사를 차리고 싶다

녹음

女: 经理，您看看这个电子邮件吧！
男: 怎么了？有问题吗?
女: 不是，他们说对我们公司卖的新电脑有兴趣。
男: 那好啊，他们要买多少?
问: 电子邮件中最有可能说了什么?

여: 사장님, 이 이메일 한번 보세요!
남: 왜요? 문제 있나요?
여: 아니요, 저희 회사 컴퓨터 신제품에 관심을 갖고 있대요.
남: 좋은 일이네요. 얼마나 사겠다고 합니까?
질문: 이메일 내용은 무엇인가요?

A

Point '对我们每年公司卖的新电脑有兴趣', '要买多少?'에서 컴퓨터에 관심을 갖고 구매하려는 태도임을 알 수 있다.

단어 **经理** jīnglǐ 사장님, 책임자급
电子邮件 diànzǐ yóujiàn 이메일
怎么了 zěnme le 어쩐 일이야
问题 wèntí 문제
对……有兴趣 duì…yǒu xìngqù ~에 흥미가 있다
多少 duōshao 얼마나
可能 kěnéng 아마도

독해

제1부분

41-45

A 小王看起来心情不太好。 샤오왕은 기분이 안 좋아 보인다.

단어 看起来 kànqǐlai 보기에 | 心情 xīnqíng 기분, 심정

B 叔叔、阿姨，时间不早了，我们该回去了。 아저씨, 아주머니, 시간이 늦었으니 이만 가보겠습니다.

단어 叔叔 shūshu 삼촌, 아저씨 | 阿姨 āyí 아주머니 | 时间 shíjiān 시간 | 该……了 gāi…le ~할 때가 되었다

C 那还等什么，我们现在就去找他吧。 뭘 더 기다려요, 지금 빨리 그를 만나러 가요.

단어 还 hái 그리고, 또 | 就 jiù 곧 | 找 zhǎo 찾다

D 你别这么说，我们是朋友，不要说这样的话。 그렇게 말하지 마, 우린 친구잖아. 그런 말 하지 마.

단어 别 bié ~하지 마라 | 这么 zhème 이렇게 | 不要 búyào ~하지 마라 | 这样 zhèyàng 이렇게

E 当然。我们先坐公共汽车，然后换地铁。 그럼요. 우선 버스를 타고 그 다음에 지하철로 갈아타요.

단어 当然 dāngrán 당연하다 | 换 huàn 바꾸다, 갈아타다 | 地铁 dìtiě 지하철

F 那我们就不客气了。 그러면 사양하지 않겠습니다.

단어 就 jiù 그러면 | 不客气 búkèqi 체면 차리지 않다, 사양하지 않다

예시 你知道怎么去那儿吗?

너는 거기에 어떻게 가는지 아니?

E

Point 문장 속의 '怎么去'를 듣고 목적지에 가는 수단이나 방법에 대해 묻고 있음을 알 수 있다.

단어 知道 zhīdao 알다
怎么 zěnme 어떻게
去 qù 가다
那儿 nàr 거기(에)

41. 我真不知道应该怎么感谢你。

어떻게 감사해야 할지 모르겠어.

D

Point D의 '不要说这样的话'에서 '这样的话'는 감사의 말을 가리킨다.

단어 真 zhēn 정말
应该 yīnggāi 마땅히
怎么 zěnme 어떻게
感谢 gǎnxiè 감사하다

42. 菜来了，大家快吃吧。

음식이 나왔어요. 어서 드세요.

F

Point '不客气'는 사양하지 않는다는 뜻으로 '快吃吧'에 대한 답변이 된다.

단어 **菜** cài 음식, 요리

43. 如果你想见他的话，现在就可以。

만약 그를 만나고 싶다면 지금도 가능해요.

C

Point '想见他'와 '去找他'가 서로 연결된다.

단어 **如果……的话** rúguǒ…de huà 만약 ~이라면
就 jiù 바로
可以 kěyǐ 가능하다, 되다

44. 你还不知道，他这次考试成绩很不好。

아직 몰랐어요? 그의 이번 시험 성적이 안 좋잖아요.

A

Point '心情不太好'한 이유는 '考试成绩很不好'이기 때문이다.

단어 **还** hái 아직
考试 kǎoshì 시험
成绩 chéngjì 성적

45. 急什么，再坐一会儿吧。

뭐가 그렇게 급하다고, 좀 더 앉아 있다가 가.

B

Point '我们该回去了'라는 말에 '再坐一会儿'이라며 붙잡는 상황이다.

단어 **什么** shénme 뭘(형용사, 동사 뒤에 붙여 반어문을 만듦)
再 zài 더
一会儿 yíhuìr 잠시 동안

46-50

A 小王，今天你帮了我的大忙，我怎么谢你？ 샤오왕, 오늘 큰 도움을 줬는데 어떻게 감사를 전해야 할까요?

단어 帮忙 bāngmáng 돕다 | 谢 xiè 감사하다

B 你说对了，不忙的时候我喜欢一个人看书。 맞아요, 바쁘지 않을 땐 혼자 책 보는 걸 좋아해요.

단어 对 duì 맞다 | 一个人 yí ge rén 혼자

C 他是不是总是上网啊？我儿子每天上网、玩游戏，又浪费时间又影响学习。
늘 인터넷만 하는 거 아니에요? 우리 아들은 매일 인터넷하고 게임만 해요. 시간도 낭비하고 학업에도 영향이 있어요.

단어 是不是 shì bu shì ~입니까(확인하는 의문문을 만듦) | 总是 zǒngshì 늘, 항상 | 上网 shàngwǎng 인터넷을 하다 | 玩游戏 wán yóuxì 게임을 하다 | 浪费 làngfèi 낭비하다 | 影响 yǐngxiǎng 영향을 끼치다

D 这本小说你看完了吗？怎么样？ 이 소설 다 봤어요? 어때요?

단어 小说 xiǎoshuō 소설 | 怎么样 zěnmeyàng 어떠니

E 是啊，我也一次又一次给他写信，但是一直没接到他的回信。
네, 그에게 여러 번 편지를 보냈지만 답장을 못 받았어요.

단어 一次又一次 yí cì yòu yí cì 한 번 또 한 번, 자꾸 | 写信 xiěxìn 편지를 쓰다 | 但是 dànshì 그러나 | 一直 yìzhí 줄곧 | 接 jiē (편지를) 받다 | 回信 huíxìn 답장

---

46. 生词很多，但是非常有意思，你也应该看一看。

새로운 단어가 많지만 매우 재미 있어요. 한번 보세요.

D

Point '看完了吗?'라는 질문에 '你也应该看一看'이라며 책을 추천한다.

단어 但是 dànshì 그러나
应该 yīnggāi 마땅히

---

47. 那你就晚上请客吧。

그러면 당신이 저녁을 사세요.

A

Point '我怎么谢你?'라는 질문에 '请客吧'라고 대답했다.

단어 就 jiù 그러면(전제에 대한 결과)
请客 qǐngkè 대접하다

---

48. 不知小李最近怎么样？给他打电话，他也不接。

샤오리가 요즘 어떻게 지내는지 모르겠네요. 전화를 해도 안받아요.

E

Point 小李에게 전화를 해도 받지 않고, 편지를 써도 답장이 없다는 의미로 E와 연결된다.

단어 最近 zuìjìn 최근에
怎么样 zěnmeyàng 어떠니
接 jiē (전화를) 받다

49. 我给孩子买了个电脑，想让他好好学习，但他的成绩越来越差。

아이에게 컴퓨터를 사줬어요. 공부를 열심히 하라는 의도였는데 성적이 점점 떨어져요.

C

Point '好好学习'하라고 아이에게 컴퓨터를 사주었는데, 오히려 '影响学习'한다고 했다.

단어 **让** ràng (~로 하여금) ~하게 하다
好好 hǎohǎo 열심히, 잘
成绩 chéngjì 성적
越来越 yuè lái yuè 점점 ~해지다
差 chà 형편없다

50. 叫你去玩你也不去，看来你不喜欢旅游。

놀러 가자고 불러도 안 가는 걸 보니 여행을 싫어하나 봐요.

B

Point '不喜欢'과 '喜欢'을 연결시킨다.

단어 **叫** jiào (~로 하여금) ~하게 하다
也 yě ~해도 ~한다(앞에 양보절이 옴)
看来 kànlai 보아하니
旅游 lǚyóu 여행가다

제2부분

51-55

A 才 cái 비로소
B 着 zhe ~하고 있다, ~인 채로 있다(상태의 지속)
C 关心 guānxīn 관심을 갖다
D 帮助 bāngzhù 돕다
E 声音 shēngyīn 소리
F 工作 gōngzuò 일하다

예시 她说话的（ E ）多好听啊！

그녀가 말하는 소리는 정말 듣기 좋구나!

E

Point 문장 속의 '说话'와 '好听'을 통해 정답이 말하기, 듣기와 관련이 있음을 알 수 있고 '好听'이 '듣기 좋다'라는 의미를 지니므로 '소리'가 정답임을 알 수 있다.

단어 **说话** shuōhuà 말하다, 이야기하다
多……啊! duō…a! 얼마나 ~한가!(감탄)
好听 hǎotīng 듣기 좋다

51. 他一边在学校学习，一边在外面（ 工作 ）。

그는 학교에서는 공부하고 밖에서는 일을 한다.

F

Point '一边……一边……'은 병렬관계 구문으로 두 가지 동작의 동시 진행을 나타낸다. '学习'와 병행할 수 있는 동작은 '工作'이다.

단어 **一边A一边B** yìbiān A yìbiān B 한편으로는 A하면서 한편으로는 B한다

52. 别站（ 着 ）了，坐下吧。

서있지 말고 앉으세요.

B

Point 동태조사 '着'는 동사 뒤에 쓰여 동작의 지속을 나타낸다.

단어 **别** bié ~하지 마라
站 zhàn 서다
下 xià 내려가다(동사 뒤에 보어로 쓰여 방향을 나타냄)

53. 我刚到中国来，什么都不懂，还请大家多（ 帮助 ）。

막 중국에 와서 아무것도 몰라요. 여러분께서 많이 도와주세요.

D

Point '의문대사+都'구조는 임의의 모든 것을 가리킨다. 이 문장에서는 '什么都不懂'이라고 했으므로 도움을 요청하는 의미임을 알 수 있다.

단어 **刚** gāng 막
懂 dǒng 알다
还 hái 아직, 여전히

54. 小张说了半天我（ 才 ）明白他的意思。

샤오장이 한참을 이야기하고 나서야 비로소 나는 무슨 뜻인지 이해했다.

A

Point 부사 '才'는 '이제서야, 비로소'의 의미를 지니고 있다. 그러므로 오랜 시간을 나타내는 '半天'과 호응된다.

단어 **半天** bàntiān 반나절, 한참
明白 míngbai 알다
意思 yìsi 뜻

55. 我们年轻人更应该（ 关心 ）国家大事。

젊은이들은 국가대사에 더욱 관심을 가져야 한다.

C

Point 조동사의 위치는 항상 동사 앞이다. 조동사 '应该'와 명사 '国家大事' 사이에 서술어의 역할을 해줄 동사가 필요하다.

단어 **年轻人** niánqīngrén 젊은이
更 gèng 더욱
应该 yīnggāi 마땅히
国家大事 guójiā dàshì 국가대사

56-60

A 参加 cānjiā 참가하다　　C 超市 chāoshì 슈퍼마켓　　E 爱好 àihào 취미
B 发烧 fāshāo 열이 나다　　D 一样 yíyàng 같다　　F 没 méi ~하지 않았다(동사 앞에 위치)

예시

A: 你有什么（ 爱好 ）?
B: 我喜欢体育。

A : 너는 어떤 (취미)를 가지고 있니?
B : 나는 체육을 좋아해.

E

Point '什么'가 의문대사로 쓰이는 경우가 아닌, 명사 앞에서 '무슨'이라는 의미를 지닌 대사로 쓰인 경우이다. 그러므로 정답 중에 명사를 고르면 된다. 또한 대답에 '체육을 좋아한다'는 답이 나온 것으로 보아 무엇을 좋아하는지 물어봤음을 예측할 수 있어 정답은 취미라는 의미의 '爱好'이다.

단어 **喜欢** xǐhuan ~를 좋아하다
体育 tǐyù 체육

56. A: 天气太热了，下午我们去游泳吧。
B: 我（ 发烧 ）了，今天不能去了。

A: 날씨도 너무 더운데 오후에 수영하러 가자.
B: 오늘은 열이 나서 못 가겠어.

B

Point 주어 '我' 뒤에는 동사술어가 필요하다. 수영장에 갈 수 없는 이유로 적합한 것은 '发烧'이다.

단어 **天气** tiānqì 날씨
热 rè 덥다
游泳 yóuyǒng 수영하다

57. 女: 今天晚上开会，我怎么不知道?
男: 小王（ 没 ）告诉你吗?

여: 오늘 저녁에 회의하는 걸 왜 난 몰랐죠?
남: 샤오왕이 안 알려줬어요?

F

Point '不知道'의 이유는 '没告诉'했기 때문이다.

단어 **开会** kāihuì 회의를 열다
怎么 zěnme 어째서
知道 zhīdao 알다
告诉 gàosu 알려주다

58. A: 我想找几个朋友一起去中国旅游。
B: 太好了，我也要（ 参加 ）。

A: 친구들 몇 명 모아서 같이 중국으로 여행갈 생각이야.
B: 잘 됐다, 나도 참가할래.

A

Point 부사 '也'는 포함을 나타내는 부사이다. '去中国旅游'라는 말에 B는 자신도 참여하겠다는 뜻을 나타냈다.

단어 **找** zhǎo 찾다
旅游 lǚyóu 여행가다

59. A: 我去（ 超市 ），你要带什么东西吗?

B: 给我带点儿吃的吧！

A: 나 슈퍼마켓에 갈 건데 뭐 사다 줄까?

B: 먹을 거 좀 사줘!

C

Point '주어(我)+서술어(去)' 뒤에는 장소 목적어가 필요하다.

단어 **带** dài 지니다, 가지고 오다, 가다

给 gěi ~에게

点儿 diǎnr 조금

吧 ba ~해라(가벼운 명령)

60. A: 你看，这两张照片上的人长得很像。

B: 什么很像，是（ 一样 ），那就是一个人。

A: 봐, 여기 두 장의 사진에 있는 사람들이 너무 닮았어

B: 닮기는, 똑같겠지. 동일인물이잖아.

D

Point '一个人'이라고 했으므로 '像'이 아니라 '一样'이다.

단어 **张** zhāng 장

照片 zhàopiàn 사진

长得 zhǎngde ~하게 생기다

像 xiàng 닮다

什么 shénme 뭘(상대방의 말에 대한 반박)

제3부분

61-70

예시

您是来参加今天会议的吗？您来早了一点儿，现在才八点半。您先进来坐吧。

★ 会议最可能几点开始？

A 8点

B 8点半

C 9点

당신은 오늘 회의에 참석하러 왔지요? 조금 빨리 오셨네요. 이제 8시 30분입니다. 우선 앉아서 기다리고 계세요.

★ 회의는 몇 시에 열리나요?

A 8시

B 8시 30분

C 9시

C

Point 문장 중에서 회의에 참석하러 온 사람이 조금 빨리 도착했음을 알 수 있고 지금 시간이 8시 30분이며 앉아서 더 기다리라는 말로 보아 9시에 회의가 시작함을 예측할 수 있다.

단어
参加 cānjiā 참석하다
会议 huìyì 회의
才 cái 겨우
先 xiān 우선
坐 zuò 앉다

61. 张亮告诉我们，中国人结婚以后，有的还和爸爸妈妈住在一起，有的不住在一起。他和王月结婚的时候，就和爸爸妈妈住在一起。一年后他们买了房子，才搬出去住了。

★ 王月和张亮是什么关系？

A 同学

B 朋友

C 夫妻

장량이 우리에게 알려주기를, 중국인들은 결혼 후에 어떤 이들은 부모님과 함께 살고 어떤 이들은 같이 안 산다고 했다. 그와 왕웨가 결혼할 때도 부모님과 같이 살다가 1년 후에 집을 사고 분가했다.

★ 왕웨와 장량은 어떤 사이인가요?

A 동창

B 친구

C 부부

C

Point '张亮告诉我们……。他和王月结婚的时候，……'라는 문장에서 두 사람이 결혼한 사이임을 알 수 있다.

단어
告诉 gàosu 알려주다
结婚 jiéhūn 결혼하다
以后 yǐhòu ~이후에
有的 yǒude 어떤 사람(것)은(열거할 때)
还 hái 여전히
住 zhù 살다
一起 yìqǐ 같이 (혹은 같은 장소에 함께 있음을 나타냄)
时候 shíhou 때
就 jiù 바로(다른 사람이 아닌 바로 나라는 사실을 강조)
房子 fángzi 집
才 cái 비로소
搬 bān 이사하다
关系 guānxi 관계
夫妻 fūqī 부부

62. **我对外面的世界很有兴趣，希望有机会到别的国家走一走、看一看，了解不同国家的不同文化。**

★ 我希望：

A 学习外国语

B 去外国看看

C 有很多兴趣

바깥세상에 대해 나는 매우 큰 흥미를 느끼므로 다른 나라에 가서 다녀보고, 둘러볼 기회가 있었으면 좋겠다. 다른 국가의 다른 문화를 알고 싶다.

★ 내가 바라는 것은?

A 외국어를 공부하는 것

B 해외를 다녀보는 것

C 많은 취미를 갖는 것

B

Point 문장에서 '希望有机会到别的国家走一走、看一看'이라고 했다. 화자가 바라는 기회는 해외를 거닐고, 보는 것이다.

단어
外面 wàimian 외부
世界 shìjiè 세계
对……兴趣 duì…xìngqù ~에 대해 흥미가 있다
希望 xīwàng 희망하다
机会 jīhuì 기회
国家 guójiā 국가
了解 liǎojiě 이해하다
不同 bùtóng 상이하다
文化 wénhuà 문화
外国语 wàiguóyǔ 외국어

63. **我们要买的房子大小不重要，但是不能离我爸爸妈妈家太远，因为他们身体不好，如果生病或者有事，需要我们去照顾。**

★ 买房时他关心房子的：

A 地点

B 大小

C 钱数

우리가 사려는 집은 크기는 중요하지 않지만 부모님 댁에서 너무 멀면 안 된다. 부모님 건강이 좋지 않아서 병이 나거나 일이 생기면 우리가 보살펴 드려야 하기 때문이다.

★ 집을 살 때 그들이 관심을 갖는 것은?

A 위치

B 크기

C 액수

A

Point '大小不重要，但是……'라며 중요한 점을 연결시켜주었는데 그것은 바로 '不能离我爸爸妈妈家太远'이다.

단어
大小 dàxiǎo 크기
重要 zhòngyào 중요하다
但是 dànshì 그러나
离 lí ~로부터(거리)
远 yuǎn 멀다
因为 yīnwèi 왜냐하면
身体 shēntǐ 신체
如果 rúguǒ 만약
生病 shēngbìng 병이 나다
或者 huòzhě 혹은
需要 xūyào 필요로 하다
照顾 zhàogù 돌보다
地点 dìdiǎn 지역
钱数 qiánshù 액수

64. 昨天是妻子的生日。儿子对我说："爸爸，为了表示我对妈妈的爱，今天我要为妈妈做一个菜。"我没想到他会说这样的话，这句话使我突然发现儿子长大了。

★ 儿子为什么要做菜？

A 为了妈妈的生日

B 表示自己会做菜

C 表示自己长大了

어제는 아내의 생일이었다. 아들이 나에게 말했다. "아빠, 엄마를 사랑하는 마음을 전하기 위해서 오늘은 제가 엄마를 위해 요리를 할 거예요." 그가 이런 얘기를 할 줄은 생각지도 못했고, 이 한마디 말에 나는 순간 아들이 다 컸음을 느꼈다.

★ 아들은 왜 요리를 하려고 하나요?

A 엄마의 생일을 위해서

B 자기가 요리할 수 있다는 걸 알려주려고

C 자기가 컸다는 것을 알려주려고

A

Point 첫 문장에서 내일은 아내의 생일이라고 했다.

단어
妻子 qīzi 부인
为了 wèile ~를 위하여
表示 biǎoshì 표시하다
对 duì ~에 대하여
爱 ài 사랑
为 wèi 위하여, 대신하여
做菜 zuòcài 요리를 하다
没想到 méi xiǎngdào 생각지도 못하게
这样 zhèyàng 이런
句 jù 마디(말을 세는 단위)
话 huà 말
使 shǐ (~로 하여금) ~하게 하다
突然 tūrán 갑자기
发现 fāxiàn 발견하다
长大 zhǎngdà 성장하다

65. 来到中国以后，我发现中国人都喜欢喝茶。但是不同地方的人，喝茶的习惯不太一样。北方人喜欢花茶，南方人喜欢绿茶。花茶和绿茶我也喜欢，但是我最喜欢的是红茶。

★ 中国南方人最喜欢：

A 红茶

B 绿茶

C 花茶

중국에 온 뒤로 중국인들은 다 차를 좋아한다는 것을 발견했다. 그러나 다른 지역의 사람들은 차를 마시는 습관도 달랐다. 북방인은 화차를 좋아하고 남방인은 녹차를 좋아한다. 나도 화차와 녹차를 좋아하지만 홍차를 제일 좋아한다.

★ 중국 남방인들이 가장 좋아하는 것은?

A 홍차

B 녹차

C 화차

B

Point '南方人喜欢绿茶'에서 답을 찾을 수 있다.

단어
以后 yǐhòu ~이후에
发现 fāxiàn 발견하다
但是 dànshì 그러나
不同 bùtóng 다르다
地方 dìfang 지역
习惯 xíguàn 습관
一样 yíyàng 같다
花茶 huāchá 화차
绿茶 lǜchá 녹차
红茶 hóngchá 홍차

66. 大家都知道洗澡对身体很好，经常洗澡不容易得病。那么是不是洗澡越多越好呢？也不是。如果吃过饭以后马上去洗澡，这样就不好。有的人洗澡时喜欢洗很长时间，这样也不好。

★ 下面哪一个是对的？

A 吃饭以后不能马上洗澡

B 洗澡越多身体越好

C 洗澡时间长不容易得病

누구나 목욕이 인체에 좋다는 점을 알고 있으며, 자주 목욕하면 쉽게 병에 걸리지 않는다. 그렇다면 목욕은 많이 할수록 좋은 것일까? 아니다. 식사 후에 바로 목욕을 하는 것은 좋지 않다. 어떤 이들은 목욕시간이 너무 긴데 그것 역시 좋지 않다.

★ 아래에 맞는 것은?

A 식사 후 바로 목욕하면 안 된다

B 목욕을 많이 할수록 건강에 좋다

C 목욕시간이 길면 쉽게 병에 걸리지 않는다

A

Point '吃过饭以后马上去洗澡，这样就不好'라고 했다. '洗澡越多越好呢？也不是'에서 B는 오답임을 알 수 있고, '洗很长时间，这样也不好'라고 했으므로 C도 오답이다.

단어 **洗澡** xǐzǎo 샤워하다, 목욕하다
经常 jīngcháng 자주
容易 róngyì 쉽다
得病 débìng 병에 걸리다
那么 nàme 그럼
是不是 shì bu shì ~입니까?(확인하는 의문문에 쓰임)
越A越B yuè A yuè B A할수록 점점 B해지다
如果 rúguǒ 만약
过 guo 마치다, 끝내다(동사 뒤에 쓰임)
以后 yǐhòu ~이후에
马上 mǎshang 곧
这样 zhèyàng 이렇게
时 shí 때

67. 孩子是第一次离开家到北京去上大学，我和她爸爸对她很不放心，除了怕她在学校里生活不习惯，还担心她遇到问题的时候，自己不能很好地解决。

★ 下面哪一个是妈妈担心的问题？

A 孩子的学习成绩

B 孩子在学校的生活

C 孩子和同学的关系

아이는 처음으로 집을 떠나 베이징에서 대학교를 다니게 되었고, 나와 아이의 아빠는 너무 걱정이 많았다. 학교생활에 적응 못할 것 같아 걱정되는 것 외에 또 뭔가 문제가 생겼을 때 스스로 잘 해결하지 못할 것 같아서이다.

★ 아래 엄마가 걱정하는 것은?

A 아이의 학습성적

B 아이의 학교생활

C 아이와 친구의 관계

B

Point '怕她……生活不习惯'에서 아이의 학교생활을 걱정함을 알 수 있다.

단어 **第一次** dì yī cì 맨 처음, 처음으로
离开 líkāi 떠나다
上大学 shàng dàxué 대학을 다니다
放心 fàngxīn 안심하다
除了 chúle ~를 제외하고
怕 pà 걱정하다, 염려하다
习惯 xíguàn 적응하다
还 hái 또
遇到 yùdào 마주치다
问题 wèntí 문제
时候 shíhou 때
解决 jiějué 해결하다
成绩 chéngjì 성적
关系 guānxi 관계

68. 我弟弟上了大学就开始一边工作一边学习，他的第一个工作是在饭店做服务员。你看，这张照片就是在他们饭店里照的。小时候他特别喜欢开汽车，最想做司机，但是大学以后当了教师。他说自己要做一个让学生喜欢的好老师。

★ 弟弟现在的工作是:

A 老师

B 司机

C 服务员

동생은 대학에 간 뒤 일하면서 공부하기 시작했다. 그의 첫 직업은 식당 종업원이었다. 보다시피 이 사진은 바로 그 식당에서 찍은 것이다. 어릴 적에 운전하는 걸 좋아해서 운전사가 되려고도 했었지만 대학교를 졸업한 후 선생님이 되었다. 그는 학생들이 좋아하는 선생님이 되겠다고 한다.

★ 동생의 지금 직업은?

A 선생님

B 운전사

C 종업원

A

Point '第一个工作是……服务员, 小时候……想做司机, 大学以后当了教师。'에서 동생의 현재 직업은 선생님임을 알 수 있다.

단어
开始 kāishǐ 시작하다
一边A一边B yìbiān A yìbiān B A하면서 B하다
做 zuò ~을 하다
服务员 fúwùyuán 종업원
照片 zhàopiàn 사진
特别 tèbié 아주
开 kāi 운전하다
汽车 qìchē 자동차
司机 sījī 기사
当 dāng ~가 되다
教师 jiàoshī 교사
让 ràng (~로 하여금) ~하게 하다

69. 现在很多人都喜欢用手机发短信。发一条短信0.10～0.15元，比打电话要便宜，而且更方便，对方的手机关了也没关系。所以现在用手机发短信的人一天比一天多。

★ 为什么喜欢发短信的人越来越多?

A 非常便宜

B 贵但是更方便

C 又便宜又方便

현재 많은 사람들은 휴대전화로 문자메시지 보내는 것을 좋아한다. 문자메시지는 한 통에 0.10~0.15위안으로 전화보다 저렴하고 편리하며 상대방 휴대전화가 꺼져 있어도 상관없기 때문이다. 그래서 문자메시지를 사용하는 사람들이 나날이 늘어난다.

★ 왜 문자메시지 사용자가 나날이 늘어가나요?

A 저렴하기 때문에

B 비싸지만 편리하기 때문에

C 저렴하고 편리하기 때문에

C

Point 접속사 '而且'는 '게다가'라는 의미로, 문장에서는 '便宜'와 '方便'을 연결해 주었다.

단어
发短信 fā duǎnxìn 문자메시지를 보내다
条 tiáo 건(문자메시지나 쪽지를 세는 양사)
元 yuán 위안(중국 화폐 단위)
比 bǐ ~보다(비교)
要 yào (비교문에서) ~하다
而且 érqiě 또
更 gèng 더욱
方便 fāngbiàn 편리하다
对方 duìfāng 상대방
关 guān 끄다
一天比一天 yìtiān bǐ yìtiān 나날이, 날로
便宜 piányi 싸다
但是 dànshì 그러나
又A又B yòu A yòu B A하기도 하고 B하기도 하다

70. **小王长得很漂亮，但是没有男朋友。同事们帮她介绍了两个，但是她都不满意，一个她说长得不高，一个她说长得不帅。最近大家又给她介绍了一个，是个小学老师，一米八十，也很帅，她又说当老师没有钱。看来，要找一个让她满意的太不容易了。**

★ 小王对第三个男朋友哪一点不满意？

A 钱不太多

B 长得不高

C 长得不帅

샤오왕은 예쁘지만 남자친구가 없다. 동료들은 그녀에게 두 명의 남자친구를 소개시켜 주었지만 그녀 마음에 들지 않았다. 그녀는 한 명은 키가 작고, 또 한 명은 못 생겼다고 했다. 최근 또 한 명을 소개시켜 주었는데 그는 초등학교 교사이다. 180cm의 키에 외모도 잘 생겼지만 그녀는 선생님은 돈이 없다고 했다. 보아하니, 그녀의 마음에 드는 사람을 찾기란 쉽지 않을 것 같다.

★ 샤오왕은 세 번째 남자친구의 무엇이 마음에 들지 않았나요?

A 돈이 많지 않다

B 키가 작다

C 못 생겼다

A

Point 여자의 세 번째 남자친구에 대한 평가는 '当老师没有钱'이다.

단어 **长得** zhǎngde ~하게 생기다
帮 bāng 돕다
介绍 jièshào 소개하다
满意 mǎnyì 만족하다
高 gāo 키가 크다
最近 zuìjìn 최근
又 yòu 또
小学 xiǎoxué 초등학교
米 mǐ 미터
看来 kànlai 보아하니
找 zhǎo 찾다, 구하다
让 ràng (~로 하여금) ~하게 하다
容易 róngyì 쉽다
钱 qián 돈

쓰기

제1부분

71-75

예시

小船 上 一 河 条 有

河上有一条小船。

배 위에 하나 강 개(양사) 있다

강 위에 배 하나가 떠있다.

Point '장소명사(河上)+존재의 서술어(有)+명사'의 구조이다.

단어 **船** chuán 배

河 hé 강, 하천

条 tiáo 개(가늘고 긴 물건을 세는 양사)

---

71. 一点儿 穿 你 衣服 要 多

你要多穿一点儿衣服。

너는 옷을 많이 입어야 한다.

Point '주어(你)+부사어(要, 多)+서술어(穿)+보어(一点儿)+목적어(衣服)'의 어순이다.

단어 **一点儿** yìdiǎnr 조금

穿 chuān 입다

衣服 yīfu 옷

---

72. 什么 在 你们 刚才 说

你们刚才在说什么?

너희들은 방금 무엇을 말하고 있었니?

Point '주어(你们)+부사어(刚才, 在)+서술어(说)+목적어(什么)'의 어순이다. 부사어는 '시간·어기·관련·빈도·범위·처소·동작자묘사·공간·목적·동작묘사' 순서로 배열한다.

단어 **刚才** gāngcái 방금 전

说 shuō 말하다

---

73. 经常 孩子 洗 自己 衣服

孩子经常自己洗衣服。

아이는 자주 자신의 옷을 빨래한다.

Point '주어(孩子)+부사어(经常, 自己)+서술어(洗)+목적어(衣服)'의 어순이다. 부사어는 '빈도+동작자 묘사' 순서로 배열한다.

단어 **经常** jīngcháng 자주

洗 xǐ 씻다

自己 zìjǐ 자신

衣服 yīfu 옷

74. 都 我 这些 买 书 的 是 历史

这些历史书都是我买的。

이 역사책들은 모두 내가 산 것이다.

Point '관형어(这些历史)+주어(书)+부사(都)+서술어(是)+목적어(我买的)'의 어순이다. '的'는 관형어의 역할 외에도 명사화(名词化)를 해주는 역할도 한다. 여기에서는 '내가 사다(我买)'는 주술구조 뒤에 '的'를 붙여 '내가 산 것'이라는 명사로 전환되었다.

단어 **些** xiē ~들(복수 양사)
历史 lìshǐ 역사

75. 决定 她 飞机 不 坐

她决定不坐飞机。

그녀는 비행기를 타지 않기로 결정했다.

Point '주어(她)+서술어(决定)+목적어(不坐飞机)'의 어순이다. 목적어는 '부사(不)+동사(坐)+목적어(飞机)'의 구조로 배열되었다. 두 개 또는 그 이상의 동사가 동일한 주어에 연결되어 쓰이는 문장을 연동문이라고 하며, 이때 동사는 동작의 선후순서에 따라 배열한다.

단어 **决定** juédìng 결정하다

제2부분

76-80

예시

guān
没（ 关 ）系，别难过，高兴点儿。

괜찮으니, 슬퍼하지 말고 좀 웃어.

Point '没关系'는 '괜찮다, 문제 없다'는 의미이며 두 개의 단어('没'와 '关系')로 구성되었다.

단어 关系 guānxi 관계
难过 nánguò 힘들게 지내다
高兴 gāoxìng 기쁘다, 즐겁다

76.

zhòng
这件事很（ 重 ）要，你一定别忘了。

이 일은 매우 중요한 일이니 잊어버리지 마세요.

重

Point '重要'는 '중요하다'는 의미로 품사는 형용사이다.

단어 件 jiàn 건(옷이나 사건을 세는 양사)
重要 zhòngyào 중요하다
一定 yídìng 반드시
别 bié ~하지 마라
忘 wàng 잊다

77.

páng
一直走，邮局就在书店的(旁)边。

앞으로 계속 가다 보면 서점 바로 옆에 우체국이 있어요.

旁

Point '旁边'은 '옆'이라는 의미로 품사는 명사이다.

단어 一直 yìzhí 곧장
邮局 yóujú 우체국
书店 shūdiàn 서점
旁边 pángbiān 옆

78.

bāng
对不起，我真的（ 帮 ）不了你的忙。

미안해요. 정말로 당신을 도와줄 수가 없어요.

帮

Point '帮不了'는 '동사+정도보어'의 형식으로 '도울 수 없다'는 의미이다.

단어 真的 zhēnde 정말로
帮忙 bāngmáng 돕다

79. 这件衣服真（ 漂 piào ）亮，你在哪儿买的？

옷이 정말 예쁘네요. 어디에서 샀어요?

漂

Point '漂亮'는 '아름답다'는 의미로 품사는 형용사이다.

단어 **件** jiàn 벌(옷이나 사건을 세는 양사)
衣服 yīfu 옷
真 zhēn 정말

80. 我在车站等朋友的时候，（ 突 tū ）然下雨了。

역에서 친구를 기다릴 때 갑자기 비가 왔다.

突

Point '突然'는 '갑자기'라는 의미로 품사는 부사이다.

단어 **车站** chēzhàn 정거장
时候 shíhou 때
突然 tūrán 갑자기
下雨 xià yǔ 비가 내리다

HSK三级模拟试题（三）答案及考点解析

一、听力

第一部分

1. D　2. E　3. F　4. C
5. B　6. C　7. D　8. A
9. E　10. B

第二部分

11. √　12. √　13. ×　14. √
15. ×　16. ×　17. ×　18. √
19. ×　20. √

第三部分

21. C　22. A　23. B　24. B
25. C　26. B　27. B　28. C
29. B　30. A

第四部分

31. A　32. A　33. C　34. B
35. B　36. C　37. B　38. C
39. B　40. A

二、阅读

第一部分

41. D　42. F　43. C　44. A
45. B　46. D　47. A　48. E
49. C　50. B

第二部分

51. F　52. B　53. D　54. A
55. C　56. B　57. F　58. A
59. C　60. D

第三部分

61. C　62. B　63. A　64. A
65. B　66. A　67. B　68. A
69. C　70. A

三、书写

第一部分

71. 你要多穿一点儿衣服。
72. 你们刚才在说什么？
73. 孩子经常自己洗衣服。
74. 这些历史书都是我买的。
75. 她决定不坐飞机。

第二部分

76. 重　77. 旁　78. 帮　79. 漂
80. 突

HSK（三级）答题卡

汉语水平考试 HSK 答题卡

请填写考生信息

按照考试证件上的姓名填写：

姓名	

如果有中文姓名，请填写：

姓名	

考生序号	
	[0] [1] [2] [3] [4] [5] [6] [7] [8] [9]
	[0] [1] [2] [3] [4] [5] [6] [7] [8] [9]
	[0] [1] [2] [3] [4] [5] [6] [7] [8] [9]
	[0] [1] [2] [3] [4] [5] [6] [7] [8] [9]
	[0] [1] [2] [3] [4] [5] [6] [7] [8] [9]

请填写考生信息

考点代码	
	[0] [1] [2] [3] [4] [5] [6] [7] [8] [9]
	[0] [1] [2] [3] [4] [5] [6] [7] [8] [9]
	[0] [1] [2] [3] [4] [5] [6] [7] [8] [9]
	[0] [1] [2] [3] [4] [5] [6] [7] [8] [9]
	[0] [1] [2] [3] [4] [5] [6] [7] [8] [9]
	[0] [1] [2] [3] [4] [5] [6] [7] [8] [9]
	[0] [1] [2] [3] [4] [5] [6] [7] [8] [9]

国籍	
	[0] [1] [2] [3] [4] [5] [6] [7] [8] [9]
	[0] [1] [2] [3] [4] [5] [6] [7] [8] [9]
	[0] [1] [2] [3] [4] [5] [6] [7] [8] [9]

年龄	
	[0] [1] [2] [3] [4] [5] [6] [7] [8] [9]
	[0] [1] [2] [3] [4] [5] [6] [7] [8] [9]

性别	男 [1] 女 [2]

注意	请用2B铅笔这样写：▬

一、听力

1. [A][B][C][D][E][F]　6. [A][B][C][D][E][F]
2. [A][B][C][D][E][F]　7. [A][B][C][D][E][F]
3. [A][B][C][D][E][F]　8. [A][B][C][D][E][F]
4. [A][B][C][D][E][F]　9. [A][B][C][D][E][F]
5. [A][B][C][D][E][F]　10. [A][B][C][D][E][F]

11. [✓] [×]　16. [✓] [×]　21. [A][B][C]
12. [✓] [×]　17. [✓] [×]　22. [A][B][C]
13. [✓] [×]　18. [✓] [×]　23. [A][B][C]
14. [✓] [×]　19. [✓] [×]　24. [A][B][C]
15. [✓] [×]　20. [✓] [×]　25. [A][B][C]

26. [A][B][C]　31. [A][B][C]　36. [A][B][C]
27. [A][B][C]　32. [A][B][C]　37. [A][B][C]
28. [A][B][C]　33. [A][B][C]　38. [A][B][C]
29. [A][B][C]　34. [A][B][C]　39. [A][B][C]
30. [A][B][C]　35. [A][B][C]　40. [A][B][C]

二、听力

41. [A][B][C][D][E][F]　46. [A][B][C][D][E][F]
42. [A][B][C][D][E][F]　47. [A][B][C][D][E][F]
43. [A][B][C][D][E][F]　48. [A][B][C][D][E][F]
44. [A][B][C][D][E][F]　49. [A][B][C][D][E][F]
45. [A][B][C][D][E][F]　50. [A][B][C][D][E][F]

51. [A][B][C][D][E][F]　56. [A][B][C][D][E][F]
52. [A][B][C][D][E][F]　57. [A][B][C][D][E][F]
53. [A][B][C][D][E][F]　58. [A][B][C][D][E][F]
54. [A][B][C][D][E][F]　59. [A][B][C][D][E][F]
55. [A][B][C][D][E][F]　60. [A][B][C][D][E][F]

61. [A][B][C]　66. [A][B][C]
62. [A][B][C]　67. [A][B][C]
63. [A][B][C]　68. [A][B][C]
64. [A][B][C]　69. [A][B][C]
65. [A][B][C]　70. [A][B][C]

三、书写

71. ______________________________
72. ______________________________
73. ______________________________
74. ______________________________
75. ______________________________

76. [ ]　77. [ ]　78. [ ]　79. [ ]　80. [ ]

HSK（三级）成绩报告

新 汉 语 水 平 考 试
Chinese Proficiency Test

HSK（三级）成绩报告
HSK (Level 3) Examination Score Report

姓名（Name）：____________________

性别（Gender）：__________ 国籍（Nationality）：__________

考试时间（Examination Date）：________ 年（Year）______ 月（Month）______ 日（Day）

编号（No.）：____________________

	满分（Full Score）	你的分数（Your Score）
听力（Listening）	100	
阅读（Reading）	100	
书写（Writing）	100	
总分（Total Score）	300	

总分180分为合格（Passing Score：180）

主 任
Director ____________ 国家汉办
Hanban

中国 · 北京
Beijing • China

MEMO

国家汉办/孔子学院总部
Hanban/Confucius Institute Headquarters

新汉语水平考试
HSK（三级）
模拟试题（四）

注　意

一、　HSK（三级）分三部分：
　　1. 听力（40题，约35分钟）
　　2. 阅读（30题，25分钟）
　　3. 书写（10题，15分钟）

二、　答案先写在试卷上，最后10分钟再写在答题卡上。

三、　全部考试约90分钟（含考生填写个人信息时间5分钟）。

韩国 时事中国语社　于鹏/焦毓梅 编著

一、听力

第一部分

第 1–5 题

A

B

C

D

E

F

例如： 男：喂，请问张经理在吗？

女：他在开会，您半个小时以后再打，好吗？ C

1.

2.

3.

4.

5.

第 6–10 题

A

B

C

D

E

6.

7.

8.

9.

10.

第二部分

第 11－20 题

例如： 为了让自己更健康，他每天都花一个小时去锻炼身体。

★ 他希望自己很健康。（ √ ）

今天我想早点儿回家。看了看手表，才5点。过了一会儿再看表，还是5点，我这才发现我的手表不走了。

★ 那块儿手表不是他的。（ × ）

11. ★ 小王感冒了。（　）

12. ★ 这个饭店的菜很好吃。（　）

13. ★ 他在北京旅行了一个星期。（　）

14. ★ 他为孩子担心。（　）

15. ★ 他感谢老师。（　）

16. ★ 他每天晚上两点以后睡觉。（　）

17. ★ 今天晚上的比赛很重要。（　）

18. ★ 他认为一边吃饭一边看报的习惯不好。（　）

19. ★ 他对历史很有兴趣。（　）

20. ★ 他还不习惯大学的生活。（　）

第三部分

第 21－30 题

例如： 男：小王，帮我开一下门，好吗？谢谢！
女：没问题。您去超市了？买了这么多东西。
问：男的想让小王做什么？

A 开门 ✓　　B 拿东西　　C 去超市买东西

21. A 在外边倒了　　B 外边风很大　　C 自己身体不好
22. A 没有更大的　　B 还有大一号的　　C 可以便宜一点儿
23. A 买不到票　　B 不想去看　　C 不知道在哪儿买票
24. A 考试　　B 比赛　　C 买东西
25. A 学习　　B 休息　　C 看电视
26. A 家　　B 商店　　C 饭馆
27. A 你说的不对　　B 哪儿的菜都会做　　C 你在哪儿听说的
28. A 生气　　B 满意　　C 难过
29. A 别去喝酒　　B 马上吃饭　　C 在饭店睡觉
30. A 不知道　　B 女人的班　　C 自己的班

第四部分

第 31–40 题

例如： 女：晚饭做好了，准备吃饭了。
男：等一会儿，比赛还有三分钟就结束了。
女：快点儿吧，一起吃，菜冷了就不好吃了。
男：你先吃，我马上就看完了。
问：男的在做什么？

A 洗澡　　B 吃饭　　C 看电视 ✓

31. A 上午　　B 中午　　C 下午

32. A 汉语比赛　　B 唱歌比赛　　C 跳舞比赛

33. A 家里　　B 路上　　C 办公室

34. A 商店　　B 银行　　C 书店

35. A 因为下雪　　B 因为买得多　　C 因为有客人要来

36. A 8点　　B 10点　　C 11点

37. A 还有时间　　B 也想去北京　　C 车已经开了

38. A 家　　B 教室　　C 图书馆

39. A 复习　　B 考试　　C 休息

40. A 男人　　B 同事　　C 王经理

二、阅 读

第一部分

第 41–45 题

A　今天天气特别冷，虽然没有风，可天一直阴着。

B　女儿一边上学，一边工作，真让人心疼啊。

C　想出去走走，大家就担心出问题，总是在家里，什么新鲜事都不知道。

D　可不是，以前节日时人们都是在家吃饭，你看现在越来越多的人都选择去饭店了。

E　我想先坐地铁，然后换公共汽车，大概要2个小时吧。

F　你知道吗？今天早上电梯坏了，可我的办公室在16层。

例如：　你知道怎么去那儿吗？　　(E)

41. 她在学校附近的饭店找了个工作，每天4小时，每小时20元钱。　　(　　)

42. 所以先别和我说话，我累坏了，现在什么也不想做。　　(　　)

43. 我觉得不舒服，人老了，天一阴，就觉得全身疼。　　(　　)

44. 现在人们越来越有钱，很多想法也和以前不一样了。　　(　　)

45. 由于健康原因，她已经3年没有出门了。　　(　　)

第 46–50 题

A　如果像你这么瘦就好了，我吃得不多，但是一天比一天胖，真没办法。

B　老王人真好，昨天又给我送药来了，我真不知道应该怎么谢他。

C　现在的年轻人太爱花钱了，要吃好的、用好的，还要去旅游。

D　我的手表坏了，朋友说“扔了吧，有手机就行了”。

E　这简单，你可以送茶、酒、水果这些吃的东西，还可以送鲜花。

46. 现在越来越多的人用手机看时间了。　（　）

47. 一个中国朋友请我去她家，我不知道带什么礼物，你帮我想想。　（　）

48. 我们邻居老王，是个有名的医生，经常帮老邻居们看病。　（　）

49. 最重要的是多运动，明天早上6点我去叫你，和我一起锻炼吧。　（　）

50. 那是年轻人自己的事，你管那么多，累不累呀？　（　）

第二部分

第 51–55 题

A 送　　B 世界　　C 在　　D 双　　E 声音　　F 才

例如： 她说话的（ E ）多好听啊！

51. 中国菜真是太好吃了。我来中国（　　）两个月，就胖了六、七斤。

52. 请帮我把他的电话号码写（　　）本子上。

53. 王经理，汽车就在外边，我们（　　）您去饭店。

54. 我们不用出门，只要一上网就能知道（　　）那边的事。

55. 我去超市买了一（　　）新鞋和一条新裙子。

第 56-60 题

A 还是　　B 的　　C 得　　D 怎么　　E 爱好　　F 谁

例如：A：你有什么（ E ）？
B：我喜欢体育。

56. A：你还不知道？小张去中国了，他找到了工作。
B：是吗？他（　　）没告诉我？

57. A：小王会游泳吗？
B：不但会游，还游（　　）很好呢！

58. A：你觉得他们两个（　　）更好一点儿？
B：我也不知道，差不多吧。

59. A：你怎么找到我家来了？
B：小张知道，是他带我们来（　　）。

60. A：别坐火车了，（　　）坐飞机吧。
B：坐飞机是快一点儿，但是机票太贵了。

第三部分

第 61－70 题

例如：　您是来参加今天会议的吗？您来早了一点儿，现在才八点半。您先进来坐吧。

★ 会议最可能几点开始？

A 8点　　　　B 8点半　　　　C 9点　✓

61. 这张照片是三年前照的，左边的是我妹妹，她那时才12岁，右边的是我大学同学，中间的两个人是我和我妻子，那时候她还是我女朋友呢！

★ 照片上一共有几个人？

A 3个　　　　B 4个　　　　C 5个

62. 您要找公共汽车站吗？一直走，到了前边那家商店，向左走就有一个，马路那边还有一个，您一定要看清楚，别坐错了。

★ 公共汽车站在哪儿？

A 商店前边　　　　B 商店左边　　　　C 饭店旁边

63. 这是谁的杯子？怎么放在电脑上啊？里面还有水，如果倒了，到了电脑里，还不把电脑烧坏了呀！

★ 说话的人：

A 很生气　　　　B 很高兴　　　　C 很难过

64. 到了机场，我才发现护照不见了。马上给我妻子打电话，可她说没看见。正要去找警察帮忙，出租车司机把护照送过来了，我对他真是一千个一万个感谢。

★ 谁帮他找到护照的？

A 警察　　　　B 司机　　　　C 妻子

65. 今天晚上我朋友结婚，晚饭都是我喜欢吃的，有鱼、肉、鸭子，还有蛋糕。但是我一点儿也不高兴，为了能变瘦，我只能看着别人吃好东西。

★ 下面哪一个是错的？

A 朋友结婚我不高兴　　B 晚饭有很多好吃的　　C 晚饭我吃得不太多

66. 我租到了一个不错的房子，便宜，地点也好，洗衣机、冰箱、电视、空调都有。就是没有电话，所以我只好自己买了一个。

★ 他对这个房子哪一点不满意？

A 地点不好　　B 没有空调　　C 没有电话

67. 对不起，请安静，图书馆里不能大声说话，大家都在学习，影响别人不太好。你可以先到外边打电话，然后再回来。

★ 他们最可能在哪儿？

A 教室　　B 图书馆　　C 外边

68. 今年我们开始和中国学生一起上课了。开始的时候，觉得很难很难，老师讲得又多又快，我跟不上，特别着急。但是，半年过去了，现在我汉语进步很快。

★ 开始时她为什么着急？

A 听不太懂　　B 老师不好　　C 不能和中国学生在一起

69. 我每天5点回到家就准备晚饭，到6点半丈夫回来时，晚饭就做好了。吃过晚饭，也就7点半吧，然后一家人说说话，看看电视。

★ 丈夫什么时候回来？

A 5点　　B 6点半　　C 7点半

70. 从去年开始，小王养了一只狗。以前他总是睡到8点、9点才起床，现在每天早上6点就起来，和狗一起跑步。以前总生病，但是现在身体越来越好。

★ 小王为什么身体越来越好?

A 起床早了　　B 睡觉多了　　C 每天运动

三、书写

第一部分

第 71－75 题

例如： 小船　上　一　河　条　有

河上有一条小船。

71. 走　很　慢　得　他

72. 想　我　公共汽车　去　坐

73. 书包　你　忘　别　了　带

74. 学生　多少　学校　你们　有

75. 是　图书馆　从　的　书　本　这　借

第二部分

第 76－80 题

guān
例如： 没（ 关 ）系，别难过，高兴点儿。

nán
76. 我觉得写汉字比较容易，听和说太（　　）了。

zuò
77. 现在手机在人们生活中的（　　）用越来越重要。

shi
78. 小时候，爷爷经常给我讲历史故（　　）。

bìng
79. 我给老师打了个电话，告诉她我（　　）了，今天不能去学校了。

lè
80. 我有几个和我爱好差不多的朋友，和他们在一起我觉得很快（　　）。

HSK三级模拟试题（四）听力材料

（音乐，30秒，渐弱）

大家好！欢迎参加 HSK（三级）考试。

大家好！欢迎参加 HSK（三级）考试。

大家好！欢迎参加 HSK（三级）考试。

HSK（三级）听力考试分四部分，共40题。

请大家注意，听力考试现在开始。

第一部分

一共10个题，每题听两次。

例如：男：喂，请问张经理在吗？

女：他在开会，您半个小时以后再打，好吗？

现在开始第1到5题：

1. 女：你怎么才来呀，我已经等了你一刻钟了。

男：打不到车，怕你着急，我就跑着来了。

2. 男：你怎么了？是不是身体不舒服？

女：不知怎么了，从早上开始头一直很疼。

3. 女：送你一个小礼物，是我自己做的。

男：真漂亮，太谢谢了。

4. 男：我来中国快一年了，还没学过中国歌呢。

女：中国歌很好学，你要想学我可以教你。

5. 女：她的大学很远，我也没去过，你如果找不到就给她打电话问问。

男：不用了，我有地图，到时候看地图不就行了。

现在开始第6到10题：

6. 男：小张要结婚了，送件什么礼物好呢？
   女：他喜欢什么就送什么吧。要是简单点儿，送钱最好。

7. 女：这本书怎么样，好看吧？
   男：好看是好看，就是字太小了，看不清楚。

8. 男：明天班里要举行晚会，你给大家跳个舞吧。
   女：我跳得不好，但是只要大家喜欢看，我愿意表演。

9. 女：小王今天怎么不高兴？
   男：他迟到了，等到的时候，大家把东西都吃完了。

10. 男：今天太冷了，风这么大，别出去了！
    女：不行，我必须把这些书给老师送去。

第二部分

一共10个题，每题听两次。

例如：为了让自己更健康，他每天都花一个小时去锻炼身体。

★他希望自己很健康。 （√）

今天我想早点儿回家。看了看手表，才5点。过了一会儿再看表，还是5点，我这才发现我的手表不走了。

★那块儿手表不是他的。 （×）

现在开始第11题：

11. 小王，天气变冷了，你要多穿一点儿衣服，小心感冒。

12. 这个饭店的菜真不错，每次吃了都还想吃。

13. 北京是个有着两千多年历史的城市，有名的地方很多，你一个星期也看不完。

14. 孩子每天6点回家，但是今天8：30还没回来，也没打电话，真让人着急。

15. 如果没有老师的帮助，我的考试成绩不会这么好。

16. 我工作很忙，回家很晚，到家的时候就晚上十一点了，洗澡以后可能就十二点了，每天睡觉的时间都在十二点半到一点之间。

17. 我准备了一年，才得到了参加比赛的机会，所以今天晚上我一定要努力。

18. 你吃饭就吃饭，看报就看报，别两件事一起做。

19. 我爸爸是中学的数学老师，他希望我也喜欢数学，让我大学的时候学数学或电脑，但是我对这些没有兴趣，我喜欢看历史小说，所以我学了历史。

20. 刚上大学的时候，离开了爸爸妈妈，我觉得什么都很新鲜，当然也有很多不习惯的地方。一年过去了，我已经很习惯大学的生活了。

第三部分

一共10个题，每题听两次。

例如：男：小王，帮我开一下门，好吗？谢谢！

女：没问题。您去超市了？买了这么多东西。

问：男的想让小王做什么？

现在开始第21题：

21. 男：外边的风怎么刮得这么大！

女：可不是！差一点儿把我刮倒了。

问：女人的意思是：

22. 女：请问，这种裙子有大一号的吗？

男：这就是最大的了。您再试试旁边这条，好吗？

问：男人的意思是：

23. 男：听说今天晚上的音乐会很有意思，你不想看看吗？

女：怎么不想，但是哪儿都买不到票啊。

问：女人的意思是：

24. 女：昨天的球踢得怎么样？

男：1∶1，还可以吧。

问：他们在说什么？

25. 男：怎么不开门，是不是又在房间里看电视，看的时间长了对眼睛不好。

女：爷爷，我哪看电视了，我是在房间休息。

问：女的在房间里做什么？

26. 女：怎么样，今天吃好了吗？

男：你说的没错。这里的菜真的又便宜又好吃。

问：他们可能在什么地方？

27. 男：听说你很会做菜。

女：哪儿啊，我做得不好。

问：女人说的“哪儿啊”是指？

28. 女：给，你要的火车票，一共3张。

男：没想到，你还真有办法，这么难买的票都买到了。

问：男的感到？

29. 男：今天晚上我和朋友一起吃饭，晚一点儿回来。

女：又去喝酒，一星期去八次，你就睡在饭店里吧。

问：女的希望男的做什么？

30. 女：你觉得你们班和我们班这两个球队，哪个能赢？

男：那还用问，就你们班那水平，怎么能和我们班比？

问：男的觉得谁能赢？

第四部分

一共10个题，每题听两次。

例如：女：晚饭做好了，准备吃饭了。

男：等一会儿，比赛还有三分钟就结束了。

女：快点儿吧，一起吃，菜冷了就不好吃了。

男：你先吃，我马上就看完了。

问：男的在做什么？

现在开始第31题：

31. 女：今天你什么时候去银行？上午还是下午？
男：我想下午去，怎么，你也去吗？
女：我也要去，我中午有时间，我们吃午饭以后一起去，怎么样？
男：好吧，就听你的。
问：他们什么时候去银行？

32. 男：这次汉语比赛你想表演什么节目？
女：我想跳个中国舞。
男：那哪儿行呀？这是汉语比赛，又不是跳舞比赛。
女：那我就一边跳舞、一边唱中国歌，这样行了吧？
问：女的要参加什么比赛？

33. 女：你怎么到这儿来了？
男：我找你半天了，在办公室和你家都没有你，没想到在路上碰到了。
女：找我有事吗？
男：那还用说，快跟我去医院。
问：他们可能在什么地方？

34. 男：小姐，请问，这儿附近有书店吗？
女：什么？商店？有，你要找什么商店？
男：不是商店，是书店，我要买书。
女：书店也有，你看，前边有个银行，银行的旁边就是。
问：男人要找什么？

35. 女：王老师，回来啦？怎么买了这么多菜啊？
男：今天晚上有客人要来。您也去买菜呀？
女：是呀，今天的菜贵不贵？
男：刚下了雪，哪儿能不贵呢！
问：今天的菜为什么贵？

36. 男：明天小王要回国了，我们去送送她吧！
女：好，几点的飞机呀！
男：上午11点的飞机，我们最好早一个小时到机场。
女：那我们8点在门口见，和她一起去机场吧。
问：小王明天几点的飞机?

37. 女：火车就要开了，你们快下车吧！
男：好吧，路上一定要小心，到了北京一定给我打电话。
女：知道了，你快点儿下去吧！
男：啊！别着急了，车已经开了，下不去了。
问：男的为什么说“别着急”？

38. 男：这么晚了，还不回去休息呀?
女：明天要考试了，想多看一会儿书。你呢?
男：我也一样，我觉得教室里这些同学也都差不多吧！
女：我一看见床，就想睡觉，所以还是在教室里学习好。
问：他们在哪里?

39. 女：这个周末你打算做什么?
男：还能做什么，当然是复习啊！下周要考试了。
女：怕什么，老师说考试很简单，不用担心的。
男：简单？那是对你，我可没有你那么好的成绩。
问：男人周末打算做什么?

40. 男：今天你想在哪儿请大家吃饭。
女：学校门口有一个北京饭店，怎么样?
男：那儿的菜很好吃。除了请我以外，你还请了谁?
女：除了王经理有事不能来以外，我们公司的十几个人都请了。
问：女人没有请谁?

听力考试现在结束。

国家汉办/孔子学院总部
Hanban/Confucius Institute Headquarters

新汉语水平考试
HSK（三级）
模拟试题（四）

해설 및 정답

듣기

제1부분

1-5

A 

B 

C 

D 

E 

F 

예시

녹음

男：喂，请问张经理在吗？
女：他在开会，您半个小时以后再打，好吗？

남 : 여보세요, 장 사장님 계신가요?
여 : 지금 회의 중이신데 30분 후에 다시 전화 주시겠어요?

C

Point 문장 중에 '喂'와 '半个小时以后再打'라는 말을 듣고 남자와 여자가 통화중임을 알 수 있다. 이 문장에서 핵심단어는 '喂'와 '打'이다.

단어
喂 wéi 여보세요(전화 통화상)
请问 qǐngwèn 말씀 좀 여쭙겠습니다
经理 jīnglǐ 사장님
开会 kāihuì 회의하다

1.

녹음

女：你怎么才来呀，我已经等了你一刻钟了。
男：打不到车，怕你着急，我就跑着来了。

여: 왜 이제서야 와요? 15분이나 기다렸잖아요.
남: 택시가 안 잡혀서 당신이 조급해할까 봐 뛰어왔어요.

Point 핵심단어는 '跑'이다.

단어
怎么 zěnme 어째서
才 cái 비로소
已经 yǐjing 이미
一刻钟 yí kè zhōng 15분간
打车 dǎ chē 택시를 타다
怕 pà ~할까 봐 걱정하다
着急 zháojí 조급해하다
着 zhe 앞의 동사를 뒤 동사의 방식으로 만듦

2. 녹음

男：你怎么了？是不是身体不舒服？
女：不知怎么了，从早上开始头一直很疼。

남: 왜 그래요? 어디 아파요?
여: 왜 그런지 모르겠는데, 아침부터 머리가 계속 아파요.

F

Point 핵심단어는 '头'이다.

단어 怎么了 zěnme le 어쩐 일이야, 무슨 일이니
是不是 shì bu shì ~입니까? (사실확인을 위한 의문문을 만듦)
身体 shēntǐ 신체, 몸
舒服 shūfu 편안하다
从 cóng ~로부터(출발점)
开始 kāishǐ 시작하다
头 tóu 머리
一直 yìzhí 줄곧
疼 téng 아프다

3. 녹음

女：送你一个小礼物，是我自己做的。
男：真漂亮，太谢谢了。

여: 작은 선물이에요, 제가 만들었어요.
남: 정말 예쁘네요, 고마워요.

E

Point 핵심단어는 '礼物'이다.

단어 送 sòng 선물하다
礼物 lǐwù 선물

4. 녹음

男：我来中国快一年了，还没学过中国歌呢。
女：中国歌很好学，你要想学我可以教你。

남: 중국에 온 지 곧 1년이 되는데 아직 중국노래를 배워본 적이 없어요.
여: 중국노래는 배우기 쉬워요. 배우고 싶다면 제가 가르쳐 드릴게요.

A

Point 핵심단어는 '歌'이다.

단어 快……了 kuài…le 곧 ~하려 한다(임박)
还 hái 아직
过 guo ~한 적이 있다(경험태를 만드는 조사)
好 hǎo ~하기 쉽다(동사 앞에 쓰임)
可以 kěyǐ ~할 수 있다

5. 녹음

女：她的大学很远，我也没去过，你如果找不到就给她打电话问问。
男：不用了，我有地图，到时候看地图不就行了。

여: 그녀가 다니는 대학은 멀고, 저도 가본 적이 없어요. 만약 못 찾겠으면 그녀에게 전화해서 물어보세요.
남: 아니에요. 지도가 있으니 그때 가서 지도로 찾으면 되요.

B

Point 핵심단어는 '地图'이다.

단어 大学 dàxué 대학
远 yuǎn 멀다
如果 rúguǒ 만약
找不到 zhǎobudào 찾지 못하다
就 jiù 그럼(앞에 오면 가정이나 전제, 뒤에 오면 판단의 의미를 지님)
打电话 dǎ diànhuà 전화를 걸다
问 wèn 묻다
不用 búyòng ~할 필요가 없다
地图 dìtú 지도
到时候 dào shíhou 그때 가서, 때가 되면
不就行了 bú jiù xíng le ~하면 되지 않는가(반어문)

6-10

A 

B 

C 

D 

E 

6. 녹음

男: 小张要结婚了，送件什么礼物好呢?

女: 他喜欢什么就送什么吧。要是简单点儿，送钱最好。

남: 샤오장이 곧 결혼하는데 어떤 선물을 하면 좋을까요?

여: 그가 좋아하는 걸로 선물하세요. 간단하게 하려면 돈이 가장 좋죠.

D

Point 핵심단어는 '结婚'이다. D는 붉은색 봉투로 '红包'라고 하는데, 중국에서 축의금 또는 세뱃돈 등을 넣는 붉은 종이봉투를 말한다.

단어
- 要……了 yào…le 곧 ~하려 한다
- 结婚 jiéhūn 결혼하다
- 送 sòng 선물하다
- 件 jiàn 벌, 건(선물, 옷, 문서 등을 세는 단위)
- 礼物 lǐwù 선물
- 要是 yàoshi 만약
- 简单 jiǎndān 간단하다
- 点儿 diǎnr 조금
- 钱 qián 돈
- 最 zuì 가장

7. 녹음

女: 这本书怎么样，好看吧?

男: 好看是好看，就是字太小了，看不清楚。

여: 이 책 어때요, 재미있죠?

남: 재미있기는 한데, 글자가 너무 작아서 잘 안보여요.

E

Point 핵심표현은 '书'와 '好看'이다.

단어
- 怎么样 zěnmeyàng 어때요
- 好看 hǎokàn 보기 좋다, 재미있다
- A是A A shì A A하긴 하지만
- 就是 jiùshì 다만
- 字 zì 글자
- 清楚 qīngchu 확실하다

8. 녹음

男: 明天班里要举行晚会，你给大家跳个舞吧。

女: 我跳得不好，但是只要大家喜欢看，我愿意表演。

남: 내일 반에서 파티를 하려고 하는데, 당신이 춤 좀 보여주세요.

여: 잘 추지는 못하지만, 여러분이 좋아해 주신다면 출게요.

A

Point 핵심단어는 '跳舞'이다.

단어
- 班 bān 반
- 举行 jǔxíng 거행하다
- 晚会 wǎnhuì 저녁모임, 파티
- 跳舞 tiàowǔ 춤을 추다
- 只要 zhǐyào ~하기만 하면
- 愿意 yuànyì 원하다
- 表演 biǎoyǎn 공연하다

9. 녹음

女：小王今天怎么不高兴？

男：他迟到了，等到的时候，大家把东西都吃完了。

여: 오늘 샤오왕 기분이 왜 안 좋은 거예요?

남: 지각했거든요. 도착했을 때 이미 음식은 다 먹고 없었어요.

C

Point 핵심표현은 '不高兴'이다.

단어 **怎么** zěnme 어째서
迟到 chídào 지각하다
等……的时候 děng…de shíhou ~하는 때가 되어
把 bǎ ~를(대상)

10. 녹음

男：今天太冷了，风这么大，别出去了！

女：不行，我必须把这些书给老师送去。

남: 오늘 바람도 많이 불고 너무 추워요. 나가지 마세요!

여: 안돼요. 이 책들을 꼭 선생님께 갖다 드려야 돼요.

B

Point 핵심표현은 '这些书'이다.

단어 **冷** lěng 춥다
风 fēng 바람
这么 zhème 이렇게
别……了 bié…le ~하지 마라
不行 bùxíng 안 된다
必须 bìxū 반드시
些 xiē ~들(복수 양사)
给 gěi ~에게
送 sòng 보내다

제2부분

11-20

예시

为了让自己更健康，他每天都花一个小时去锻炼身体。

★ 他希望自己很健康。

스스로 더 건강해지기 위해서 그는 매일 한 시간을 몸을 단련하는 데 쓴다.

★ 그는 자신이 매우 건강해지길 바란다.

Point 문장 중에 '为了让自己更健康'을 보고 그가 자신이 건강해지길 바라고 있음을 알 수 있다.

단어 为了 wèile ~를 위하여
让 ràng (~로 하여금) ~하게 하다
健康 jiànkāng 건강
每天 měitiān 매일
花 huā (시간을) 소비하다
锻炼 duànliàn (몸을) 단련하다
身体 shēntǐ 신체, 몸
希望 xīwàng 바라다

今天我想早点儿回家。看了看手表，才5点。过了一会儿再看表，还是5点，我这才发现我的手表不走了。

★ 那块儿手表不是他的。

오늘 나는 일찌감치 집에 돌아가고 싶었다. 시계를 보니 겨우 5시였다. 좀 지나서 다시 시계를 보니 여전히 5시였고, 나는 내 시계가 고장이 났다는 것을 발견했다.

★ 그 시계는 그의 것이 아니다.

Point 문장 중에 핵심 단어는 '手表不走了'이다. '走'는 '가다'라는 의미 외에도 '물건이나 물체가 움직이지 않다'라는 의미도 지니고 있으므로 여기에서 '시계가 움직이지 않다'는 시계가 고장 났다는 의미로 예측할 수 있다.

단어 回家 huíjiā 집에 돌아가다
手表 shǒubiǎo 손목시계
过 guò 지나다(시간이 지남)
一会儿 yíhuìr 잠시 동안, 잠깐 사이
还是 háishi 여전히
发现 fāxiàn 발견하다

11. 

小王感冒了。

샤오왕은 감기에 걸렸다.

녹음

小王，天气变冷了，你要多穿一点儿衣服，小心感冒。

샤오왕, 날씨가 추워졌어요. 옷 많이 입고 감기 조심하세요.

Point 동사 '小心'은 '조심하다'의 의미이다. 감기 걸리지 않게 조심하라고 했으므로 아직 감기에 걸리지는 않았다.

단어 天气 tiānqì 날씨
变 biàn 변하다
冷 lěng 춥다
小心 xiǎoxīn 조심하다
感冒 gǎnmào 감기

12. 문제

这个饭店的菜很好吃。

이 식당의 요리는 정말 맛있다.

녹음

这个饭店的菜真不错，每次吃了都还想吃。

이 식당의 요리는 정말 맛있어요. 매번 먹고 나면 또 먹고 싶어요.

√

Point 형용사 '不错'는 '잘하다', '좋다'는 의미의 구어표현이다.

단어 **饭店** fàndiàn 식당
菜 cài 요리
不错 búcuò 좋다
每次 měicì 매번
还 hái 또, 여전히
好吃 hǎochī 맛있다

13. 문제

他在北京旅行了一个星期。

그는 베이징에서 일주일간 여행을 했다.

녹음

北京是个有着两千多年历史的城市，有名的地方很多，你一个星期也看不完。

베이징은 2천여 년의 역사가 있는 도시로서 유명한 곳이 많아 일주일 동안에도 다 볼 수 없다.

Point '看不完'은 가능보어의 형식으로 '다 볼 수 없다'는 의미이다. 그러므로 문제와는 다른 주제이다.

단어 **着** zhe ~하고 있다(상태의 지속)
多 duō ~여(양사 앞, 뒤에 놓여 대략적인 수를 나타냄)
历史 lìshǐ 역사
城市 chéngshì 도시
有名 yǒumíng 유명하다
地方 dìfang 지역
也 yě 또한
旅行 lǚxíng 여행하다
星期 xīngqī 주

14. 문제

他为孩子担心。

그는 아이를 걱정한다.

녹음

孩子每天6点回家，但是今天8：30还没回来，也没打电话，真让人着急。

아이는 매일 6시면 돌아오는데 오늘은 8시 반이 되도록 돌아오지도 않고 전화도 없어요. 정말 걱정되네요.

Point 전치사 '为'는 '~위해서, ~때문에'의 의미이다. '担心'은 '걱정하다'이고, '着急'는 '초조하다'는 의미로 두 문장은 모두 아이 때문에 걱정하고 초조해함을 표현한다.

단어 **每天** měitiān 매일
但是 dànshì 그러나
还 hái 아직
回来 huílái 돌아오다
打电话 dǎ diànhuà 전화를 걸다
真 zhēn 정말
让 ràng (~로 하여금) ~하게 하다
着急 zháojí 조급해하다
担心 dānxīn 걱정하다

15. 문제

他感谢老师。

그는 선생님께 감사한다.

녹음

如果没有老师的帮助，我的考试成绩不会这么好。

만약 선생님의 도움이 없었다면 제 시험성적이 이렇게 좋을 수 없었을 거예요.

√

Point '没有A, (就)没有/不会B'는 가설관계 구조로 'A가 없으면 B도 없다'는 뜻이다. 녹음은 성적이 올라가게끔 도와주신 선생님에게 감사함을 표현하는 태도이다.

단어
如果 rúguǒ 만일
帮助 bāngzhù 돕다
考试 kǎoshì 시험
成绩 chéngjì 성적
这么 zhème 이렇게
感谢 gǎnxiè 감사하다

16. 문제

他每天晚上两点以后睡觉。

그는 매일 밤 2시 이후에 잠을 잔다.

녹음

我工作很忙，回家很晚，到家的时候就晚上十一点了，洗澡以后可能就十二点了，每天睡觉的时间都在十二点半到一点之间。

나는 일이 바빠서 집에 늦게 돌아간다. 집에 도착하면 저녁 11시이고, 샤워하고 나면 12시쯤 된다. 매일 취침시간은 12시 반에서 1시 사이이다.

Point '睡觉的时间都在12点半到1点'에서 알 수 있듯이 취침시간은 2시가 아니다.

단어
到 dào 도착하다
时候 shíhou 때
就 jiù 벌써
洗澡 xǐzǎo 목욕하다
以后 yǐhòu 이후
可能 kěnéng 아마도
睡觉 shuìjiào 잠을 자다
时间 shíjiān 시간

17. 문제

今天晚上的比赛很重要。

오늘 저녁에 있는 시합은 매우 중요하다.

녹음

我准备了一年，才得到了参加比赛的机会，所以今天晚上我一定要努力。

1년을 준비해서야 시합에 참가할 수 있는 기회를 얻었다. 그러므로 오늘 저녁 나는 반드시 최선을 다할 것이다.

Point '准备了一年'에서 어렵게 얻은 기회임을 알 수 있고, '今天晚上我一定要努力'에서 화자가 시합에 임하는 태도를 알 수 있다.

단어
准备 zhǔnbèi 준비하다
才 cái 비로소
得到 dédào 얻어내다
参加 cānjiā 참가하다
比赛 bǐsài 경기, 시합
机会 jīhuì 기회
所以 suǒyǐ 그래서
一定 yídìng 반드시
努力 nǔlì 노력하다
重要 zhòngyào 중요하다

18. 문제

他认为一边吃饭一边看报的习惯不好。

그는 밥을 먹으면서 신문을 보는 습관을 좋지 않다고 여긴다.

녹음

你吃饭就吃饭，看报就看报，别两件事一起做。

밥 먹을 때는 밥을 먹고, 신문을 볼 때는 신문을 봐야지, 두 가지를 같이 하지 마세요.

√

Point '别'를 사용한 금지명령문 형식이다.

단어
习惯 xíguàn ~가 습관이 되다
看报 kàn bào 신문을 보다
一边A一边B yìbiān A yìbiān B A하면서 B하다(동시동작)

19. 문제

他对历史很有兴趣。

그는 역사에 흥미가 있다.

녹음

我爸爸是中学的数学老师，他希望我也喜欢数学，让我大学的时候学数学或电脑，但是我对这些没有兴趣，我喜欢看历史小说，所以我学了历史。

우리 아버지는 중학교 수학선생님이시다. 아버지는 내가 수학을 잘 해서, 대학교에서 수학이나 컴퓨터를 전공하기를 바라셨다. 그러나 나는 그런 것에는 흥미가 없고, 역사소설을 좋아해서 역사를 전공했다.

Point '喜欢看历史小说'에서 역사를 좋아함을 알 수 있다.

단어
中学 zhōngxué 중고등학교
数学 shùxué 수학
希望 xīwàng 희망하다
让 ràng (~로 하여금) ~하게 하다
或 huò 혹은
但是 dànshì 그러나
对……有兴趣 duì…yǒu xìngqù ~에 대해 흥미가 있다
历史 lìshǐ 역사
小说 xiǎoshuō 소설

20. 문제

他还不习惯大学的生活。

그는 아직도 대학 생활에 적응하지 못했다.

녹음

刚上大学的时候，离开了爸爸妈妈，我觉得什么都很新鲜，当然也有很多不习惯的地方。一年过去了，我已经很习惯大学的生活了。

대학에 갓 입학했을 때 부모님을 떠나 생활하는 것이 새롭게 느껴졌다. 물론 적응되지 않는 것들도 있었지만 1년이 지나고 나니 지금은 대학교 생활에 적응되었다.

╳

Point '已经很习惯大学的生活了'에서 답을 판단할 수 있다.

단어
刚 gāng 막
离开 líkāi 떠나다
觉得 juéde ~라고 여기다
新鲜 xīnxiān 신선하다, 새롭다
当然 dāngrán 당연히
习惯 xíguàn 적응하다
地方 dìfang 곳, 점
过去 guòqu 지나가다
已经 yǐjing 이미
生活 shēnghuó 생활

제3부분

21-30

예시

A 开门　　B 拿东西　　C 去超市买东西
　문 열기　　물건 받기　　시장에 가서 물건 사오기

녹음

男：小王，帮我开一下门，好吗？谢谢！
女：没问题。您去超市了？买了这么多东西。
问：男的想让小王做什么？

남：샤오왕, 나 좀 도와 문 좀 열어줄 수 있어요? 고마워요!
여：그래요. 마트에 갔었나요? 물건을 많이 샀네요.
질문：남자는 샤오왕이 무엇을 하길 바라나요?

A

Point 문장 속에서 남자가 샤오왕에게 '帮我开一下门'이라고 말하는 것을 들었다면 풀 수 있는 문제이다.

단어 **帮** bāng 돕다
开门 kāimén 문을 열다
一下 yíxià 좀 ~하다(동사 뒤에 쓰임)
超市 chāoshì 마트, 슈퍼마켓
买 mǎi 사다
这么 zhème 이렇게
东西 dōngxi 물건
拿 ná (물건을) 받다, 잡다

---

21. A **在外边倒了** 밖에서 넘어졌다
B **外边风很大** 밖에 바람이 세게 분다
C **自己身体不好** 건강이 좋지 않다

녹음

男：外边的风怎么刮得这么大！
女：可不是！差一点儿把我刮倒了。
问：女人的意思是：

남: 밖에 바람이 정말 세게 부네요!
여: 그러게 말이에요! 하마터면 바람 때문에 넘어질 뻔했어요.
질문: 여자의 말이 의미하는 것은?

B

Point '差一点儿'은 '하마터면'의 의미이다. 넘어질 뻔했을 만큼 바람이 세게 불었음을 과장되게 표현했다.

단어 **外边** wàibian 바깥
风 fēng 바람
怎么 zěnme 어째서
刮 guā 불다
这么 zhème 이렇게
可不是 kěbushì 그러게(맞장구 칠 때 쓰임)
差一点儿 chà yìdiǎnr 하마터면
倒 dǎo 넘어지다
身体 shēntǐ 몸

22. A 没有更大的 더 큰 것이 없다
B 还有大一号的 한 사이즈 큰 것이 있다
C 可以便宜一点儿 좀 더 싸게 할 수 있다

녹음

女：请问，这种裙子有大一号的吗？
男：这就是最大的了。您再试试旁边这条，好吗？
问：男人的意思是：

여: 이 치마 한 치수 큰 거 있나요?
남: 이게 가장 큰 거예요. 옆에 있는 이 치마 한 번 입어보시겠어요?
질문: 남자의 말이 의미하는 것은?

A

Point '最大'는 가장 크다는 의미로, 즉 더 이상 큰 사이즈가 없다는 말이다.

단어 请问 qǐngwèn 말씀 좀 여쭙겠습니다
种 zhǒng 종류
裙子 qúnzi 치마
号 hào 호(사이즈)
最 zuì 가장
再 zài 다시
试 shì 입어보다
旁边 pángbiān 옆
条 tiáo 벌(바지나 치마를 세는 양사)
更 gèng 더
还 hái 또
可以 kěyǐ ~라 할 수 있다
便宜 piányi 싸다
一点儿 yìdiǎnr 조금

23. A 买不到票 표를 사지 못하다
B 不想去看 보러 가고 싶지 않다
C 不知道在哪儿买票 어디에서 표를 사는지 모른다

녹음

男：听说今天晚上的音乐会很有意思，你不想看看吗？
女：怎么不想，但是哪儿都买不到票啊。
问：女人的意思是：

남: 오늘 저녁에 있을 콘서트가 정말 재미있다던데 보고 싶지 않아요?
여: 왜 안 보고 싶겠어요. 하지만 어디서도 표를 구할 수가 없었어요.
질문: 여자의 말이 의미하는 것은?

A

Point 핵심표현인 '서술어(买)+보어(不到)+목적어(票)'구조는 가능보어 형식으로 살 수 없다는 불가능을 표현했다.

단어 听说 tīngshuō 듣자 하니
音乐会 yīnyuèhuì 음악회
怎么不…… zěnme bù… 어떻게 ~ 안 하겠어(반어문)
但是 dànshì 그러나
买票 mǎi piào 표를 사다
知道 zhīdao 알다

24. A 考试 시험　B 比赛 시합　C 买东西 물건을 사다

녹음

女：昨天的球踢得怎么样？
男：1：1，还可以吧。
问：他们在说什么？

여: 어제 축구경기 어땠어요?
남: 1:1이요, 결과 괜찮죠?
질문: 그들은 말하고 있는 것은 무엇인가요?

B

Point '踢球'는 '축구를 하다'이고, 그 결과가 '1:1'이라고 했으므로 축구경기에 대해 이야기하고 있음을 알 수 있다.

단어 踢球 tī qiú 축구를 하다
怎么样 zěnmeyàng 어떠니
还 hái 그런대로
可以 kěyǐ 좋다
吧 ba 추측이나 의견제시를 나타냄
考试 kǎoshì 시험
比赛 bǐsài 시합

25. A 学习 B 休息 C 看电视
공부하다 휴식하다 텔레비전을 보다

녹음

男: 怎么不开门，是不是又在房间里看电视，看的时间长了对眼睛不好。
女: 爷爷，我哪看电视了，我是在房间休息。
问: 女的在房间里做什么?

남: 왜 문을 안 열어? 또 방에서 텔레비전 보고 있는 거 아냐? 오래 보면 눈 나빠진다.
여: 할아버지, 제가 언제 텔레비전을 봤어요. 저는 방에서 쉬고 있었어요.
질문: 여자는 방에서 무엇을 하고 있었나요?

B

Point 핵심표현은 '在房间里休息'이다.

단어 **怎么** zěnme 어째서
是不是 shì bu shì ~입니까(사실확인을 위한 의문문을 만듦)
又 yòu 또
对……(不)好 duì…(bù) hǎo ~에 대해 좋(지 않)다
眼睛 yǎnjing 눈
哪 nǎ 어디(반어문을 만듦)
休息 xiūxi 쉬다
学习 xuéxí 공부하다

26. A 家 B 商店 C 饭馆
집 가게 식당

녹음

女: 怎么样，今天吃好了吗?
男: 你说的没错。这里的菜真的又便宜又好吃。
问: 他们可能在什么地方?

여: 어때요, 오늘 식사 맛있게 하셨어요?
남: 당신 말이 맞네요. 여기 음식은 정말 싸고 맛있어요.
질문: 그들은 어디에 있나요?

C

Point '吃', '菜', '好吃'에서 장소를 추측할 수 있다.

단어 **怎么样** zěnmeyàng 어떠니
没错 méicuò 틀리지 않다
菜 cài 요리
又A又B yòu A yòu B A하기도 하고 B하기도 하다
便宜 piányi 싸다
好吃 hǎochī 맛있다
可能 kěnéng 어쩌면

27. A **你说的不对** 당신 말이 틀렸다
B **哪儿的菜都会做** 어디의 음식이든 다 할 줄 안다
C **你在哪儿听说的** 누구한테 들었는가

녹음

男: 听说你很会做菜。
女: 哪儿啊，我做得不好。
问: 女人说的"哪儿啊"是指:

남: 요리를 잘한다고 들었어요.
여: 아니에요, 잘 못해요.
질문: 여자가 말한 '哪儿啊'의 의미는?

A

Point '哪儿啊'는 상대방의 말에 대한 부정의 표현으로 '무슨 소리야, 아니다'의 의미다.

단어 **听说** tīngshuō 듣자 하니
会 huì ~할 줄 안다
做菜 zuòcài 음식을 만들다

28. A 生气 화내다　B 满意 만족하다　C 难过 괴롭다

녹음

女：给，你要的火车票，一共3张。

男：没想到，你还真有办法，这么难买的票都买到了。

问：男的感到？

여: 자, 당신이 원하던 기차표예요. 모두 3장이요.

남: 이렇게 사기 어려운 표도 다 구하다니, 정말 대단해요.

질문: 남자의 태도는?

B

Point '有办法'는 '재주가 있다'는 의미로 상대방의 능력을 칭찬하는 표현이다.

단어
给 gěi 주다
要 yào 요구하다
一共 yígòng 모두, 합쳐서
张 zhāng 장(종이로 된 것을 세는 양사)
没想到 méi xiǎngdào 생각지도 못하게
还 hái ~하기까지 하다
有办法 yǒu bànfǎ 재주가 있다
这么 zhème 이렇게
难 nán 어렵다
都 dōu ~조차도
感到 gǎndào ~라고 느끼다
生气 shēngqì 화나다
满意 mǎnyì 만족하다
难过 nánguò 괴로워하다

29. A 别去喝酒 술 마시러 가지 마라
B 马上吃饭 곧 밥을 먹는다
C 在饭店睡觉 식당에서 잠을 자다

녹음

男：今天晚上我和朋友一起吃饭，晚一点儿回来。

女：又去喝酒，一星期去八次，你就睡在饭店里吧。

问：女的希望男的做什么？

남: 오늘 저녁에 친구랑 같이 밥 먹고 늦게 돌아갈게요.

여: 또 술 마시러 가는군요. 일주일에 8번을 마시네요. 그냥 식당에서 자요.

질문: 여자는 남자가 무엇을 하길 바라나요?

A

Point '睡在饭店里'라고 한 말은 여자가 홧김에 한 말이지, 정말로 남자가 식당에서 자기를 바라는 건 아니다. 여자는 남자가 술을 안 마시길 바란다.

단어
和 hé ~와
一起 yìqǐ 함께
晚 wǎn 늦다
又 yòu 또
次 cì 회
就 jiù 명확한 입장이나 사실을 드러냄
饭店 fàndiàn 음식점
希望 xīwàng 희망하다
喝 hē 마시다
酒 jiǔ 술
马上 mǎshang 곧

30. A 不知道 모른다　B 女人的班 여자의 반　C 自己的班 자신의 반

녹음

女：你觉得你们班和我们班这两个球队，哪个能赢？

男：那还用问，就你们班那水平，怎么能和我们班比？

问：男的觉得谁能赢？

여: 너희 반과 우리 반 두 축구팀 중에 누가 이길 거 같아?

남: 두말할 필요 없지. 너희 반 실력을 어떻게 우리 반이랑 비교하니?

질문: 남자는 누가 이길 것이라고 생각하나요?

C

Point '怎么能和我们班比'라고 했다. 상대방이 비교도 안 될 만큼 실력이 낮다는 의미로 당연히 우리 반이 이길 것이라고 자신하고 있다.

단어
觉得 juéde ~라고 여기다
班 bān 반
球队 qiúduì 구기종목 팀
赢 yíng 이기다
还用…… háiyòng…~할 필요가 있나
就 jiù 겨우
水平 shuǐpíng 수준
比 bǐ 비교하다
知道 zhīdao 알다
自己 zìjǐ 자신

제4부분

31-40

예시

A 洗澡　　B 吃饭　　C 看电视
샤워를 한다　　밥을 먹는다　　텔레비전을 본다

녹음

女: 晚饭做好了，准备吃饭了。
男: 等一会儿，比赛还有三分钟就结束了。
女: 快点儿吧，一起吃，菜冷了就不好吃了。
男: 你先吃，我马上就看完了。
问: 男的在做什么?

여 : 저녁식사가 다 됐어요. 식사하세요.
남 : 잠깐만요, 시합 시간이 아직 30분이나 남았어요.
여 : 빨리 와서 같이 먹어요. 음식이 식으면 맛이 없잖아요.
남 : 먼저 먹어요. 시합은 곧 끝나요.
질문 : 남자는 무엇을 하고 있나요 ?

C

Point 남자의 대화 중에서 '比赛', '你先吃', '我马上就看完了'라는 말을 듣고 남자가 무언가 보고 있음을 예측할 수 있다.

단어
晚饭 wǎnfàn 저녁식사
做 zuò (음식을) 하다
准备 zhǔnbèi 준비하다
等 děng 기다리다
比赛 bǐsài 시합, 경기
还有 háiyǒu 아직도
结束 jiéshù 마치다, 끝나다
菜 cài 요리
冷 lěng 식다
好吃 hǎochī 맛있다
先 xiān 먼저
马上 mǎshang 곧
洗澡 xǐzǎo 샤워하다, 목욕하다
电视 diànshì 텔레비전

31. A 上午　　B 中午　　C 下午
오전　　점심　　오후

녹음

女: 今天你什么时候去银行? 上午还是下午?
男: 我想下午去，怎么，你也去吗?
女: 我也要去，我中午有时间，我们吃午饭以后一起去，怎么样?
男: 好吧，就听你的。
问: 他们什么时候去银行?

여: 오늘 언제 은행에 갈 거예요? 오전 아니면 오후요?
남: 오후에 갈 생각이에요, 왜요? 같이 가려고요?
여: 저도 가려고요. 전 점심에 시간이 괜찮은데, 점심 먹고 갈까요?
남: 좋아요, 그렇게 하죠.
질문: 그들은 언제 은행에 가나요?

B

Point 여자가 '中午有时间', '吃午饭以后一起去'라고 했고 남자도 동의했으므로 그들이 출발하는 시간은 '中午'이다. 남자가 말한 '下午'와 혼동하지 말아야 한다.

단어
银行 yínháng 은행
上午 shàngwǔ 오전
下午 xiàwǔ 오후
怎么 zěnme 어째서
中午 zhōngwǔ 정오, 점심
午饭 wǔfàn 점심 식사
以后 yǐhòu ~이후에
一起 yìqǐ 함께
好吧 hǎo ba 좋아(동의)
就 jiù 단호한 입장을 나타냄
听你的 tīng nǐ de 네 말을 들을게

32. A 汉语比赛 중국어 대회　B 唱歌比赛 노래 시합　C 跳舞比赛 춤 시합

녹음

男: 这次汉语比赛你想表演什么节目?
女: 我想跳个中国舞。
男: 那哪儿行呀? 这是汉语比赛, 又不是跳舞比赛。
女: 那我就一边跳舞、一边唱中国歌, 这样行了吧?
问: 女的要参加什么比赛?

남: 이번 중국어 대회에서 어떤 공연을 할 생각이에요?
여: 중국 춤을 추려고요.
남: 그게 가능해요? 중국어 대회이지 춤 시합도 아니잖아요.
여: 그러면 춤 추면서 중국노래 하면 되죠.
질문: 여자는 무슨 대회에 참가하나요?

A

Point '是A不是B'는 'A이지 B가 아니다'의 의미로, 중국어 대회이지 다른 대회가 아님을 말해주었다.

단어 比赛 bǐsài 경기
表演 biǎoyǎn 공연하다
节目 jiémù 프로그램
跳舞 tiàowǔ 춤을 추다
哪儿 nǎr 어디(반어문)
行 xíng 좋다, 괜찮다
又 yòu 또(이유를 첨가할 때)
那 nà 그럼
就 jiù 그럼(앞에 오면 전제를, 뒤에 오면 판단이나 결과를 나타냄)
一边A一边B yìbiān A yìbiān B 한편으로는 A하면서 한편으로는 B한다
这样 zhèyàng 이러하다, 이렇게
吧 ba 제안을 나타냄
参加 cānjiā 참가하다

33. A 家里 집　B 路上 길　C 办公室 사무실

녹음

女: 你怎么到这儿来了?
男: 我找你半天了, 在办公室和你家都没有你, 没想到在路上碰到了。
女: 找我有事吗?
男: 那还用说, 快跟我去医院。
问: 他们可能在什么地方?

여: 어떻게 여기까지 왔어요?
남: 한참을 찾아 다녔어요. 사무실에도 집에도 없더니, 길에서 만날 줄은 몰랐네요.
여: 무슨 일이에요?
남: 긴말은 필요 없고 어서 저와 같이 병원에 가요.
질문: 그들은 어디에 있나요?

B

Point '在路上碰到了'에서 그들이 만난 장소는 길이라는 것을 알 수 있다.

단어 怎么 zěnme 어째서
找 zhǎo 찾다
半天 bàntiān 반나절, 한참
办公室 bàngōngshì 사무실
没想到 méi xiǎngdào 생각지도 않게
路上 lùshang 길에서
碰到 pèngdào 우연히 만나다
还用…… háiyòng…~할 필요가 있나
医院 yīyuàn 병원
可能 kěnéng 아마도
办公室 bàngōngshì 사무실

34. A 商店 가게　B 银行 은행　C 书店 서점

녹음

男：小姐，请问，这儿附近有书店吗？

女：什么？商店？有，你要找什么商店？

男：不是商店，是书店，我要买书。

女：书店也有，你看，前边有个银行，银行的旁边就是。

问：男人要找什么？

남: 아가씨, 실례지만 근처에 서점이 있나요?

여: 네? 가게요? 있어요, 무슨 가게 찾는데요?

남: 가게가 아니라 서점이요. 책 사려고요.

여: 서점도 있어요. 앞에 보이는 은행의 바로 옆이 서점이에요.

질문: 남자는 무엇을 찾고 있나요?

C

Point 남자가 얘기한 장소는 '书店'이다. 여자가 말한 장소들과 헷갈리지 말아야 한다.

단어
- **附近** fùjìn 부근
- **书店** shūdiàn 서점
- **商店** shāngdiàn 상점
- **不是A是B** búshì A shì B A가 아니라 B이다
- **银行** yínháng 은행
- **旁边** pángbiān 옆
- **就是** jiùshì 바로

35. A **因为下雪** 눈이 오기 때문에

B **因为买得多** 많이 샀기 때문에

C **因为有客人要来** 손님이 오기 때문에

녹음

女：王老师，回来啦？怎么买了这么多菜啊？

男：今天晚上有客人要来。您也去买菜呀？

女：是呀，今天的菜贵不贵？

男：刚下了雪，哪儿能不贵呢！

问：今天的菜为什么贵？

여: 왕 선생님, 돌아오셨어요? 반찬거리는 왜 이렇게 많이 샀어요?

남: 오늘 저녁에 손님이 오시거든요. 당신도 시장에 가는 길이에요?

여: 네, 오늘 야채 가격 비싸요?

남: 금방 눈이 내렸는데 당연히 비싸죠!

질문: 오늘 야채는 왜 비싼가요?

A

Point '刚下了雪' 때문에 야채가 비싸다고 했다. '哪儿能不贵呢!'는 반어문의 형식으로 '비싸지 않을 리가 있는가'라는 뜻이다.

단어
- **啦** la '了啊'의 줄임말
- **怎么** zěnme 어째서
- **这么** zhème 이렇게
- **菜** cài 요리
- **客人** kèrén 손님
- **贵** guì 비싸다
- **刚** gāng 막
- **下雪** xià xuě 눈이 오다
- **哪儿能……** nǎr néng… 어떻게 ~할 수 있겠나
- **为什么** wèishénme 왜
- **因为** yīnwèi 왜냐하면

36. A 8点 B 10点 C 11点
8시 10시 11시

녹음

男：明天小王要回国了，我们去送送她吧！
女：好，几点的飞机呀？
男：上午11点的飞机，我们最好早一个小时到机场。
女：那我们8点在门口见，和她一起去机场吧。
问：小王明天几点的飞机？

남: 샤오왕이 내일 귀국한다는데 우리 배웅하러 가요!
여: 네, 몇 시 비행기예요?
남: 오전 11시 비행기요. 1시간 일찍 공항에 도착하는 게 가장 좋아요.
여: 그럼 8시에 입구에서 만나서 샤오왕과 같이 공항에 가요.
질문: 샤오왕은 내일 몇 시 비행기를 타나요?

C

Point '上午11点的飞机'에서 비행기 시간을 알 수 있다.

단어
要……了 yào…le 곧 ~하려 한다
送 sòng 배웅하다
吧 ba 권유, 제안
上午 shàngwǔ 오전
最好 zuìhǎo 제일 좋다
到 dào 도착하다
门口 ménkǒu 입구

37. A 还有时间 아직 시간이 남았다
B 也想去北京 나도 베이징에 가고 싶다
C 车已经开了 기차가 이미 떠났다

녹음

女：火车就要开了，你们快下车吧！
男：好吧，路上一定要小心，到了北京一定给我打电话。
女：知道了，你快点儿下去吧！
男：啊！别着急了，车已经开了，下不去了。
问：男的为什么说“别着急”？

여: 기차가 곧 출발해요, 빨리 내리세요!
남: 네. 가는 길에 조심하고 베이징에 도착하면 꼭 전화해요.
여: 알았어요. 빨리 내려요!
남: 아차! 서두를 필요 없네요. 기차가 출발했으니 내릴 수가 없어요.
질문: 남자는 왜 '别着急'라고 했는가?

C

Point '不用着急了，车已经开了'에서 서두르지 않아도 되는 이유를 말해주었다.

단어
开 kāi 운행하다
下车 xià chē 차에서 내리다
路上 lùshang 길에서, 도중에
小心 xiǎoxīn 조심하다
打电话 dǎ diànhuà 전화를 걸다
不用 búyòng ~할 필요가 없다
着急 zháojí 조급해하다
已经 yǐjing 이미

38. A 家 B 教室 C 图书馆
집 교실 도서관

녹음

男: 这么晚了，还不回去休息呀?
女: 明天要考试了，想多看一会儿书。你呢?
男: 我也一样，我觉得教室里这些同学也都差不多吧!
女: 我一看见床，就想睡觉，所以还是在教室里学习好。
问: 他们在哪里?

남: 이렇게 늦었는데 아직도 안 갔네?
여: 내일 시험이라 책 좀 더 보려고. 너는?
남: 나도 그래. 교실에 있는 친구들도 다 비슷한 처지겠지?
여: 난 침대만 보면 졸려. 그래서 교실에서 공부하는 게 좋아.
질문: 그들은 어디에 있나요?

B

Point '教室里这些同学', '还是在教室里学习好'에서 장소를 알 수 있다.

단어
这么 zhème 이렇게
还不……hái bù ⋯ 그런대도 ~하지 않아(반어문)
要……了 yào ⋯ le 곧 ~ 하려 한다
考试 kǎoshì 시험을 보다
一会儿 yíhuìr 잠시
一样 yíyàng 같다
觉得 juéde ~라고 여기다
教师 jiàoshī 교사
些 xiē ~들(복수양사)
差不多 chàbuduō 비슷하다
吧 ba 추측
一A就B yī A jiù B A하기만 하면 B한다
睡觉 shuìjiào 잠을 자다
所以 suǒyǐ 그래서
还是……好 háishi ⋯ hǎo 그래도 ~ 하는 편이 낫다(선택상황)
图书馆 túshūguǎn 도서관

39. A 复习 B 考试 C 休息
복습 시험 휴식

녹음

女: 这个周末你打算做什么?
男: 还能做什么，当然是复习啊! 下周要考试了。
女: 怕什么，老师说考试很简单，不用担心的。
男: 简单? 那是对你，我可没有你那么好的成绩。
问: 男人周末打算做什么?

여: 이번 주말에 뭐 할 계획이야?
남: 뭐하긴, 당연히 복습해야지! 다음 주에 시험이 있잖아.
여: 겁낼 거 뭐 있어. 시험문제가 간단할 거니까 걱정할 필요 없다고 선생님이 말씀하셨잖아.
남: 간단해? 너한테는 그렇겠지만 난 너처럼 성적이 좋지 못하잖아.
질문: 남자는 주말에 무엇을 할 계획인가요?

A

Point '当然是复习啊'에서 남자의 주말계획을 알 수 있다.

단어
周末 zhōumò 주말
打算 dǎsuan ~할 작정이다
还能……háinéng ⋯ 그런대도 ~할 수 있나
当然 dāngrán 당연히
复习 fùxí 복습하다
下周 xiàzhōu 다음주
要……了 yào ⋯ le 곧 ~하려 하다
考试 kǎoshì 시험을 보다
怕 pà 걱정하다
什么 shénme 뭐 ~하나(동사나 형용사 뒤에 붙어 반어문을 나타냄)
简单 jiǎndān 간단하다
不用 búyòng ~할 필요가 없다
担心 dānxīn 걱정하다
对 duì ~에 대해
可 kě 정도, 상황, 입장을 강조
成绩 chéngjì 성적

40. A 男人 B 同事 C 王经理
남자 동료 왕 사장

녹음

男: 今天你想在哪儿请大家吃饭?
女: 学校门口有一个北京饭店, 怎么样?
男: 那儿的菜很好吃。除了请我以外, 你还请了谁?
女: 除了王经理有事不能来以外, 我们公司的十几个人都请了。
问: 女人没有请谁?

남: 오늘 식사대접은 어디에서 할 생각이에요?
여: 학교 문 앞에 베이징식당이 있는데, 어때요?
남: 그 식당 음식이 맛있어요. 저 외에 또 누구를 초대했어요?
여: 왕 사장님은 일이 있어서 못 오시고, 우리 회사의 열 몇 명 되는 사람들을 다 초대했어요.
질문: 여자는 누구를 초대하지 않았나요?

C

Point '除了……以外'는 '~를 제외하고'의 의미로, 왕 사장님을 제외했음을 알 수 있다.

단어
请 qǐng 초대하다, 대접하다
门口 ménkǒu 입구
怎么样 zěnmeyàng 어때
菜 cài 요리
除了……以外 chúle…yǐwài ~를 제외하고
经理 jīnglǐ 사장님, 책임자급
公司 gōngsī 회사
几 jǐ 몇(숫자 대신 대략적인 수를 말할 때)
同事 tóngshì 동료

독해

제1부분

41-45

A 今天天气特别冷，虽然没有风，可天一直阴着。 오늘 날씨가 매우 춥다. 비록 바람은 없지만 계속 흐리다.

단어 天气 tiānqì 날씨 | 特别 tèbié 특히 | 冷 lěng 춥다 | 虽然 suīrán 비록 | 可 kě 그러나 | 天 tiān 날, 날씨 | 一直 yìzhí 내내 | 阴 yīn 흐리다 | 着 zhe 상태의 지속을 나타냄

B 女儿一边上学，一边工作，真让人心疼啊。 딸은 학교를 다니면서 일을 하는데 정말 마음이 아프다.

단어 女儿 nǚ'ér 딸 | 一边A一边B yìbiān A yìbiān B 한편으로는 A하며 한편으로는 B하다 | 真 zhēn 정말 | 让 ràng (~로 하여금) ~하게 하다 | 心疼 xīnténg 마음이 아프다 | 啊 a 감탄을 나타냄

C 想出去走走，大家就担心出问题，总是在家里，什么新鲜事都不知道。
나가서 좀 걷고 싶은데 모두들 사고가 날까 봐 걱정한다. 늘 집에만 있으면 아무런 새로운 일이 없다.

단어 走 zǒu 걷다 | 就 jiù 그러면 | 担心 dānxīn 걱정하다 | 出问题 chū wèntí 문제가 생기다 | 总是 zǒngshì 늘, 항상 | 新鲜事 xīnxiān shì 새로운 일 | 知道 zhīdao 알다

D 可不是，以前节日时人们都是在家吃饭，你看现在越来越多的人都选择去饭店了。
그러게요. 예전에는 명절 때 사람들이 모두 집에서 식사를 했었지만 지금은 점점 많은 사람들이 식당을 선택해요.

단어 可不是 kěbushì 그러게 | 以前 yǐqián 이전에 | 节日 jiérì 기념일, 명절 | 时 shí 때 | 越来越…… yuè lái yuè…점점 ~ 해지다 | 选择 xuǎnzé 선택하다

E 我想先坐地铁，然后换公共汽车，大概要2个小时吧。
우선 지하철을 타고 그 다음 버스로 갈아타는 데 아마도 2시간쯤 걸릴 거예요.

단어 地铁 dìtiě 지하철

F 你知道吗？今天早上电梯坏了，可我的办公室在16层。
그거 알아? 오늘 아침에 엘리베이터가 고장 났는데 우리 사무실은 16층이야.

단어 电梯 diàntī 엘리베이터 | 坏 huài 고장 나다 | 可 kě 그러나 | 办公室 bàngōngshì 사무실 | 层 céng 층

예시 你知道怎么去那儿吗？

너는 거기에 어떻게 가는지 아니?

E

Point 문장 속의 '怎么去'를 듣고 목적지에 가는 수단이나 방법에 대해 묻고 있음을 알 수 있다.

단어 知道 zhīdao 알다
怎么 zěnme 어떻게
去 qù 가다
那儿 nàr 거기(에)

41. 她在学校附近的饭店找了个工作，每天4小时，每小时20元钱。

그녀는 학교근처 식당에서 일자리를 구했는데 매일 4시간씩 일하며 시간당 페이는 20위안이다.

B

Point 핵심단어는 '学校'와 '工作'이다

단어 **附近** fùjìn 부근
找工作 zhǎo gōngzuò 일자리를 찾다
元 yuán 위안(중국 화폐 단위)
钱 qián 돈

42. 所以先别和我说话，我累坏了，现在什么也不想做。

그러니까 일단 나한테 말 시키지 마. 힘들어 죽겠어. 지금은 아무것도 하고 싶지 않아

F

Point 문제는 F에 대한 답변이다. '电梯坏了，可我的办公室在16层'이 '累坏了'한 이유이다.

단어 **所以** suǒyǐ 그래서
先 xiān 우선
别 bié ~하지 마라
坏了 huài le 형용사나 심리동사 뒤에 붙여 정도가 심함을 나타냄

43. 我觉得不舒服，人老了，天一阴，就觉得全身疼。

오늘 몸이 안 좋아. 나이 드니까 날이 흐리면 온 몸이 쑤셔.

A

Point 핵심단어는 '阴'이다.

단어 **觉得** juéde ~라고 여기다
舒服 shūfu 편안하다
老 lǎo 늙다
一A就B yī A jiù B A하기만 하면 B하다
阴 yīn 흐리다
全身 quánshēn 온 몸
疼 téng 아프다

44. 现在人们越来越有钱，很多想法也和以前不一样了。

요즘 사람들은 돈이 점점 많아짐에 따라 생각도 예전과 많이 달라졌다.

D

Point 핵심단어는 '以前'과 '越来越'이다.

단어 **越来越……** yuè lái yuè … 점점 더 ~하다
有钱 yǒu qián 돈이 있다, 부유하다
想法 xiǎngfǎ 견해
和 hé ~와
一样 yíyàng 같다

45. 由于健康原因，她已经3年没有出门了。

건강 때문에 그녀는 이미 3년 동안 외출하지 않았다.

C

Point 동사 '出门'은 '외출하다'는 의미이고, 동사구 '出去走走'는 '산책하다'의 의미가 있으므로 두 문장은 호응된다.

단어 **由于……原因** yóuyú … yuányīn ~의 원인으로 인하여
健康 jiànkāng 건강
已经 yǐjing 이미
出门 chūmén 외출하다

46-50

A 如果像你这么瘦就好了，我吃得不多，但是一天比一天胖，真没办法。
당신처럼 말랐으면 좋겠어요. 먹는 양은 많지 않은데 하루하루 살이 찌니까 정말 어쩔 수 없네요.

단어 **如果** rúguǒ 만약 | **像……这么** xiàng…zhème ~처럼 이렇게 | **瘦** shòu 마르다 | **就好了** jiù hǎo le 그럼 좋다 | **但是** dànshì 그러나 | **一天比一天** yì tiān bǐ yì tiān 날로 | **胖** pàng 뚱뚱하다 | **办法** bànfǎ (처리) 방법

B 老王人真好，昨天又给我送药来了，我真不知道应该怎么谢他。
라오왕은 어찌나 인심이 좋은지 어제는 또 약을 갖다 주러 왔었어요. 정말 어떻게 감사해야 할지 모르겠어요.

단어 **真** zhēn 정말 | **送** sòng 선물하다, 주다 | **药** yào 약 | **应该** yīnggāi 마땅히 | **怎么** zěnme 어떻게 | **谢** xiè 감사하다

C 现在的年轻人太爱花钱了，要吃好的、用好的，还要去旅游。
지금 젊은이들은 돈 쓰는 걸 너무 좋아해요. 좋은 거 먹고, 좋은 거 쓰고, 또 여행도 가요.

단어 **年轻人** niánqīngén 젊은이 | **爱** ài ~하기를 좋아하다 | **花钱** huā qián 돈을 쓰다 | **用** yòng 사용하다 | **还** hái 또(첨가) | **旅游** lǚyóu 여행가다

D 我的手表坏了，朋友说"扔了吧，有手机就行了"。
내 손목시계가 고장이 나자 친구는 "버려, 휴대전화만 있으면 돼"라고 했다.

단어 **手表** shǒubiǎo 손목시계 | **坏** huài 고장 나다 | **扔** rēng (던져) 버리다 | **行** xíng 좋다, 괜찮다

E 这简单，你可以送茶、酒、水果这些吃的东西，还可以送鲜花。
간단해요. 차, 술, 과일 같은 먹을 걸 선물해도 되고, 꽃을 선물해도 되요.

단어 **简单** jiǎndān 간단하다 | **可以** kěyǐ ~해도 된다(권유) | **送** sòng 선물하다 | **还** hái 또(첨가) | **鲜花** xiānhuā 생화

---

46. 现在越来越多的人用手机看时间了。

요즘 점점 많은 사람들이 휴대전화로 시간을 확인한다.

D

Point 핵심단어는 '手机'이고, '看时间'은 '手表'와 호응된다.

단어 **越来越……** yuè lái yuè… 점점 더 ~해지다
时间 shíjiān 시간

---

47. 一个中国朋友请我去她家，我不知道带什么礼物，你帮我想想。

중국인 친구가 집으로 초대했는데 어떤 선물을 가져가야 할지 모르겠어요. 조언 좀 해주세요.

E

Point '送礼物'는 '선물하다'는 의미로 E와 호응된다.

단어 **请** qǐng 요청하다
带 dài 가지고 가다
礼物 lǐwù 선물
帮 bāng 돕다

---

48. 我们邻居老王，是个有名的医生，经常帮老邻居们看病。

이웃집 라오왕은 유명한 의사인데, 자주 연세가 드신 이웃 주민들을 진찰해 드린다.

B

Point '医生', '看病'이란 단어들이 '药'와 호응된다.

단어 **邻居** línjū 이웃
有名 yǒumíng 유명하다
医生 yīshēng 의사
经常 jīngcháng 늘, 자주
帮 bāng 돕다
看病 kànbìng 진찰하다

49. 最重要的是多运动，明天早上6点我去叫你，和我一起锻炼吧。

가장 중요한 건 운동을 많이 하는 거예요. 내일 아침 6시에 제가 데리러 갈 테니 같이 운동하러 가요.

A

Point '瘦', '胖'과 연관되는 것은 '运动'이다.

단어 **最** zuì 가장
重要 zhòngyào 중요하다
运动 yùndòng 운동하다
叫 jiào ~라고 부르다
锻炼 duànliàn 단련하다

50. 那是年轻人自己的事，你管那么多，累不累呀?

그건 젊은이들 일이에요. 오지랖이 넓네요. 피곤하지도 않아요?

C

Point 핵심단어는 '年轻人'이다.

단어 **年轻人** niánqīngrén 젊은이
自己 zìjǐ 자신
管 guǎn 관여하다, 참견하다
那么 nàme 그렇게

제2부분

51-55

A 送 sòng 데려다 주다　　C 在 zài ~에　　E 声音 shēngyīn 소리
B 世界 shìjiè 세계　　D 双 shuāng 켤레　　F 才 cái 겨우

예시 她说话的（　E　）多好听啊！

그녀가 말하는 소리는 정말 듣기 좋구나!

E

Point 문장 속의 '说话'와 '好听'을 통해 정답이 말하기, 듣기와 관련이 있음을 알 수 있고 '好听'이 '듣기 좋다'라는 의미를 지니므로 '소리'가 정답임을 알 수 있다.

단어 **说话** shuōhuà 말하다, 이야기하다
多……啊! duō…a! 얼마나 ~한가!(감탄)
好听 hǎotīng 듣기 좋다

---

51. 中国菜真是太好吃了。我来中国（　才　）两个月，就胖了六、七斤。

중국음식은 정말 맛있어요. 중국에 온 지 겨우 두 달인데, 3~3.5 킬로그램(kg)이나 쪘어요.

F

Point 부사 '才'는 '겨우'의 의미로 명사구 앞에 사용될 수 있으며, 문장에서는 짧은 시간 안에 몸무게가 늘었음을 말한다.

단어 **中国菜** Zhōngguócài 중국요리
真是 zhēnshi 정말로
胖 pàng 뚱뚱하다
斤 jīn 근(무게를 세는 단위/1근은 500그램을 가리킴))

---

52. 请帮我把他的电话号码写（　在　）本子上。

저 대신 그의 전화번호를 노트에 적어주세요.

C

Point '在……上'은 '방면, 범위'를 나타내는 구조이다.

단어 **请** qǐng 부디~해주세요(부탁할 때)
帮 bāng 돕다
电话号码 diànhuà hàomǎ 전화번호

---

53. 王经理，汽车就在外边，我们（　送　）您去饭店。

왕 사장님, 차가 밖에 대기되어 있습니다. 식당까지 모셔다 드리겠습니다.

A

Point 동사 '送'은 '선물하다'는 의미 외에 '데려다 주다'는 의미도 갖고 있다. '汽车'와 '饭店'에서 자동차로 식당까지 데려다 주려함을 알 수 있다.

단어 **经理** jīnglǐ 사장님, 책임자급
汽车 qìchē 자동차
就 jiù 바로(가까움)
饭店 fàndiàn 호텔, 식당

54. 我们不用出门，只要一上网就能知道（ 世界 ）那边的事。

우리는 나갈 필요 없이 인터넷만으로 세상 저편의 일을 알 수 있다.

B

Point '那边'은 방위사로 명사와 함께 사용할 수 있다.

단어 不用 búyòng ~할 필요가 없다
出门 chūmén 외출하다
只要 zhǐyào ~하기만 하면
一A就B yī A jiù B A하기만 하면 바로 B하다
上网 shàng wǎng 인터넷을 하다

55. 我去超市买了一（ 双 ）新鞋和一条新裙子。

나는 슈퍼마켓에서 새 신발 한 켤레와 치마 한 벌을 샀다.

D

Point '수사+양사+명사'구조이다. '鞋'를 세는 양사는 '双'이다.

단어 超市 chāoshì 슈퍼마켓
新 xīn 새
鞋 xié 신발
条 tiáo 벌(치마나 바지를 세는 단위)
裙子 qúnzi 치마

56-60

A 还是 háishi ~하는 편이 더 좋다　C 得 de 구조조사 뒤에 정도보어를 수반함　E 爱好 àihào 취미
B 的 de ~한 것　D 怎么 zěnme 어째서　F 谁 shéi 누구

예시

A: 你有什么（ 爱好 ）?
B: 我喜欢体育。

A : 너는 어떤 (취미)를 가지고 있니?
B : 나는 체육을 좋아해.

E

Point '什么'가 의문대사로 쓰이는 경우가 아닌, 명사 앞에서 '무슨'이라는 의미를 지닌 대사로 쓰인 경우이다. 그러므로 정답 중에 명사를 고르면 된다. 또한 대답에 '체육을 좋아한다'는 답이 나온 것으로 보아 무엇을 좋아하는지 물어봤음을 예측할 수 있어 정답은 취미라는 의미의 '爱好'이다.

단어 **喜欢** xǐhuan ~를 좋아하다
体育 tǐyù 체육

56. A: 你还不知道? 小张去中国了，他找到了工作。
B: 是吗? 他（ 怎么 ）没告诉我?

A: 아직 몰라요? 샤오장은 중국 갔어요, 취직했거든요.
B: 그래요? 그가 나한테는 왜 안 알려줬을까요?

D

Point 의문대사 '怎么'는 '어떻게'라는 의미 외에, '왜'라는 의미도 있으며 위치는 서술어 앞이다.

단어 **还** hái 아직
知道 zhīdao 알다
找工作 zhǎo gōngzuò 일자리를 구하다
告诉 gàosu 알려주다

57. A: 小王会游泳吗?
B: 不但会游，还游(得)很好呢。

A: 샤오왕은 수영할 줄 알아요?
B: 할 줄 알 뿐만 아니라 매우 잘해요.

C

Point 구조조사 '得'는 서술어 뒤에서 정도보어, 결과보어를 연결해준다.

단어 **会** huì ~할 줄 안다
游泳 yóuyǒng 수영하다
不但A还B búdàn A hái B A할뿐만 아니라 B도 하다

58. A: 你觉得他们两个（ 谁 ）更好一点儿?
B: 我也不知道，差不多吧。

A: 당신이 보기엔 저 두 사람 중에서 누가 더 예뻐요?
B: 저도 모르겠어요. 비슷한데요.

F

Point 의문대사 '谁'는 앞에서 언급한 '他们两个' 중의 임의의 한 명을 지목한다.

단어 **觉得** juéde ~라고 여기다
更 gèng 더
差不多 chàbuduō 비슷하다
吧 ba 추측을 나타냄

59. A: 你怎么找到我家来了?
B: 小张知道，是他带我们来（ 的 ）。

A: 어떻게 우리 집까지 왔어요?
B: 샤오장이 알거든요. 그 사람이 우리를 데리고 왔어요.

B

Point '是……的'는 강조구조로 '~한 것이다'로 해석된다.

단어 找 zhǎo 찾다
带 dài 데리고 가다(오다)

60. A: 别坐火车了，（ 还是 ）坐飞机吧。
B: 坐飞机是快一点儿，但是机票太贵了。

A: 기차 타지 말고 비행기 타는 편이 낫겠어요.
B: 비행기는 빠르기는 하지만 가격이 너무 비싸요.

A

Point 부사 '还是'는 동사나 형용사 앞에 사용되며 '~하는 편이 좋다'는 의미로 후자를 선택해준다.

단어 别 bié ~하지 마라
火车 huǒchē 기차
飞机 fēijī 비행기
快 kuài 빠르다
一点儿 yìdiǎnr 조금
但是 dànshì 하지만
机票 jīpiào 비행기표
贵 guì 비싸다

제3부분

61-70

예시

您是来参加今天会议的吗？您来早了一点儿，现在才八点半。您先进来坐吧。

★ 会议最可能几点开始？

A 8点

B 8点半

C 9点

당신은 오늘 회의에 참석하러 왔지요? 조금 빨리 오셨네요. 이제 8시 30분입니다. 우선 앉아서 기다리고 계세요.

★ 회의는 몇 시에 열리나요?

A 8시

B 8시 30분

C 9시

C

Point 문장 중에서 회의에 참석하러 온 사람이 조금 빨리 도착했음을 알 수 있고 지금 시간이 8시 30분이며 앉아서 더 기다리라는 말로 보아 9시에 회의가 시작함을 예측할 수 있다.

단어 参加 cānjiā 참석하다
会议 huìyì 회의
才 cái 겨우
先 xiān 우선
坐 zuò 앉다

61. 这张照片是三年前照的，左边的是我妹妹，她那时才12岁，右边的是我大学同学，中间的两个人是我和我妻子，那时候她还是我女朋友呢！

★ 照片上一共有几个人？

A 3个

B 4个

C 5个

이 사진은 3년 전에 찍은 거예요. 왼쪽은 여동생인데 그때 겨우 12살이었고, 오른쪽은 대학교 동창이에요. 중간의 두 명은 저와 아내인데 그때 그녀는 아직 여자친구였었죠!

★ 사진에는 모두 몇 명이 있나요?

A 3명

B 4명

C 5명

B

Point '左边'은 여동생, '右边'은 친구, '中间'은 나와 아내라고 했다.

단어 张 zhāng 장(종이 등을 세는 양사)
照片 zhàopiàn 사진
照 zhào (사진을) 찍다
左边 zuǒbiān 왼쪽
才 cái 겨우
岁 suì 살
右边 yòubiān 오른쪽
同学 tóngxué 학우
中间 zhōngjiān 중간
妻子 qīzi 부인
还 hái 그래도, 여전히
一共 yígòng 모두, 합쳐서

62. 您要找公共汽车站吗？一直走，到了前边那家商店，向左走就有一个，马路那边还有一个，您一定要看清楚，别坐错了。

★ 公共汽车站在哪儿？

A 商店前边

B 商店左边

C 饭店旁边

버스 정류장 찾으세요? 앞으로 곧장 가시다가 앞에 보이는 가게에서 왼쪽으로 가면 하나 있고요. 큰 길가에도 하나 있어요. 잘 보세요. 잘못 타시면 안 돼요.

★ 버스정류장은 어디에 있나요?

A 가게 앞쪽

B 가게 왼쪽

C 식당 옆쪽

B

Point '商店'에서 '向左走'하라고 방향을 알려주었으므로 찾으려는 장소는 가게 왼쪽임을 알 수 있다.

단어 找 zhǎo 찾다

公共汽车站 gōnggòng qìchē zhàn 버스정류장

一直 yìzhí 곧장

前边 qiánbiān 앞쪽

家 jiā 집(영업하는 곳을 세는 단위)

商店 shāngdiàn 상점

向 xiàng ~(방향)으로

左 zuǒ 왼쪽

就 jiù 바로

马路 mǎlù 큰길, 대로

还 hái 또

一定 yídìng 틀림없이

清楚 qīngchu 확실하다

错 cuò 틀리다

旁边 pángbiān 옆쪽

63. 这是谁的杯子？怎么放在电脑上啊？里面还有水，如果倒了，到了电脑里，还不把电脑烧坏了呀！

★ 说话的人：

A 很生气

B 很高兴

C 很难过

이거 누구 컵이에요? 어떻게 컴퓨터 위에 올려놓을 수 있죠? 안에 아직 물이 남아있는데 넘어져서 컴퓨터에 쏟아지면 컴퓨터가 고장 나잖아요!

★ 화자는?

A 화가 났다

B 기쁘다

C 괴롭다

A

Point '还'는 문장의 첫머리에 사용되어 불만의 어기를 표현한다.

단어 杯子 bēizi 컵

放 fàng 놓다

电脑 diànnǎo 컴퓨터

里面 lǐmian 안쪽

水 shuǐ 물

如果 rúguǒ 만약

倒 dǎo 엎질러지다

还 hái ~하기조차 하다

烧 shāo 불태우다

坏 huài 고장 나다

生气 shēngqì 화나다

难过 nánguò 괴로워하다

64. 到了机场，我才发现护照不见了。马上给我妻子打电话，可她说没看见。正要去找警察帮忙，出租车司机把护照送过来了，我对他真是一千个一万个感谢。

★ 谁帮他找到护照的？

A 警察

B 司机

C 妻子

공항에 도착해서야 여권을 잃어버렸음을 알았다. 바로 아내에게 전화했지만 못 봤다고 했다. 경찰에게 도움을 청하러 가는 도중에 택시기사가 여권을 가져왔다. 나는 정말 그에게 천 번 만 번 감사한다.

★ 누가 여권을 찾아주었나요?

A 경찰

B 택시기사

C 아내

B

Point '出租车司机把护照送过来了'에서 여권을 찾아준 사람을 알 수 있다.

단어
- 机场 jīchǎng 공항
- 才 cái 비로소
- 发现 fāxiàn 발견하다
- 护照 hùzhào 여권
- 不见了 bújiàn le 사라지다
- 马上 mǎshang 곧
- 妻子 qīzi 부인
- 可 kě 그러나
- 正 zhèng 막
- 警察 jǐngchá 경찰
- 帮忙 bāngmáng 돕다
- 司机 sījī 기사
- 感谢 gǎnxiè 감사하다

65. 今天晚上我朋友结婚，晚饭都是我喜欢吃的，有鱼、肉、鸭子，还有蛋糕。但是我一点儿也不高兴，为了能变瘦，我只能看着别人吃好东西。

★ 下面哪一个是错的？

A 朋友结婚我不高兴

B 晚饭有很多好吃的

C 晚饭我吃得不太多

오늘 저녁에 친구가 결혼하는데 저녁음식은 모두 내가 좋아하는 것들이다. 생선, 고기, 오리, 그리고 케이크도 있지만 나는 조금도 기쁘지 않았다. 다이어트 때문에 나는 다른 사람이 먹는 걸 보는 수밖에 없다.

★ 아래에서 틀린 것은?

A 친구가 결혼해서 기분이 나쁘다.

B 저녁식사에 맛있는 많은 음식이 있다.

C 저녁을 적게 먹었다.

A

Point '我不高兴'한 이유는 다이어트 때문에 맛있는 음식을 앞에 두고 '只能看着别人吃'이기 때문이다.

단어
- 结婚 jiéhūn 결혼하다
- 鱼 yú 생선
- 肉 ròu 고기
- 鸭子 yāzi 오리
- 蛋糕 dàngāo 케이크
- 但是 dànshì 그러나
- 为了 wèile ~를 위하여
- 变 biàn 변하다
- 瘦 shòu 마르다
- 只能 zhǐnéng ~하는 수밖에 없다
- 着 zhe ~하고 있다(상태지속)
- 别人 biérén 다른 사람
- 错 cuò 틀리다

66. **我租到了一个不错的房子，便宜，地点也好，洗衣机、冰箱、电视、空调都有。就是没有电话，所以我只好自己买了一个。**

★ 他对这个房子哪一点不满意?

A 地点不好

B 没有空调

C 没有电话

괜찮은 집을 임차했는데 가격도 저렴하고 위치도 좋다. 세탁기, 냉장고, 텔레비전, 에어컨도 다 있지만 전화만 없어서 하나 사야 된다.

★ 이 집의 무엇이 마음에 들지 않나요?

A 위치가 나쁘다

B 에어컨이 없다

C 전화가 없다

C

Point 부사 '就是'는 '단지 ~뿐이다'의 의미로 '就是没有电话'에서 유일한 불만 사항을 알 수 있다.

단어 **租** zū 세를 얻다
不错 búcuò 좋다
房子 fángzi 집
便宜 piányi 싸다
地点 dìdiǎn 지리
洗衣机 xǐyījī 세탁기
冰箱 bīngxiāng 냉장고
空调 kōngtiáo 에어컨
就是 jiùshì 다만
只好 zhǐhǎo 하는 수 없이
自己 zìjǐ 스스로, 알아서
对……不满意 duì…bù mǎnyì ~에 불만이다

67. **对不起，请安静，图书馆里不能大声说话，大家都在学习，影响别人不太好。你可以先到外边打电话，然后再回来。**

★ 他们最可能在哪儿?

A 教室

B 图书馆

C 外边

죄송하지만 조용히 해주세요. 도서관에서는 큰소리로 이야기하면 안됩니다. 모두들 공부하고 있는데 다른 사람에게 방해가 되면 안되죠. 밖에 나가서 전화를 하시고 다시 들어오세요.

★ 그들은 어디에 있을 가능성이 큰가요?

A 교실

B 도서관

C 밖

B

Point '图书馆里不能大声说话'에서 장소를 알 수 있다.

단어 **安静** ānjìng 조용(히 하)하다
图书馆 túshūguǎn 도서관
大声 dàshēng 큰 소리
说话 shuōhuà 말하다
在 zài ~하는 중이다(진행)
学习 xuéxí 공부하다
影响 yǐngxiǎng 영향을 끼치다
别人 biérén 다른 사람
可以 kěyǐ ~하는 것이 좋다(제안)
先A然后B xiān A ránhòu B 먼저 A를 하고 그러고 나서 B를 하다
可能 kěnéng 아마도
教室 jiàoshì 교실

68. 今年我们开始和中国学生一起上课了。开始时，觉得很难很难，老师讲得又多又快，我跟不上，特别着急。但是，半年过去了，现在我汉语进步很快。

★ 开始时她为什么着急?

A 听不太懂

B 老师不好

C 不能和中国学生在一起

올해 우리는 중국학생들과 같이 수업을 듣게 됐는데 처음에는 너무 어렵게 느껴졌고, 선생님께서 많은 내용을 빨리 수업 하셨기에 나는 따라갈 수가 없어서 초조했다. 그러나 반년이 지난 지금 나의 중국어 실력은 많이 늘었다.

★ 처음에 그녀는 왜 초조해 했나요?

A 잘 못 알아 들어서

B 선생님이 안 좋아서

C 중국친구들과 같이 있을 수 없어서

A

Point '老师讲得又多又快'에서 수업내용을 듣기가 힘들었음을 알 수 있다.

단어
开始 kāishǐ 시작하다
一起 yìqǐ 함께
觉得 juéde ~라고 여기다
难 nán 어렵다
讲 jiǎng 강의하다
又A又B yòu A yòu B A하기도 하고 B하기도 하다
跟不上 gēnbushàng 따라잡지 못하다
特别 tèbié 특히, 매우
着急 zháojí 조급해하다
但是 dànshì 그러나
过去 guòqu 지나가다
进步 jìnbù 진보
为什么 wèishénme 왜
懂 dǒng 이해하다

69. 我每天5点回到家就准备晚饭，到6点半丈夫回来时，晚饭就做好了。吃过晚饭，也就7点半吧，然后一家人说说话，看看电视。

★ 丈夫什么时候回来?

A 5点

B 6点半

C 7点半

나는 매일 5시에 집에 돌아가서 저녁을 준비하는데 6시 반에 남편이 돌아올 때면 식사준비는 끝난다. 저녁을 다 먹고 7시반 쯤이 되면 가족이 모여 대화도 나누고 텔레비전도 본다.

★ 남편은 언제 돌아오나요?

A 5시

B 6시 반

C 7시 반

B

Point '到6点半丈夫回来时'에서 남편이 돌아오는 시간을 알려주었다.

단어
就 jiù 곧바로
准备 zhǔnbèi 준비하다
丈夫 zhàngfu 남편
过 guo ~를 마치다
然后 ránhòu 그러고 나서
一家人 yì jiārén 온 식구

70. **从去年开始，小王养了一只狗。以前他总是睡到8点、9点才起床，现在每天早上6点就起来，和狗一起跑步。以前总生病，但是现在身体越来越好。**

★ 小王为什么身体越来越好？

A 起床早了

B 睡觉多了

C 每天运动

작년부터 샤오왕은 강아지 한 마리를 키웠다. 예전에는 8, 9시가 되어서야 일어났지만 지금은 매일 아침 6시면 일어나서 강아지와 달리기를 한다. 예전에는 자꾸 병이 났었는데 지금은 건강이 점점 좋아진다.

★ 샤오왕은 왜 점점 건강이 좋아지나요?

A 일찍 일어난다

B 잠을 많이 잔다

C 매일 운동한다

C

Point 지금은 예전보다 일찍 일어날뿐만 아니라, '和狗一起跑步'한다는 데서 건강이 점점 좋아지는 이유를 추측할 수 있다.

단어
从 cóng ~로 부터(출발점)
开始 kāishǐ 시작하다
养 yǎng 기르다
只 zhī 마리
狗 gǒu 개
以前 yǐqián ~이전에
总是 zǒngshì 늘
才 cái 비로소
起床 qǐchuáng (잠자리에서) 일어나다
就 jiù 바로(시간이 이름을 나타냄)
跑步 pǎobù 조깅을 하다
总 zǒng 늘
生病 shēngbìng 병이 나다
但是 dànshì 하지만
越来越…… yuè lái yuè… 점점 더 ~해지다
运动 yùndòng 운동하다

쓰기

제1부분

71-75

예시

小船　上　一　河　条　有

河上有一条小船。

배　위에　하나　강　개(양사)　있다
강 위에 배 하나가 떠있다.

Point '장소명사(河上)+존재의 서술어(有)+명사'의 구조이다.

단어 船 chuán 배
河 hé 강, 하천
条 tiáo 개(가늘고 긴 물건을 세는 양사)

71. 走　很　慢　得　他

他走得很慢。

그는 느리게 걷는다.

Point '주어(他)+서술어(走)+구조조사(得)+보어(很慢)'의 어순이다. 보어부분은 '부사+형용사' 어순으로 배열한다.

단어 走 zǒu 걷다
慢 màn 느리다
得 de 뒤에 정도보어를 수반함

72. 想　我　公共汽车　去　坐

我想坐公共汽车去。

나는 버스를 타고 가고 싶다.

Point 이 문제는 연동문의 구조이다. 두 개 또는 그 이상의 동사가 동일한 주어에 연결되어 쓰이는 문장을 연동문이라고 하며, 이때 동사는 동작의 선후순서에 따라 배열한다. '주어(我)+조동사(想)+동사1(坐)+목적어(公共汽车)+동사2(去)'의 어순이다.

단어 公共汽车 gōnggòng qìchē 버스

73. 书包　你　忘　别　了　带

你别忘了带书包。

가방 가져가는 거 잊지 마.

Point '주어(你)+부사(别)+서술어(忘)+동태조사(了)+목적어(带书包)'의 어순이다. 여기서 목적어는 단순한 명사 목적어가 아니라 '서술어(带)+목적어(书包)' 구조로 된 동사구 목적어이다.

단어 忘 wàng 잊어버리다
别 bié ~하지 마라
带 dài 가지고 가다, 지니다

74. 学生 多少 学校 你们 有

你们学校有多少学生?

너희 학교에는 학생이 모두 몇 명 있니?

Point '관형어(你们)+주어(学校)+서술어(有)+관형어(多少)+목적어(学生)'의 어순이다.

단어 **多少** duōshao 얼마나

75. 是 图书馆 从 的 书 本 这 借

这本书是从图书馆借的。

이 책은 도서관에서 빌린 것이다.

Point '관형어(这本)+주어(书)+서술어(是)+목적어(从图书馆借的)'의 어순이다. 목적어는 '전치사구(从图书馆)+的'의 구조로 되었는데, 여기서 '的'는 명사구를 만들어주는 역할을 한다.

단어 **图书馆** túshūguǎn 도서관
从 cóng ~로 부터(출발점)
借 jiè 빌리다

제2부분

76-80

예시

guān
没（关）系，别难过，高兴点儿。

괜찮으니, 슬퍼하지 말고 좀 웃어.

Point '没关系'는 '괜찮다, 문제 없다'는 의미이며 두 개의 단어('没'와 '关系')로 구성되었다.

단어 **关系** guānxi 관계
难过 nánguò 힘들게 지내다
高兴 gāoxìng 기쁘다, 즐겁다

---

76. nán
我觉得写汉字比较容易，听和说太（难）了。

내가 느끼기에 한자는 비교적 쉽지만, 듣기와 말하기는 너무 어렵다.

难

Point '难'은 '어렵다'는 의미이며 품사는 형용사이다.

단어 **觉得** juéde ~라고 여기다
比较 bǐjiào 비교적
容易 róngyì 쉽다
难 nán 어렵다

---

77. zuò
现在手机在人们生活中的（作）用越来越重要。

지금 휴대전화는 사람들의 생활에서 작용이 점점 커진다.

作

Point '作用'은 '작용'이라는 의미이며 품사는 명사이다.

단어 **手机** shǒujī 핸드폰
生活 shēnghuó 생활
作用 zuòyòng 역할, 작용
越来越…… yuè lái yuè… 점점 더 ~해지다
重要 zhòngyào 중요하다

---

78. shi
小时候，爷爷经常给我讲历史故（事）。

어릴 때, 할아버지는 자주 나에게 역사이야기를 해주셨다.

事

Point '故事'는 '이야기'라는 의미이며 품사는 명사이다.

단어 **经常** jīngcháng 늘, 자주
讲故事 jiǎng gùshi 이야기를 하다
历史 lìshǐ 역사

79.

我给老师打了个电话，告诉她我（ 病（bìng） ）了，今天不能去学校了。

나는 선생님께 전화를 걸어 오늘은 아파서 학교에 못 가겠다고 말씀드렸다.

病

Point '病'은 '병이 나다'는 의미로 품사는 동사이다.

단어 **给** gěi ~에게
打电话 dǎ diànhuà 전화를 걸다
告诉 gàosu 알려주다
病 bìng 병이 나다

80.

我有几个和我爱好差不多的朋友，和他们在一起我觉得很快（ 乐（lè） ）。

주위에는 나와 취미가 비슷한 친구들이 몇 명 있는데 그들과 함께 있으면 너무 즐겁다

乐

Point '快乐'는 '즐겁다'는 의미로 품사는 형용사이다.

단어 **几** jǐ 몇(10 이하의 숫자를 셀 때)
爱好 àihào 취미, 기호
差不多 chàbuduō 비슷하다
一起 yìqǐ 함께
觉得 juéde ~라고 여기다
快乐 kuàilè 즐겁다

HSK三级模拟试题（四）答案及考点解析

一、听力

第一部分

1. D　2. F　3. E　4. A
5. B　6. D　7. E　8. A
9. C　10. B

第二部分

11. ×　12. √　13. ×　14. √
15. √　16. ×　17. √　18. √
19. √　20. ×

第三部分

21. B　22. A　23. A　24. B
25. B　26. C　27. A　28. B
29. A　30. C

第四部分

31. B　32. A　33. B　34. C
35. A　36. C　37. C　38. B
39. A　40. C

二、阅读

第一部分

41. B　42. F　43. A　44. D
45. C　46. D　47. E　48. B
49. A　50. C

第二部分

51. F　52. C　53. A　54. B
55. D　56. D　57. C　58. F
59. B　60. A

第三部分

61. B　62. B　63. A　64. B
65. A　66. C　67. B　68. A
69. B　70. C

三、书写

第一部分

71. 他走得很慢。
72. 我想坐公共汽车去。
73. 你别忘了带书包。
74. 你们学校有多少学生？
75. 这本书是从图书馆借的。

第二部分

76. 难　77. 作　78. 事　79. 病
80. 乐

HSK（三级）答题卡

汉语水平考试 HSK 答题卡

请填写考生信息

按照考试证件上的姓名填写：

姓名	

如果有中文姓名，请填写：

姓名	

考生序号	
	[0] [1] [2] [3] [4] [5] [6] [7] [8] [9]
	[0] [1] [2] [3] [4] [5] [6] [7] [8] [9]
	[0] [1] [2] [3] [4] [5] [6] [7] [8] [9]
	[0] [1] [2] [3] [4] [5] [6] [7] [8] [9]
	[0] [1] [2] [3] [4] [5] [6] [7] [8] [9]

请填写考生信息

考点代码	
	[0] [1] [2] [3] [4] [5] [6] [7] [8] [9]
	[0] [1] [2] [3] [4] [5] [6] [7] [8] [9]
	[0] [1] [2] [3] [4] [5] [6] [7] [8] [9]
	[0] [1] [2] [3] [4] [5] [6] [7] [8] [9]
	[0] [1] [2] [3] [4] [5] [6] [7] [8] [9]
	[0] [1] [2] [3] [4] [5] [6] [7] [8] [9]
	[0] [1] [2] [3] [4] [5] [6] [7] [8] [9]

国籍	
	[0] [1] [2] [3] [4] [5] [6] [7] [8] [9]
	[0] [1] [2] [3] [4] [5] [6] [7] [8] [9]
	[0] [1] [2] [3] [4] [5] [6] [7] [8] [9]

年龄	
	[0] [1] [2] [3] [4] [5] [6] [7] [8] [9]
	[0] [1] [2] [3] [4] [5] [6] [7] [8] [9]

性别	男 [1] 女 [2]

注意 请用2B铅笔这样写：▬

一、听力

1. [A][B][C][D][E][F]
2. [A][B][C][D][E][F]
3. [A][B][C][D][E][F]
4. [A][B][C][D][E][F]
5. [A][B][C][D][E][F]
6. [A][B][C][D][E][F]
7. [A][B][C][D][E][F]
8. [A][B][C][D][E][F]
9. [A][B][C][D][E][F]
10. [A][B][C][D][E][F]

11. [✓] [×]
12. [✓] [×]
13. [✓] [×]
14. [✓] [×]
15. [✓] [×]
16. [✓] [×]
17. [✓] [×]
18. [✓] [×]
19. [✓] [×]
20. [✓] [×]
21. [A][B][C]
22. [A][B][C]
23. [A][B][C]
24. [A][B][C]
25. [A][B][C]

26. [A][B][C]
27. [A][B][C]
28. [A][B][C]
29. [A][B][C]
30. [A][B][C]
31. [A][B][C]
32. [A][B][C]
33. [A][B][C]
34. [A][B][C]
35. [A][B][C]
36. [A][B][C]
37. [A][B][C]
38. [A][B][C]
39. [A][B][C]
40. [A][B][C]

二、听力

41. [A][B][C][D][E][F]
42. [A][B][C][D][E][F]
43. [A][B][C][D][E][F]
44. [A][B][C][D][E][F]
45. [A][B][C][D][E][F]
46. [A][B][C][D][E][F]
47. [A][B][C][D][E][F]
48. [A][B][C][D][E][F]
49. [A][B][C][D][E][F]
50. [A][B][C][D][E][F]

51. [A][B][C][D][E][F]
52. [A][B][C][D][E][F]
53. [A][B][C][D][E][F]
54. [A][B][C][D][E][F]
55. [A][B][C][D][E][F]
56. [A][B][C][D][E][F]
57. [A][B][C][D][E][F]
58. [A][B][C][D][E][F]
59. [A][B][C][D][E][F]
60. [A][B][C][D][E][F]

61. [A][B][C]
62. [A][B][C]
63. [A][B][C]
64. [A][B][C]
65. [A][B][C]
66. [A][B][C]
67. [A][B][C]
68. [A][B][C]
69. [A][B][C]
70. [A][B][C]

三、书写

71. ______________________________
72. ______________________________
73. ______________________________
74. ______________________________
75. ______________________________

76. [ ]　77. [ ]　78. [ ]　79. [ ]　80. [ ]

HSK（三级）成绩报告

新 汉 语 水 平 考 试

Chinese Proficiency Test

HSK（三级）成绩报告

HSK (Level 3) Examination Score Report

姓名（Name）：________________

性别（Gender）：________ 国籍（Nationality）：________________

考试时间（Examination Date）：________ 年（Year）______ 月（Month）______ 日（Day）

编号（No.）：________________

	满分（Full Score）	你的分数（Your Score）
听力（Listening）	100	
阅读（Reading）	100	
书写（Writing）	100	
总分（Total Score）	300	

总分180分为合格（Passing Score：180）

主 任
Director ________________ 国家汉办
Hanban

HANBAN

中国 · 北京
Beijing • China

MEMO

MEMO

3급 필수어휘

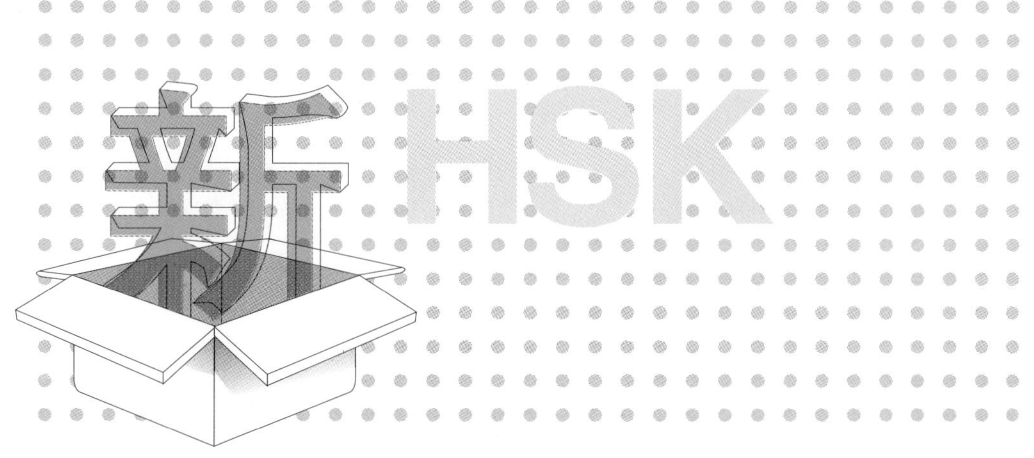

Vocabulary 3급 필수어휘

A

001. 阿姨 āyí 이모, 아주머니
002. 啊 a 아!, 아이고!(감탄사)
003. 矮 ǎi 작다
004. 爱 ài 사랑하다
005. 爱好 àihào 취미
006. 安静 ānjìng 조용하다, 평온하다

B

007. 八 bā 8, 팔
008. 把 bǎ 잡다, ~을(를)
009. 爸爸 bàba 아빠, 아버지
010. 吧 ba ~하자
011. 白 bái 희다
012. 百 bǎi 100, 백
013. 班 bān 반
014. 搬 bān 이사하다, 옮기다
015. 半 bàn 절반
016. 办法 bànfǎ 방법
017. 办公室 bàngōngshì 사무실
018. 帮忙 bāngmáng 일을 돕다
019. 帮助 bāngzhù 도와주다
020. 包 bāo 싸다
021. 饱 bǎo 배부르다
022. 报纸 bàozhǐ 신문
023. 杯子 bēizi 컵
024. 北方 běifāng 북, 북쪽
025. 北京 Běijīng 베이징
026. 被 bèi (~에게) 당하다
027. 本 běn 권(양사)
028. 鼻子 bízi 코
029. 比 bǐ ~보다
030. 比较 bǐjiào 비교적, 비교하다
031. 比赛 bǐsài 시합하다
032. 必须 bìxū 반드시 ~해야한다
033. 变化 biànhuà 변하다
034. 表示 biǎoshì 표시하다, 나타내다
035. 表演 biǎoyǎn 상연하다
036. 别 bié ~하지 마라
037. 别人 biérén 다른 사람, 타인
038. 宾馆 bīnguǎn 여관, 호텔
039. 冰箱 bīngxiāng 냉장고
040. 不客气 búkèqi 천만에요
041. 不 bù ~이 아니다

C

042. 才 cái 방금, 비로소
043. 菜 cài 요리, 야채
044. 菜单 càidān 메뉴판
045. 参加 cānjiā 참가하다
046. 草 cǎo 풀
047. 层 céng 층
048. 茶 chá 차
049. 差 chà 차이, 실수
050. 长 cháng 길다

051. 唱歌	chànggē	노래를 부르다
052. 超市	chāoshì	슈퍼마켓
053. 衬衫	chènshān	셔츠
054. 成绩	chéngjì	성적
055. 城市	chéngshì	도시
056. 吃	chī	먹다
057. 迟到	chídào	지각하다
058. 出	chū	나가다
059. 出现	chūxiàn	출현하다, 나타나다
060. 出租车	chūzūchē	택시
061. 厨房	chúfáng	부엌, 주방
062. 除了	chúle	제외하다
063. 穿	chuān	입다
064. 船	chuán	배
065. 春	chūn	봄
066. 词语	cíyǔ	어휘
067. 次	cì	차례, 번
068. 聪明	cōngming	총명하다, 똑똑하다
069. 从	cóng	~로부터
070. 错	cuò	틀리다

D

071. 打电话	dǎ diànhuà	전화를 걸다
072. 打篮球	dǎ lánqiú	농구를 하다
073. 打扫	dǎsǎo	청소를 하다
074. 打算	dǎsuan	~할 생각이다, ~를 계획하다
075. 大	dà	크다
076. 大家	dàjiā	모두
077. 带	dài	지니다, 가지다
078. 担心	dānxīn	걱정하다
079. 蛋糕	dàngāo	케이크
080. 但是	dànshì	그러나
081. 当然	dāngrán	당연하다
082. 到	dào	~에 도착하다
083. 地	de	~의(형용사나 동사를 수식하는 부사어 뒤에 붙은 구조조사)
084. 的	de	~의(명사 앞에 쓰여 수식과 피수식을 나타냄)
085. 得	de	~의(정도보어로 쓰여 정도를 나타냄)
086. 灯	dēng	등, 등불
087. 等	děng	기다리다
088. 低	dī	낮다
089. 弟弟	dìdi	남동생
090. 地方	dìfang	장소
091. 地铁	dìtiě	지하철
092. 地图	dìtú	지도
093. 第一	dìyī	제일, 첫 번째
094. 点	diǎn	시간
095. 电脑	diànnǎo	컴퓨터
096. 电视	diànshì	텔레비전
097. 电梯	diàntī	엘리베이터
098. 电影	diànyǐng	영화
099. 电子邮件	diànzǐ yóujiàn	이메일
100. 东	dōng	동쪽
101. 东西	dōngxi	물건
102. 冬	dōng	겨울
103. 懂	dǒng	알다, 이해하다
104. 动物	dòngwù	동물
105. 都	dōu	모두, 다
106. 读	dú	읽다
107. 短	duǎn	짧다
108. 段	duàn	구간
109. 锻炼	duànliàn	단련하다
110. 对	duì	~대해, ~에게
111. 对不起	duìbuqǐ	미안하다
112. 多	duō	많다
113. 多么	duōme	얼마나
114. 多少	duōshao	얼마, 몇

E

115. 饿 è 배고프다
116. 而且 érqiě 게다가
117. 儿子 érzi 아들
118. 耳朵 ěrduo 귀
119. 二 èr 2, 둘

F

120. 发烧 fāshāo 열이 나다
121. 发现 fāxiàn 발견하다
122. 饭馆 fànguǎn 호텔, 식당
123. 方便 fāngbiàn 편리하다
124. 房间 fángjiān 방
125. 放 fàng 두다, 놓다
126. 放心 fàngxīn 안심하다
127. 非常 fēicháng 매우, 아주
128. 飞机 fēijī 비행기
129. 分 fēn 분
130. 分钟 fēnzhōng (시간의) 분(分)
131. 服务员 fúwùyuán 종업원
132. 附近 fùjìn 근처, 부근
133. 复习 fùxí 복습하다

G

134. 干净 gānjìng 깨끗하다
135. 敢 gǎn 감히 ~하다
136. 感冒 gǎnmào 감기에 걸리다
137. 刚才 gāngcái 방금, 막
138. 高 gāo 높다
139. 高兴 gāoxìng 기쁘다
140. 告诉 gàosu 알려주다
141. 哥哥 gēge 형, 오빠
142. 个 gè 개, 명(사람을 세는 양사)
143. 给 gěi ~에게, 주다
144. 跟 gēn ~와(과) 함께
145. 根据 gēnjù ~에 근거하여
146. 更 gèng 더욱, 더
147. 公共汽车 gōnggòng qìchē 버스
148. 公斤 gōngjīn 킬로그램(kg)
149. 公司 gōngsī 회사
150. 公园 gōngyuán 공원
151. 工作 gōngzuò 일, 일하다
152. 狗 gǒu 개
153. 故事 gùshi 이야기
154. 刮风 guā fēng 바람이 불다
155. 关 guān 닫다
156. 关系 guānxì 관계
157. 关心 guānxīn 관심을 갖다
158. 关于 guānyú ~에 대하여
159. 贵 guì 비싸다, 귀중하다
160. 国家 guójiā 나라, 국가
161. 果汁 guǒzhī 과일 주스
162. 过去 guòqù 과거
163. 过 guò 지나다, 경과하다

H

164. 还 hái 아직, 여전히
165. 还是 háishi 여전히, 아니면
166. 孩子 háizi 아이
167. 害怕 hàipà 무서워하다
168. 汉语 Hànyǔ 중국어
169. 好 hǎo 좋다
170. 好吃 hǎochī 맛있다

171. 号 hào 일(日), 번호
172. 喝 hē 마시다
173. 和 hé ~와(과)
174. 河 hé 강
175. 黑 hēi 검다
176. 黑板 hēibǎn 칠판
177. 很 hěn 매우, 아주
178. 红 hóng 붉다
179. 后面 hòumian 뒤, 뒷쪽
180. 护照 hùzhào 여권
181. 花 huā 꽃
182. 花园 huāyuán 화원
183. 画 huà 그리다
184. 坏 huài 나쁘다
185. 欢迎 huānyíng 환영하다
186. 环 huán 고리
187. 环境 huánjìng 환경
188. 换 huàn 바꾸다
189. 黄 huáng 노랗다
190. 回 huí 돌아오다(가다)
191. 回答 huídá 대답하다
192. 会 huì ~할 수 있다
193. 会议 huìyì 회의
194. 火车站 huǒchēzhàn 기차역
195. 或者 huòzhě 혹은

J

196. 机场 jīchǎng 공항
197. 鸡蛋 jīdàn 계란
198. 几乎 jīhū 거의, 하마터면
199. 机会 jīhuì 기회
200. 极 jí 아주, 매우
201. 几 jǐ 몇, 얼마
202. 记得 jìde 기억하고 있다
203. 季节 jìjié 계절
204. 家 jiā 집(가게나 식당을 세는 양사)
205. 检查 jiǎnchá 검사하다, 조사하다
206. 简单 jiǎndān 간단하다
207. 件 jiàn 건, 벌(사건, 옷 등을 세는 양사)
208. 健康 jiànkāng 건강하다
209. 见面 jiànmiàn 만나다
210. 讲 jiǎng 말하다, 이야기하다
211. 教 jiāo 가르치다
212. 角 jiǎo 뿔, 모서리
213. 脚 jiǎo 발, 다리
214. 叫 jiào ~라고 부르다
215. 教室 jiàoshì 교실
216. 接 jiē 맞이하다, 마중 나가다
217. 街道 jiēdào 큰 길, 거리
218. 结婚 jiéhūn 결혼하다
219. 结束 jiéshù 끝나다, 마치다
220. 节目 jiémù 프로그램
221. 节日 jiérì 기념일
222. 解决 jiějué 해결하다
223. 姐姐 jiějie 언니, 누나
224. 借 jiè 빌리다
225. 介绍 jièshào 소개하다
226. 今天 jīntiān 오늘
227. 进 jìn 들어가다
228. 近 jìn 가깝다
229. 经常 jīngcháng 종종, 늘
230. 经过 jīngguò 경과하다, 거치다
231. 经理 jīnglǐ 책임자, 지배인
232. 九 jiǔ 9, 아홉
233. 久 jiǔ 오래다, 길다
234. 旧 jiù 이전의, 오래된
235. 就 jiù 곧
236. 举行 jǔxíng 열다, 개최하다

237. 句子 jùzi 문장
238. 觉得 juéde ~라고 느끼다
239. 决定 juédìng 결정하다

K

240. 咖啡 kāfēi 커피
241. 开 kāi 열다
242. 开始 kāishǐ 시작하다
243. 看 kàn 보다
244. 看见 kànjiàn 보다, 보이다
245. 考试 kǎoshì 시험
246. 渴 kě 목마르다
247. 可爱 kě'ài 사랑스럽다
248. 可能 kěnéng 아마도, 아마
249. 可以 kěyǐ ~할 수 있다
250. 刻 kè 새기다, 조각하다
251. 课 kè 과(課)
252. 客人 kèrén 손님
253. 空调 kōngtiáo 에어컨
254. 口 kǒu 입, 출입구
255. 哭 kū 울다
256. 裤子 kùzi 바지
257. 块 kuài 덩어리
258. 快 kuài 빠르다
259. 快乐 kuàilè 즐겁다
260. 筷子 kuàizi 젓가락

L

261. 来 lái 오다
262. 蓝 lán 파란색
263. 老 lǎo 늙다, 나이가 많다
264. 老师 lǎoshī 선생님
265. 了 le 동사나 형용사 뒤에 쓰여 동작의 완성을 나타냄
266. 累 lèi 피곤하다
267. 冷 lěng 춥다
268. 离 lí ~에서, ~로부터
269. 离开 líkāi 떠나다
270. 礼物 lǐwù 선물
271. 里 lǐ 속, 안
272. 历史 lìshǐ 역사
273. 脸 liǎn 얼굴
274. 练习 liànxí 연습하다
275. 两 liǎng 2, 둘
276. 辆 liàng 대, 량(차량을 세는 양사)
277. 了解 liǎojiě 알다, 이해하다
278. 邻居 línjū 이웃
279. 零 líng 0, 영
280. 六 liù 6, 육
281. 楼 lóu 건물, 층
282. 路 lù 길, 번(버스 노선)
283. 旅游 lǚyóu 여행가다
284. 绿 lǜ 녹색의

M

285. 妈妈 māma 엄마, 어머니
286. 马 mǎ 말
287. 马上 mǎshang 곧, 즉시
288. 吗 ma ~입니까?
289. 买 mǎi 사다
290. 卖 mài 팔다
291. 满意 mǎnyì 만족하다
292. 慢 màn 느리다
293. 忙 máng 바쁘다
294. 猫 māo 고양이

295. 帽子 màozi 모자
296. 没 méi 없다, 아니다
297. 没关系 méi guānxi 상관없다, 괜찮다
298. 每 měi 각, ~마다
299. 妹妹 mèimei 누이동생
300. 门 mén 문
301. 米 mǐ 쌀
302. 米饭 mǐfàn 쌀밥
303. 面包 miànbāo 빵
304. 面条 miàntiáo 국수
305. 明白 míngbai 알다, 이해하다
306. 明天 míngtiān 내일
307. 名字 míngzi 이름

N

308. 拿 ná 가지다
309. 哪(哪儿) nǎ(nǎr) 어느, 어디
310. 那(那儿) nà(nàr) 저, 저기
311. 奶奶 nǎinai 할머니
312. 南 nán 남, 남쪽
313. 男人 nánrén 남자
314. 难 nán 어렵다
315. 难过 nánguò 고생스럽다, 슬프다
316. 呢 ne ~하니?(의문의 어기를 나타냄)
317. 能 néng ~할 수 있다
318. 你 nǐ 너, 당신
319. 年 nián 해, 년
320. 年级 niánjí 학년
321. 年轻 niánqīng 젊다
322. 鸟 niǎo 새
323. 您 nín 당신('你'의 존칭)
324. 牛奶 niúnǎi 우유
325. 努力 nǔlì 노력하다
326. 女儿 nǚ'ér 딸
327. 女人 nǚrén 여인, 여자

P

328. 爬山 páshān 등산하다
329. 盘子 pánzi 쟁반
330. 旁边 pángbiān 옆(쪽)
331. 胖 pàng 뚱뚱하다
332. 跑步 pǎobù 달리기
333. 朋友 péngyou 친구
334. 啤酒 píjiǔ 맥주
335. 便宜 piányi 싸다
336. 票 piào 표
337. 漂亮 piàoliang 아름답다
338. 苹果 píngguǒ 사과
339. 葡萄 pútao 포도
340. 普通话 pǔtōnghuà 표준어

Q

341. 七 qī 7, 일곱
342. 妻子 qīzi 아내
343. 其实 qíshí 사실은
344. 其他 qítā 기타, 그 외
345. 骑 qí 타다
346. 奇怪 qíguài 이상하다
347. 起床 qǐchuáng (잠자리에서) 일어나다
348. 千 qiān 1000, 천
349. 铅笔 qiānbǐ 연필
350. 钱 qián 돈
351. 前面 qiánmiàn 앞, 앞쪽
352. 清楚 qīngchu 분명하다, 확실하다

353. 晴 qíng 맑다, 개다
354. 请 qǐng ~하십시오
355. 秋 qiū 가을
356. 去 qù 가다
357. 去年 qùnián 작년
358. 裙子 qúnzi 치마

R

359. 然后 ránhòu 그 다음에
360. 让 ràng (~로 하여금) ~하게 하다
361. 热 rè 덥다
362. 热情 rèqíng 열정적이다, 친절하다
363. 人 rén 사람
364. 认识 rènshi 알다
365. 认为 rènwéi ~라고 생각하다
366. 认真 rènzhēn 성실하다, 진지하다
367. 日 rì 일(日)
368. 容易 róngyì 쉽다
369. 如果 rúguǒ 만약에

S

370. 三 sān 3, 삼
371. 伞 sǎn 우산
372. 商店 shāngdiàn 상점, 가게
373. 上 shàng 위, 위에
374. 上班 shàngbān 출근하다
375. 上网 shàngwǎng 인터넷을 하다
376. 上午 shàngwǔ 오전
377. 少 shǎo 적다
378. 谁 shéi 누구
379. 身体 shēntǐ 신체, 몸
380. 什么 shénme 무엇
381. 生病 shēngbìng 병이 나다
382. 生气 shēngqì 화가 나다
383. 生日 shēngrì 생일
384. 声音 shēngyīn 소리
385. 十 shí 10, 열
386. 时候 shíhou 시간, 때
387. 时间 shíjiān 시간
388. 使 shǐ (~로 하여금) ~하게 하다
389. 是 shì ~이다
390. 世界 shìjiè 세계
391. 事情 shìqing 일
392. 手表 shǒubiǎo 손목시계
393. 手机 shǒujī 휴대전화
394. 瘦 shòu 마르다
395. 书 shū 책
396. 舒服 shūfu 편안하다
397. 叔叔 shūshu 아저씨
398. 树 shù 나무
399. 数学 shùxué 수학
400. 刷牙 shuāyá 이를 닦다
401. 双 shuāng 짝, 켤레
402. 水 shuǐ 물
403. 水果 shuǐguǒ 과일
404. 水平 shuǐpíng 수준
405. 睡觉 shuìjiào 잠자다
406. 说话 shuōhuà 말하다
407. 司机 sījī 기사
408. 四 sì 4, 넷
409. 送 sòng 보내다
410. 虽然 suīrán 비록
411. 岁 suì 세, 살
412. 所以 suǒyǐ 그래서

T

413. 他 tā 그
414. 她 tā 그녀
415. 它 tā 그것, 저것
416. 太 tài 너무
417. 太阳 tàiyáng 태양
418. 糖 táng 사탕, 설탕
419. 特别 tèbié 특별하다
420. 疼 téng 아프다
421. 踢足球 tī zúqiú 축구를 하다
422. 题 tí 문제
423. 提高 tígāo 높이다, 향상시키다
424. 体育 tǐyù 체육
425. 天气 tiānqì 날씨
426. 甜 tián 달다
427. 条 tiáo 가지, 항목
428. 跳舞 tiàowǔ 춤을 추다
429. 听 tīng 듣다
430. 同事 tóngshì 동료
431. 同学 tóngxué 학우
432. 同意 tóngyì 동의하다
433. 头发 tóufa 머리카락
434. 突然 tūrán 갑자기
435. 图书馆 túshūguǎn 도서관
436. 腿 tuǐ 다리

W

437. 外 wài 바깥, 밖
438. 完 wán 마치다
439. 完成 wánchéng 완성하다
440. 玩 wán 놀다
441. 碗 wǎn 공기, 그릇
442. 晚上 wǎnshang 저녁
443. 万 wàn 만
444. 忘记 wàngjì 잊다, 잊어버리다
445. 喂 wèi 여보세요
446. 为 wèi ~을(를) 위하여
447. 为了 wèile ~을(를) 위하여
448. 为什么 wèi shénme 무엇 때문에
449. 位 wèi 분
450. 文化 wénhuà 문화
451. 问 wèn 묻다
452. 问题 wèntí 문제
453. 我 wǒ 나
454. 我们 wǒmen 우리
455. 五 wǔ 5, 다섯

X

456. 西 xī 서, 서쪽
457. 西瓜 xīguā 수박
458. 希望 xīwàng 희망하다
459. 习惯 xíguàn 습관, 익숙해지다
460. 洗 xǐ 씻다
461. 洗手间 xǐshǒujiān 화장실
462. 洗澡 xǐzǎo 샤워를 하다
463. 喜欢 xǐhuan 좋아하다
464. 下 xià 아래
465. 下午 xià wǔ 오후
466. 下雨 xiàyǔ 비가 내리다
467. 夏 xià 여름
468. 先 xiān 먼저, 우선
469. 先生 xiānsheng 선생님, ~씨
470. 现在 xiànzài 현재, 지금
471. 香蕉 xiāngjiāo 바나나
472. 相同 xiāngtóng 똑같다

473. 相信 xiāngxìn 믿다
474. 想 xiǎng 생각하다
475. 向 xiàng ~(을)를 향하여
476. 像 xiàng 비슷하다, 닮다
477. 小 xiǎo 작다
478. 小姐 xiǎojie 아가씨
479. 小时 xiǎoshí 시간
480. 小心 xiǎoxīn 조심하다
481. 笑 xiào 웃다
482. 校长 xiàozhǎng 교장
483. 些 xiē 약간, 들
484. 鞋 xié 신발
485. 写 xiě 쓰다
486. 谢谢 xièxie 감사하다
487. 新 xīn 새롭다
488. 新闻 xīnwén 뉴스
489. 新鲜 xīnxiān 신선하다
490. 信 xìn 믿다, 편지
491. 星期 xīngqī 요일
492. 行李箱 xínglixiāng 짐상자
493. 姓 xìng 성씨
494. 兴趣 xìngqù 흥미, 관심
495. 熊猫 xióngmāo 판다
496. 休息 xiūxi 휴식하다
497. 需要 xūyào 필요하다
498. 选择 xuǎnzé 선택하다
499. 学生 xuésheng 학생
500. 学习 xuéxí 학습하다, 배우다
501. 学校 xuéxiào 학교
502. 雪 xuě 눈

Y

503. 颜色 yánsè 색, 색깔
504. 眼镜 yǎnjìng 안경
505. 眼睛 yǎnjing 눈
506. 羊肉 yángròu 양고기
507. 要求 yāoqiú 요구하다, 필요로 하다
508. 要 yào ~하려고 하다
509. 药 yào 약
510. 爷爷 yéye 할아버지
511. 也 yě 또, 또한
512. 一 yī 1, 하나
513. 衣服 yīfu 옷
514. 医生 yīshēng 의사
515. 医院 yīyuàn 병원
516. 一定 yídìng 반드시
517. 一共 yígòng 모두
518. 一会儿 yíhuìr 잠깐 동안
519. 一样 yíyàng 같다
520. 以后 yǐhòu 이후에
521. 以前 yǐqián 이전에
522. 以为 yǐwéi ~라고 여기다
523. 已经 yǐjing 이미
524. 椅子 yǐzi 의자
525. 一般 yìbān 일반적으로
526. 一边 yìbiān 한쪽, 한편
527. 一起 yìqǐ 같이, 함께
528. 一直 yìzhí 줄곧, 내내
529. 意思 yìsi 뜻, 의미
530. 阴 yīn 어둡다, 흐리다
531. 因为 yīnwèi ~때문에
532. 音乐 yīnyuè 음악
533. 银行 yínháng 은행
534. 应该 yīnggāi 마땅히 ~해야 한다
535. 影响 yǐngxiǎng 영향을 미치다
536. 用 yòng 사용하다
537. 游戏 yóuxì 놀이
538. 游泳 yóuyǒng 수영하다

539. 有 yǒu 있다
540. 有名 yǒumíng 유명하다
541. 又 yòu 또
542. 右边 yòubiān 오른쪽
543. 鱼 yú 물고기
544. 遇到 yùdào 마주치다, 만나다
545. 元 yuán 위안(중국의 화폐 단위)
546. 远 yuǎn 멀다
547. 愿意 yuànyì 바라다
548. 月 yuè 달
549. 月亮 yuèliang 달
550. 越 yuè 넘다, 초과하다
551. 云 yún 구름
552. 运动 yùndòng 운동하다

Z

553. 在 zài ~에서
554. 再 zài 다시
555. 再见 zàijiàn 안녕(헤어질 때 하는 인사)
556. 早上 zǎoshang 아침
557. 怎么 zěnme 어떻게
558. 怎么样 zěnmeyàng 어떠하다
559. 站 zhàn 서다
560. 张 zhāng 펴다, 장(종이를 세는 단위)
561. 长 zhǎng 자라다, 증가하다
562. 丈夫 zhàngfu 남편
563. 着急 zháojí 조급해하다
564. 找 zhǎo 찾다
565. 照顾 zhàogù 돌보다
566. 照片 zhàopiàn 사진
567. 照相机 zhàoxiàngjī 카메라
568. 这(这儿) zhè(zhèr) 여기, 이곳
569. 着 zhe ~하고 있다(동사의 뒤에서 동작의 진행을 나타냄)
570. 真 zhēn 정말
571. 正在 zhèngzài 마침 ~하고 있다
572. 知道 zhīdao 알다
573. 只 zhǐ 단지
574. 中国 Zhōngguó 중국
575. 中间 zhōngjiān 중간에
576. 中午 zhōngwǔ 정오, 한낮
577. 终于 zhōngyú 결국, 마침내
578. 种 zhǒng 씨앗, 종류
579. 重要 zhòngyào 중요하다
580. 周末 zhōumò 주말
581. 主要 zhǔyào 주요한
582. 住 zhù 살다, 머물다
583. 祝 zhù 기원하다
584. 注意 zhùyì 주의하다
585. 准备 zhǔnbèi 준비하다
586. 桌子 zhuōzi 탁자, 테이블
587. 字 zì 글자
588. 字典 zìdiǎn 자전
589. 自己 zìjǐ 자기, 자신
590. 自行车 zìxíngchē 자전거
591. 总是 zǒngshì 반드시, 늘
592. 走 zǒu 걷다, 가다
593. 最 zuì 가장
594. 最近 zuìjìn 최근, 요즘
595. 昨天 zuótiān 어제
596. 左边 zuǒbiān 왼쪽
597. 坐 zuò 앉다
598. 做 zuò 하다
599. 作业 zuòyè 숙제, 과제
600. 作用 zuòyòng 작용하다